做人曾国藩 做事胡雪岩大全集

霍晨昕 移 然◎编著

武汉出版社
WUHAN PUBLISHING HOUSE

（鄂）新登字 08 号
图书在版编目 (CIP) 数据
做人曾国藩做事胡雪岩大全集 / 霍晨昕，移然编著.
—武汉：武汉出版社，2010.12（2016.11 重印）
ISBN 978-7-5430-5431-8
Ⅰ. ①做… Ⅱ. ①霍… ②移… Ⅲ. ①曾国藩（1811~1872）
- 人生哲学②胡雪岩（1823~1885）- 商业经营 - 谋略
Ⅳ① K827=52 ② F715
中国版本图书馆 CIP 数据核字（2010）第 218510 号

书　名：做人曾国藩做事胡雪岩大全集

编　　著：霍晨昕　移　然
策划编辑：李异鸣　杨　肖
责任编辑：廖国放
特约编辑：白晓宇　李青霞
装帧设计：象上品牌设计
出　　版：武汉出版社
社　　址：武汉市江汉区新华路 490 号　　邮　　编：430015
电　　话：(027) 85606403　85600625
http://www.whcbs.com　　E-mail:zbs@whcbs.com
印　　刷：北京中振源印务有限公司　　经　　销：新华书店
开　　本：787mm×1092mm　1/16
印　　张：22.25　　字　　数：316 千字
版　　次：2011 年 1 月第 1 版　2016 年 11 月第 2 次印刷
定　　价：48.00 元

目录

第一部分 跟曾国藩学做人

第二部分　跟胡雪岩学做事

第一部分

跟曾国藩学做人

第一章

做人须做“人上人”

工善其事，先利其器，若想成功名大业，必先成完满之人格。而所有被历史铭记的豪杰人物无不应时代而生。做人，对他们来说不只是如何待人接物、如何修身养性。他们一早就清楚自己在时代中所居的位置，一早就明白自己在家国中扮演的角色，他们或有意或无意地把自己“做”成那个时代所需要的人。

1.1 时代决定“人上人”

工善其事，先利其器，若想成功名大业，必先成完满之人格。而所有被历史铭记的豪杰人物无不应时代而生。做人，对他们来说不只是如何待人接物、如何修身养性。他们一早就清楚自己在时代中所居的位置，一早就明白自己在家国中扮演的角色，他们或有意或无意地把自己“做”成那个时代所需要的人。民间常说：“做人当为人上人”，所谓“人上人”并不是骑在别人头上耀武扬威的人，而是众人之中最为杰出、最为耀眼、最为卓越的人。

曾国藩就是一个“人上人”。

爱他的人“誉之为圣相”，恨他的人“谳之为元凶”，然而不管是爱他还是恨他，人们都不可否认他是“有史以来不一二睹之大人”。他的所思所想、所作所为或许不能超越他所处的时代，但他的为人绝学却

能历经时代变迁依旧闪耀着熠熠光辉。他生在凋敝乱世，却不满足独善其身；出身于农民世家，却不甘一生平凡。他春风得意时，懂得收敛锋芒，谦虚退让；他身陷低谷时，懂得坦然以对，厚积薄发。他时而尖锐如利刃，严酷无情；时而又宽厚如春风，温和恭谨。他在波谲云诡的权力场上能屈能伸，进退自如，虽几次落于险境却最终全身而退。他在复杂纷繁的人际圈里圆融通达，八面玲珑，虽几次遭遇变故却始终游刃有余。

做人当学曾国藩，正直而不迂腐，圆滑而不虚浮，身居高位而不骄横奢靡，习他的处世之风便可知何为人格之完满。

曾国藩，字伯涵，号涤生，1811 年出生在湖南湘乡一个名叫白杨坪的小山村里。那是一个看似宁静却孕育着不安的时代。乾隆时期的繁华荣耀正渐渐散去，成为被人追忆的过往，无论嘉庆皇帝怎样斩贪官、肃政事，庞大的大清王朝仍以一种微妙的速度向衰落滑去。朝廷的财政状况日益恶化，曾经骁勇无比的八旗军变得颓靡虚弱。于内，经济的根基千疮百孔，于外又无力迎对正进行着大变革的世界。19 世纪初的欧洲已经尝到争夺劫掠的甜头，传说中富庶丰饶的东方世界正刺激着它没有止境的欲望，一场浩劫正向大清朝逼来。

此时，充满惶恐的大清王朝极其渴望找到接济万民的圣人，它将希望寄托在名臣贤士身上，期待用他们的力量扭转王朝的衰颓。早在 18 世纪末，巍然的紫禁城就已经生出不祥之感。1774 年白莲教在山东兴起，从此一发不可收拾，迅速蔓延至全国各地。1813 年，天理教起义军又直捣紫禁城，此时曾国藩只有两岁。当时，数十名起义者翻过高高的城墙直逼皇帝的寝宫养心殿。嘉庆帝虽因不在北京躲过一劫，却也不免心惊肉跳，寝食难安，提笔写下“从来未有事，竟出大清朝”。他已隐约感到在接下来的日子里，会有更多、更慑人的“未有事”接连登场。

在民间还少有人意识到惊天震地的大动荡已经拉开序幕，人们遵循着传统，仍把读书、入仕当作最为理想的成功途径。有条件的人纷纷埋首于古代圣贤的著作之中，一面寻找治国理民的明途要理，一面寻找功成名就的方法策略。所有读书人都明白一个非常实际的道理：要想成就一番事业，要想拥有显达富庶的生活，就必须得到朝廷的赏识。

一个人成功的前提就是看清谁能给自己提供成功的机会。在“君天下”的封建时代，提供这些机会的只有朝廷。谁能博得朝廷的青睐，朝廷便给谁大显身手的机会。谁能体察到“时代的需要”，谁就能比别人更好地获得朝廷的器重。

起初，曾国藩的家族并没有意识到这一点。曾国藩出生在一个地主家庭。他的父亲名麟书，字竹亭，有着十分文雅的名字，上溯至五六千年曾家都没有出过什么科举能人。曾国藩的家族就和中国万千个小康之家一样，一代一代辛勤专注地料理着自己土地上的事务。

不过，发生在曾国藩祖父曾玉屏身上的一段经历却影响了曾国藩的未来。

曾玉屏非常能干，他将曾家上下打理得井井有条，为曾家挣得了颇为丰厚的产业，在曾家所在的白杨坪是个远近闻名的人物。他经常帮助街坊邻里处理问题纠纷，分析起问题来头头是道，十分精通做人之术。这从他为孩子们留下的训诫中就可见一斑，如“晓得下河，须晓得上岸”。

圆滑持重的曾玉屏备受大家敬重，只是每每回首往事，他总有一丝遗憾：那就是因为年少时的骄狂放纵放弃了读书的机会。年纪越大他就越觉得“读书少，未入仕”是造成自己人生局限的重要原因。无论他多么受人爱戴，他得到的敬仰永远只限于乡里乡亲；无论他多么努力，他成就的事业也永远仅限于自家的田地。他给了儿孙们衣食无忧的生活，却没能为曾家光耀门楣。更何况眼看着时局一天天复杂，他有理由担心曾家的基业无法保子孙的永久安康。他纵有再大本领也只是身份低微的平头百姓。

做人要做人上人，在重视家族关系的中国，一个人是否成为人上人必将关系其整个家族的命运。而在19世纪初，读书入仕恰恰是成为人上人最理想的途径。阅历丰富的曾玉屏非常清醒地意识到这一点，他将读书入仕的希望全都寄托在孩子们的身上。

曾玉屏有三个儿子，长子是曾国藩的父亲曾麟书，次子幼年夭折，三子曾骥云。让曾玉屏失望的是麟书和骥云都不擅长读书。关于曾骥云读书的资料流传极少。单说曾麟书，他读起书来十分努力，可就是和功名无缘。他参加了十七次童子试，屡考屡败，直到43岁才考上个秀才。可这个年纪已不大可能再在功名之路上取得什么成就，他只能将“读书改变命运”的希望寄托在几个孩子身上。他不辞劳苦地操办私塾，尽可能地为孩子们创造优越的读书环境。

受父亲的影响，还处在人生蒙昧阶段的曾国藩就已经不由自主地踏上“读书入仕”的路途，他的未来在冥冥之中和动荡的时代联系在一起。而他若想在千千万万的读书人之中脱颖而出，就必须做到比其他人更符合这个时代的需要，比其他人更符合朝廷的需要。这些“需要”将决定他读什么样的书，成为什么样的人，还将决定他能在仕途上走多远、多久。

“务实”的理想最容易成功，出生在地主之家的曾国藩一早就将家族的“务实”精神吸收在血脉里，所有关于成功的畅想若脱离“时代的需要”，就找不到化作现实的着陆点。还好，曾国藩在人生之初就领悟了这个道理。

1.2 野心诞生“人上人”

野心，是功成名就的前提。人的野心有多大，他的格局就有多大。人的野心有多强烈，他成功的机会就有多大。而人的野心是用在光明正道，还是用在偏门左道上，将决定人是救世之才，还是祸世之徒。

纵观曾国藩的一生，不能不说他是个野心勃勃的人。从平凡的农村少年到远近闻名的才子，从刻苦读书的书生到跻身政界的骄子……其人生的每一步飞跃都无不以野心作为动力。若不是野心，他不会从宁静偏僻的湖南乡下一路走到紫禁城，也不会从身微言轻的无名小卒蜕变成大权在握的两江总督。

另一方面，野心又从来都是一把“双刃剑”，在皇权昭昭的封建时代，臣子们一个不小心就会因为“功高震主”而招致横祸。更何况曾国藩是以汉人的身份进入满人的权力圈里，相比那些位高权重的满族大臣，其所受到的猜忌、嫉恨有过之而无不及。但是曾国藩却成功地规避掉野心带来的负面作用，他功成名就，全然身退，死后还获得了“文正”的谥号。在清朝200多年的历史中，只有8个人得到这一谥号。

曾国藩之所以可以既功成而不见毁，很大程度上得力于他对野心的深刻认识。还是一个孩子的时候，曾国藩就注定要把成为人上人当作毕生奋斗的目标。他一出生就被家人寄予了重望。

曾玉屏的小儿子曾骥云一生都未生育，为曾家传宗接代的任务自然落到了曾麟书身上。曾麟书的妻子江氏头胎生了个女孩。从来不信巫鬼神怪的曾玉屏一时心急如焚，待江氏再度怀孕后，几次请人占卜，希望儿媳可以诞下一个男孩。他虔诚地烧香拜佛，求神许愿，以至于曾国藩降生的那天，家人故意和他开玩笑：明明生了个儿子，却故意告诉他又生了个女孩。

据说，在曾国藩出生的前一天晚上。曾国藩的曾祖父曾竟希做了个奇怪的梦。他梦见自家的房子上盘旋着一条巨蟒。那巨蟒并不伤人，在房顶上转了几圈后就进入房子里面。看到巨蟒进屋了，曾竟希吓了一跳，从梦中惊醒。而他刚刚醒来，就被告知孙媳妇生了个男孩。曾竟希顿觉此梦非同寻常，便将梦中情景讲述给众人听，大家都觉得这个初降人世的婴儿日后定会有一番大作为。

不管这个传说是真是假，作为曾家的“长孙”，曾国藩注定要背负起全家的期望。他的祖父、父亲都不约而同地将光耀门楣的重任放在了曾国藩的肩上。曾国藩5岁就开始读书认字，6岁就进入父亲开办的私塾学习。在形成独立的思想见地之前，他很自然地把家人对自己的要求当作奋斗的目标——成为人上人。曾国藩并不是一个叛逆的孩子，所以他一直朝着这个目标默默前行。

在曾国藩的成长过程中，曾玉屏对曾国藩的影响极大，在很大程度上决定了曾国藩日后的行为模式：渴望成就大事业，为“主”效劳。

中国的传统家庭和封建皇朝在权力结构上是一体的。曾玉屏是一家之主，在家中的地位就犹如皇帝在国家中的地位。用今天的眼光来看，曾玉屏并不是个理想的家长。他独断专行，说一不二，家人之中若有谁违背了他的命令，他必定要大光其火。有时遇到不顺心的事，还会拿家人撒气。但他的这些性格正暗合了“君”的特点。在朝廷之上，皇帝一言九鼎，“君命不可违”，皇帝的命令就算再荒唐，作臣子的也要小心遵从。皇帝生气时故意找臣子麻烦，臣子也必须心平气和地承受。

曾国藩之所以可以处理好微妙的君臣关系，就得力于他幼时的家庭环境。他的父亲曾麟书给他做了“服从”的榜样。在被祖父教训时，父亲从不还嘴。就算祖父气急败坏动手来打，曾麟书也毫无怨言地默默承受。正是在家里曾国藩知道了什么是“尊卑”，什么是“君君，父父，子子”。他崇拜他的祖父，像父亲一样屈服在祖父的“统治”之下。直到日后当了大官，掌了大权，他仍把祖父的教诲谨记于心。曾国藩常说的“君子在下则排一方之难，在上则息万物之器”，就是从祖父那里听来的。

皇帝可以给臣子提供大展宏图的舞台，也可以结束臣子的生命。如何和皇帝相处，如何在掌握权力后不因为野心的膨胀而忽视掉君臣的这一微妙关系，都是臣子们要学习的重要内容。曾玉屏和曾麟书都没有入朝为官的经历。然而，他们在家中的一言一行、一举一动，却让曾国藩学会了与“掌权者”相处的技巧：

要想得到众人的尊敬，就必须得到“掌权者”的喜爱。

要想得到“掌权者”的喜爱，就必须把“掌权者”交代的每件事都做好。

做事时需要用到的“权力”是“掌权者”赐予的，要想得到这些“权力”，就必须博得“掌权者”的信赖。

要想得到“掌权者”的信赖，就必须对“掌权者”绝对服从。

总之，建功立业的野心可以一再膨胀，但这个野心必须始终以“为掌权者服务”为目的。对“君”的敬畏、忠诚、服从，从一开始就深深印刻在曾国藩的脑海里。有人奇怪曾国藩的一生并不缺乏拥兵自重的机会，也不乏凭空受谤、被政敌排挤的委屈，为什么从未有过“反”的念头。答案就在这里，从人生的一开始，曾国藩的野心就被框定在“为君效忠”的大前提下。

有什么样的野心，就会有什么样的人才。今天的人们可以嘲笑曾国藩这“忠君”的奴性，但谁也无法否认为野心设定“限制”是何等的重要。野心与欲望浑然一体，若任其发展，人就容易因过于专注最终目标而忽视周遭的危险，不仅目标难以实现，还会让自己落入困境。在野心的帮助下成为“人上人”难，但在野心的刺激下从“人上人”沦落为“人下人”则轻而易举。

理智是规避掉野心负面作用的关键。在等级森严的封建社会，理智的最重要内容，就是认清自己的身份，想清楚在这一身份下，什么事应该努力去做，什么事最好想都不要想。幼时对祖父的绝对服从，让曾国藩得以游刃有余地处理理性与野心的关系，他的野心再膨胀，也不会违背“忠君”的原则。

1.3 勤奋铸成“人上人”

做事必先学做人，而做人贵在一个“勤”字，具备了“勤”的素质，人的各种能力才能培养出来。从凡夫俗子成长为盖世英才需要人坚持不懈的努力。

曾国藩天资聪颖，但如果他只有聪明的大脑而没有勤奋的精神，那他充其量是个脑筋活络的乡间小子。曾国藩6岁开始进入私塾读书，用了两年的时间就读完了“五经”。“五经”是儒家的五部经典著作，包括《诗》《书》《礼》《易》《春秋》。对一个10岁的孩子而言，光是认清这“五经”上的字就很不容易了，更何况还要较为通达地读完，其在学习上所倾注的精力可想而知。而曾国藩读书还有一套“规矩”，他要求自己“一句不通，不看下句；今日不通，明日再读；今年不通，明年再读”“一书不读完，断不看其他书”……在勤奋的人眼里，世上罕有克服不了的困难，只有不够勤奋的人。

年纪稍微大些，曾国藩就开始学写八股文。为了让文章写得更为充实，在学习“四书”“五经”之余，曾国藩还通览了《史记》《周礼》《仪礼》等书。他尤爱读史，即使很多年后当了大官，要事缠身，他仍坚持每天“读史十页”。长期大量的阅读着实丰富了他的思想，让他的文章既流畅自然，又言理凿凿。由于坚持不懈的努力，曾国藩很快就成为远近闻名的才子，其父曾麟书见他学有所成，便经常带他到一些学者家里走访学习。曾麟书的友人欧阳沧溟十分赏识曾国藩的才华，断定他日后必成大器，还将自己的女儿许配给年仅 14 岁的曾国藩为妻，做了他的正室夫人。

曾国藩曾说：“千古之圣贤豪杰，即奸雄有立于世者，不外一‘勤’字。”然而，做事要做到什么程度才说得上是“勤奋”呢？关于勤奋，曾国藩有这样一个标准——“五到”。所谓“五到”就是身到、心到、眼到、手到、口到：“身到者，如作吏则亲验命盗案，亲巡乡里；治军者则亲巡营垒，亲探贼地是也。心到者，凡事苦心剖析大条理、小条理、始条理、终条理，理其绪而分之，又比其类而合之也。眼到者，著意看人，认真看公牍也。手到者，于人之长短，事之关键，随笔写记以备遗忘也。口到者，使人之事既有公文，又苦口叮嘱也。”

具体说来，“身到”，就是行动起来，对自己的本职工作尽职尽责。不能窝在屋子里夸夸其谈，而要将“责任”落实在行动中。如果是做官，那他就需要亲自去调查案件，到所辖之处进行巡逻。如果是带兵，就要亲自巡查军营，和士兵们一起深入敌地。曾国藩非常重视领导者是否起到表率作用，要想拥有“勤奋”的团队，领导就必须以身作则，营造勤奋的氛围。以曾国藩为例，在湘军练兵时，他每天都早起，亲自督练，认真履行着“身到”的原则。而对那些“被领导者”来说，“身到”更为重要。因为人的阅历、经验无不需要在实践中积累，人要提升自身的办事能力需要做大量实实在在的工作。领导从来都赏识“会办事”的人。

顺着“身到”的逻辑，在具体的工作中，比别人多干一些活，多承担一些事务，绝不是“吃亏”。

当然，人做事要勤奋，可如果勤奋不到点子上，就容易“好心办坏事”，所以曾国藩又强调“心到”，即做任何事都要勤于动脑、用心揣摩、仔细分析。如果忽视了“心到”这个环节，人就容易沦为“做事机器”，付出大量精力却无法提升自己。在对“心到”进行解释时，曾国藩也说明了“心到”的技巧：理清事情的条理，对事情进行归类整理。只有做到这两点，人才会认清事情的轻重缓急，找到最优的处事方案，提升办事效率。

在具体的工作中，人除了要想清楚事情的“大方向”，还需要照顾到事情的各个方面，将所有细节都考虑周全，避免“阴沟里翻船”，这就需要有意识地培养自己的洞察力，即“眼到”的功力。要学会把事情“看”仔细，学会“看”透他人的内心，学会“看”到各种文书文字背后的含义。“眼到”的功力并非一朝一夕便可练就，它需要对自己所从事的事情极为了解，需要积累丰富的社会阅历。

俗话说“好记性不如烂笔头”“手到”的关键就是勤记笔记。这笔记的范围包括读书时看到的精辟词句，从工作生活中总结出的思想感悟，对人对己的观察得失，处理某件事情的关键点以及日程计划等。曾国藩就非常重视“手到”的作用，这从他留下的大量文字中便可看出。他写的书信、日记、批文光是流传下来的文字就多达千万。有人做过一番统计，以《曾国藩全集》为依据，从 1840 年开始，一直到 1871 年，曾国藩一共写了 1459 封家书，单是 1861 年一年，就写了 235 封。而 1861 年刚好是洋务运动开始的一年，作为洋务运动的倡导者，在这一年他开办了安庆内军械事务所，公务的繁忙可想而知。但他之所以坚持读书写作是因为“手到”在他这里不仅仅是书写情绪感慨，更是一种学习方式，他的思想认识在“手到”的过程中不断加深，如果说人要不断总结经验才能不断成长，那么“手到”就是记录经验的重要方法。

至于“口到”则是指“沟通的方式”。无论是领导者还是被领导者，都不能忽视“口到”的作用。在日常的工作中，人们除了要用文件来提醒彼此要做的事情，还需要不时进行口头沟通，将问题开诚布公地“说”出来，及时解决。

勤奋是铸造“人上人”的必备素养，曾国藩用“五到”来解释勤奋：脚踏实地、精益求精。不止如此，曾国藩还把勤奋当成识人辨才的关键。在招募良才时，他更愿意把机会留给踏实肯干的勤奋人，哪怕这个人并非天生聪颖。而在淘汰人时，他首先会筛掉那些懒散怠惰之徒，哪怕该人很有天分。曾国藩不喜欢投机取巧，他相信做事如“鸡孵卵”，如“炉炼丹”，不可“须臾稍离”。

勤奋是将庸才转化成英才的必要条件，曾国藩做到了，所以成就了一世功名。凡夫俗子要想成为“人上人”，也必须时刻鞭策自己——“勤奋”。

1.4 阅历造就“人上人”

曾国藩少年时的大部分时间都在书斋中度过，即使他天资聪颖，努力好学，但要想通过科举考试步入仕途仍不容易。

在清朝，科举考试有四级：院试、乡试、会试和殿试。院试虽是最低级别的考试，但也不能直接参加，在进行院试之前，必须先通过县级的府试，拿到童生的身份后才有资格参加院试。院试由各省的州治所或府城举行，有三“关”要过。具体说来，第一关是岁试，只有通过了岁试才能得到秀才身份，才正式成为“国家的学生”。而只有在岁试中表现优秀，才有资格进入第二关——科试。经科试通过，方可参加乡试。由于考试的时间是每三年为一个周期：第一年举行岁试，第二年科试，第三年乡试。如果一次没有考中，就意味着要等上三年才能重新再考。曾国藩的父亲成为秀才时已经 43 岁，还有很多读书人考了一辈子也没考到秀才的身份。不过，让曾麟书欣慰的是，曾国藩考上秀才时只有

22岁。

考中秀才给了曾国藩很大鼓舞，更坚定了他“学而优则仕”的信心。

然而，“学”尽管是通往“仕”的途径，但“学”和“仕”却不一样。要想顺利地从“学”过渡到“仕”，就要知道掌握着全天下读书人仕途的朝廷需要什么样的人才。对当时的大清帝国而言，朝廷最需要的不是引经据典、滔滔不绝的大学问家，而是有能力、有魄力，能解决实际问题的“实干家”。

年轻的曾国藩此时并不具备“实干家”的素养，他来自偏僻的小乡村，在书斋中度过了20多年的岁月，社会阅历极其有限。他可以凭借聪明才智轻松地通过院试，却未必能通过接下来的考试。因为在清朝，院试的考试内容和现实社会结合得并不那么紧密，即只要求考生写八股文，解释四书五经，吟诗作赋，默写圣贤经典。但接下来的考试却需要考生对社会民生有一定的了解。在乡试中，考生除了要写八股文，还要对经史时务阐述观点。乡试每三年举行一次，只有通过乡试得到举人的称号，才可以去参加会试和殿试。

阅历需要时间来丰富，可对一个急于走上仕途的年轻人来说，他并没有太多时间去积累阅历。为此，他必须抓住一切机会开拓自己的眼界。在考上秀才后，曾国藩没有继续闷在家里复习功课，而是来到长沙，到当时湖南最著名的学府——岳麓书院学习。

岳麓书院始建于北宋，历史悠久，文化底蕴深厚。尽管在书院中，曾国藩仍然过着“书生”的生活，但这一时期的“书生生活”已不同于他在家乡那种封闭单调的书生岁月。作为一座历史名城，长沙有很多名胜古迹，比如大禹治水时留下的禹王碑，西汉长沙王刘发留下的历史遗迹，汉代文学家贾谊的故居……这些都刺激了曾国藩建功立业的雄心。每当天气晴好，曾国藩就会和友人一道外出游玩，他们谈古论今，大抒壮志，个个意气风发。多年之后，回忆起在长沙求学的日子，曾国藩仍感慨万千，并写有诗句：“岳麓东环湘水回，长沙风物信佳哉。妙高峰下携步谁，爱晚亭中醉几回？夏后功名余片石，汉王钟鼓拨寒灰。知君此日沉吟地，是我当年眺览来。”

在岳麓书院的生活让曾国藩的思想从家乡那荒僻的小村子里跳脱出来，他开始敞开心胸面对这广阔的世界。与此同时，岳麓书院的学术思想也在潜移默化地影响着曾国藩。从明代开始，岳麓书院就大力提倡“有用之学”，推崇侧重实用、关注社会民生的宋学。当很多汉族学者还因捍卫汉学而对宋学大力鞭挞的时候，曾国藩已经把目光从“学术研究”转移到“学以致用”上。值得一提的是，早在乾隆年间，清政府就开始大力提倡宋学。在崇尚宋学的岳麓书院读书，对曾国藩的科举之路大有裨益。

作为一个尚在求学阶段的年轻人，并没有太多精力到社会中摸爬滚打，但这并不是他“阅历尚浅”的借口，他要大胆地走出自己熟悉的小圈子，主动去了解这个世界。只有这样，他才能明白自己在这个社会中究竟处于怎样的位置，自己现在做的是否有利于理想的实现。所谓“积累阅历”并非是指懵懵懂懂地任岁月流逝，而是用务实的眼光来观照未来，时刻汲取对自己的发展有帮助的东西。

曾国藩在岳麓书院的成绩很好，24 岁时，他从岳麓书院毕业。随后参加了乡试，顺利获得举人的头衔。踌躇满志的曾国藩开始向新的目标迈进，他收拾行囊准备进京赶考。

1.5 坚忍历练“人上人”

人生难免遭遇低谷，曾国藩在赴京赶考后迎来了人生的第一个低谷。他本以为可以在会试中取得好成绩，结果却在 1835 年初的会试中名落孙山。这对曾国藩无疑是个沉重的打击，会试若不能通过，他 20 多年寒窗苦读的心血就付诸东流。尽管古人曾说：“天将降大任于斯人也，必先苦其心志，劳其筋骨，饿其体肤……”但对身处低谷中的人来说，最可怕的是不知道要在低谷中待多久，更不知道自己还能否走出低谷。

曾国藩也有类似的恐惧，这从他当时的一首诗中便可看出：

为臧为否两蹉跎，搔首乾坤踏踏歌。
万事拼同骈拇视，浮生无奈茧丝多。
频年踪迹随波谲，大半光阴被墨磨。
匣里龙泉吟不住，问予何日斫蛟鼍。

清朝的会试由礼部主持，主考官为内阁学士或六部尚书。考试的内容和乡试相当，考中的人便成为贡士，通过殿试的贡士便是进士。殿试是清朝科举制度中最高级别的考试，由皇帝亲自主持，考试的内容以时政、经义为主。考题由皇帝从内阁拟好的题目中选择，考试的名次也由皇帝来定。成绩为前十名的考生会得到皇帝的亲自召见，其中第一名为状元，第二名为榜眼，第三名为探花，一甲进士会被立刻安排到翰林院供职。

梦想近在咫尺却碰触不到，曾国藩的失落可想而知。1836 年皇太后大寿，会试照惯例增加一次，但这次机会再次与曾国藩擦肩而过。由于会试每三年才举办一次，身上的钱又不够维持生计，曾国藩只能先回家乡，等三年之后再来京城一试运气。

回乡的路要比赴京的路难走得多，但曾国藩并没有因此消沉。还在回乡的路上，他就已经着手准备三年后的考试。在路过江宁时，为买下一部书籍，他不惜典当衣物向人借贷。所幸，他的家人给了他很大的鼓舞，他的父亲曾麟书在得知他借钱买书后并没有气恼，而是告诉他只要他能认真阅读这些书，家里会尽力帮他偿还债款。

在遭遇人生低谷时，曾国藩选择了拼尽全力走出低谷，让他坚持下去的力量就是他那建功立业的志向。他坚信：“人苟能自立志，则圣贤豪杰何事不可为？”他的自信心并没有因考试的失利而消弭，这正是曾国藩做人非常可贵的一点：不被挫折吓倒、不妄自菲薄。曾国藩从未怀疑过自己能够实现最初的目标，他曾说：“我欲仁，斯仁至矣。我欲为孔孟，则日夜孜孜，唯孔孟是学，人谁得而御我？”

能够将人从低谷中拯救出来的永远是自己。要成就大事就必须先学会坚强地面对困难，学会忍受失败的压力。晚年的曾国藩曾这样解释“坚忍”：“坚忍者何？刚强牢固为坚，勇毅强挺为忍。君子持威重，持坚忍。临大难而不惧，视白刃若无也。欲立不世之功，得成勋世伟业，非坚忍所不能也。坚忍于战则无敌，于礼则大治；外无敌，内大治，厚道载物乎？”

能克服多大的困难，就能成就多大的事业。人生路上困难重重，伟人和庸人的区别就在于伟人总是凭借强大的意志力接二连三地克服困难，庸人却会轻而易举地在困难面前缴械投降。对曾国藩来说，考试失利只是人生中一个微不足道的小插曲，在以后的日子里，他要迎对的困难远比科举失利严重得多。而现实中，却有无数人被拦在了这个困难前面，或心灰意冷，怨天尤人，或无论如何都迈不过这道坎。

俗话说“在哪里跌倒，就要在哪里爬起来”，两次失败的考试让有些骄傲之气的曾国藩意识到“山外有山，人外有人”的道理，让他对自己的能力、学识有了更清醒的判断。他通过自省找到了自己的“不足之处”，下决心弥补才能上的欠缺，重整旗鼓。很多人在失败之后都没有勇气直面自己的不足，反而将过多的时间耗费在抱怨客观条件上，结果让自己在低谷中越陷越深。

曾国藩一回到家乡，就闭门谢客终日苦读，为赴京赶考做充分的准备。他为自己定下计划，每天必须认真圈点 10 页书，不得间断，就这样过了整整一年。

1838 年，曾国藩再次进京赶考，这次他不仅高中第三甲四十二名，还一鼓作气在接下来的朝考中取得了优异成绩。他的才能终于得到了朝廷的肯定，他被选入翰林院，成为一名庶吉士。

第二章 做吸引贵人的人

人要有进取精神，才能不断地突破自我，登上人生的更高境界。曾国藩是一个不知满足的人，在翰林院的几年里，为了增长才干，他对自己提出了非常高的要求。唐鉴曾要曾国藩认真阅读《朱子全书》，曾国藩不仅读完该书，还给自己立下五个箴言。

2.1 什么样的人是贵人

成为庶吉士后，曾国藩才算真正进入北京的权力圈，但他很快发现，理想和现实仍有很大差距。在家乡，他是天之骄子，在京城，他仍是无名小卒。一种失落感油然而起。在写给家人的信中，曾国藩曾这样抱怨："少时天分不甚低，厥日后与庸鄙者想出，全无所闻。窍被茅塞久矣。"他为自己久居乡间、见识浅薄而懊恼，也为自己没能多结交有志之士感到后悔。他曾感叹："乡间无朋友是第一憾事。"并告诫家中兄弟，不要将时间、精力耗费在和庸鄙无志的人的交往上，因为这些人："不惟无益，且大有损。习俗染人，所谓与鲍鱼处，亦与之俱化也。"应多结交贤才义士。

人很容易受到周围人的影响，在京城任事，曾国藩一天比一天意识到"人"及"人际关系"的重要性。作为一个从湖南乡下闯出来的平凡人士，还在科举考试时，他就发现了"人脉"是如何关系着他的未来。

事实上，正是靠“人脉”的力量，他才顺利地进入了翰林院。

按照清朝的制度，参加考试的人要按照会试、殿试、朝考的综合成绩被评定出等级、授予官职，成绩优异的进入翰林院，其他的人则要被派往地方为官。曾国藩的殿试成绩只是三甲四十二名，并不算突出，除非他朝考表现得特别优异，否则就难以进入翰林院，而最多成为一名地方官员。这样一来，暂且不提他要在仕途上大展宏图，光是进入京城的政治圈就要困难得多。

曾国藩当然不想这样，在强烈的成功本能的驱使下，曾国藩积极地寻找贵人相助。他首先找到了正在翰林院中做庶吉士的劳崇光。劳崇光是道光十二年（1832）的进士，曾国藩的老乡。在当时的曾国藩眼中，他无疑是个成功的典范。

尽管劳崇光只是翰林院中一名小官员，影响有限，但几年的官场生涯却让他清楚地了解在官场之上多结交“自己人”总是大有好处的。因此他竭尽全力帮助曾国藩，为曾国藩出谋划策，要曾国藩尽可能引起考官穆彰阿的注意。

穆彰阿正是影响了曾国藩一生的大贵人。

穆彰阿字鹤舫，出生于1782年，满洲镶蓝旗人，在朝中很有势力，早年由于道光皇帝的赏识，他从一名内务府大臣逐渐升为太子太保、上书房总师傅、拜武英殿大学士，并从1827年起就在军机处担任职务，德高望重。而从他的经历来看，他也确实能给如曾国藩这样初入京城的年轻人以很好的“提点”。他学识渊博、精通朝中大小事务，更重要的是非常熟悉道光皇帝的喜好，他知道什么样的文章会博得道光的欢心。

另一方面，穆彰阿自己也很喜欢提携后辈，在官场混迹数十年，他深深地了解为自己培植亲信有多么重要。而培植亲信的最好办法就是从新晋的官员中选拔合自己胃口的人才，偏巧穆彰阿还在很大程度上控制着科举考试，从嘉庆年间开始，他已经数次参与会试、殿试甚至庶吉士考试的主持工作。《清史稿》曾这样记述穆彰阿：“自嘉庆以来，典乡试三，典会试五。凡复试、殿试、朝考、教习庶吉士散馆考差、大考翰詹，无岁不与衡文之役。国史、玉牒、实录诸馆，皆为总裁。门生故吏遍于中外，知名之士多被援引，一时号曰‘穆党’。”

曾国藩通过会试的这一年，穆彰阿正好是考官。据说，曾国藩参加完考试后，马上前往居住的地方，让事先安排好的抄手，将自己的答卷抄写了10份，分别送给朝中要人。收到卷子的人自然明白其中深意，将“曾国藩文章好”的口风散出去。到了第二天傍晚，穆彰阿便听说了曾国藩的名字，连忙调来曾国藩的试卷亲自察看，发现曾国藩的文章确实有不少可取之处，同时也猜到曾国藩为引起自己注意下了工夫。穆彰阿干脆顺水推舟，给了曾国藩一个高分，将他的朝考成绩定为一等第三名，并特地叮嘱要将曾国藩列为翰林院庶吉士。而在将考试情况汇报与道光时，穆彰阿又不失时机地对曾国藩美言一番。道光素来信赖穆彰阿，听了穆彰阿的话，把曾国藩从一等第三名提升到一等第二名。

科举考试绝不仅仅是学识的考试。

曾国藩顺利进入翰林院，这番经历给他的仕途生涯以很好的经验。在得知自己被翰林院录取后，他马上前往穆彰阿府上拜见，竟然发现，自己的很多观点都和穆彰阿不谋而合。穆彰阿也十分赏识这个人世通达的年轻人，遂充当起他的“良师”。穆彰阿的提点帮扶为曾国藩日后的平步青云创造了大好条件。

一个人能否成功除了要看他自身的能力，还要看他是否有贵人相助。尤其在注重人际关系的中国社会，“贵人”的作用更是重要。然而，什么样的人能成为别人的“贵人”呢？首先，这个人必须有一定的才干，至少对其所处的环境、所从事的事情了如指掌。曾国藩的第一个贵人就是劳崇光，当时的劳崇光虽无权无势，却知晓进入翰林院的途径，因此他能在关键时刻给曾国藩指明方向。另外，贵人穆彰阿位高权重，是皇帝身边“说得上话”的人，他有能力将出身平凡的曾国藩推上大清皇朝的政治场。

其次，这个贵人还必须是好帮助人的人。劳崇光自不必说，其虽然在此之前和曾国藩交情甚浅，可一旦曾国藩有事相求便肯为他劳心尽力。至于穆彰阿，在历史上，人们对他的人品评价并不高，认为他善于逢迎拍马，喜欢结党营私，排除异己。但不可否认无论出于什么目的，他一向注意培养新人。而他也愿意悉心教诲那些“可造之材”。如果说劳崇光让曾国藩对大清官场有了初步了解的话，那穆彰阿就是教会他“混迹”官场的人。

以曾国藩当时的处境来说，他寻求穆彰阿的帮助，就意味着要成为穆彰阿的人。有些人喜欢无偿地帮助别人，看着别人实现目标便心满意足，可有些人却不会无偿地予人援手，他在做你贵人的同时也期待你有朝一日能成为他的贵人。因此在寻找贵人时，人需要看到这隐含的利益关系，要知道自己的价值。如此，才能更为迅捷、准确地找到自己的“贵人”。也就是说，那些和自己存在利益关系的人更有可能成为自己的贵人。

值得一提的是，有利益关系便会有利用他人者和被他人利用者。但一个人之所以可以被当成贵人，就在于他不会“有用者待为上客，无用者弃如敝履”。如穆彰阿，由于清政府不那么信赖汉族官员，很长一段时间曾国藩都没有受到重用，但穆彰阿依旧对其以礼相待。

其实，大而化之地看，对一个社会新人来说，任何可以让你学到有益之处的人，都可以被当作你的“贵人”。这个“有益之处”需要人用积极、长远的眼光来寻找。在错综复杂的现实中，一些人的确会给你带来短时期的利益，但却会对你的长远发展带来不利，这样的人便不能称为“贵人”，而更像是裹着糖衣的“害人者”。所以，判断一个人是否是“贵人”需要了解他对其他人的态度，看看那些被他帮扶的人究竟是发展得越来越好，还是过得越来越糟，是走上了正途大道，还是落入了旁门左道。曾国藩非常幸运，情急之下他并没有太多时间去了解穆彰阿这个高高在上的朝廷要官，可他却没有选错人，穆彰阿不仅将他带入翰林院，更让他了解了官场的“为人之道”。

进入翰林院的曾国藩在穆彰阿的帮助下，一路平步青云。1840 年他被授职检讨，官位七品。三年之后，在穆彰阿主持的翰詹大考中，他又取得了二等第一名的好成绩，授职侍讲。由于道光皇帝非常注重伦理，穆彰阿特地告诉皇帝曾国藩的家庭十分圆满，父慈子孝，夫妻和美。让道光对曾国藩产生了非常好的印象。

2.2 抓住一切机会接近贵人

对任何人来说，贵人都是多多益善，尤其在人未发迹时，更要主动去接近贵人。曾国藩就很擅长开拓人脉，在结交贵人上，表现得十分主动，即使后来身居高位也是如此。事实上，是否擅长结交贵人是衡量一个人能否成功的关键。不精此道的人要么是自视过高，待人倨傲，要么是心窄眼窄，没有勇气突破自我。二者都是成功的大忌。

曾国藩在1840年进入翰林院时只是个七品小官，1843年成为四品官员，到1847年他则一跃成为朝廷的二品大员，短短七年就连跳数级。在给家人的书信中，他曾这样写道："六月初二日孙儿荷蒙皇上破格天恩，升授内阁学士兼礼部侍郎衔，由从四品骤升二品，超越四级，迁擢不次。"在当时朝中，通过科举考试成为阁学者的包括曾国藩在内只有三个人，而曾国藩又是其中获得该职位最年轻的一个。

在进入翰林院后，曾国藩从来没淡忘和穆彰阿联络感情。经常以请教问题为借口到穆彰阿府上拜见。当时，朝廷之上正在为鸦片战争而争执不休，一些大臣主张禁烟到底，不怕和洋人打仗；另一些大臣则主张妥协，建议先安抚好洋人的情绪，再私下里进行禁烟。穆彰阿就是后者的支持者，他不仅竭力反对禁烟，还想尽办法排挤那些支持禁烟的大臣。

年轻的曾国藩并没有参与国家大政的机会，但这不妨碍他以此为契机拉近和穆彰阿的关系。他非常认同穆彰阿的观点，并不失时机地向穆彰阿表示自己的忠君爱国之心。这样既给穆彰阿留下了深刻的印象，又让穆彰阿看到了他"胸怀大志"的一面。从此，穆彰阿对他愈发器重。

只有运气极好的人才能靠"守株待兔"的方法"等来"贵人，绝大部分渴望成功的人都要学会主动接近贵人。越多地创造机会接近贵人，才能越多地向贵人展示自己的才干。

对待贵人要有"长远的眼光"，所谓"长远眼光"就是要知道贵人并非"一次性产品"，曾国藩深谙此理，因此在顺利进入翰林院后他没有忘记穆彰阿，而是更加用心地接近他。当然，"接近"要讲究方法。

穆彰阿每天公务缠身，并不会随意接待访客，"接近"是制造机会，"如何接近"才是抓住机会。很多人把"接近贵人"误读为"巴结贵人"，把"博取贵人好感"当作是"拍贵人马屁"。但是，并不是所有人都喜欢"逢迎拍马"。在这一点上，曾国藩就做得非常聪明。

他知道穆彰阿喜欢提携后辈，所以便以"请教学问"做因由叩开了穆彰阿的府门。他对穆彰阿在禁烟一事上的态度有所了解，所以很快摆明态度，对穆彰阿的观点表示认同。人在阐述观点时，总是希望得到他人的肯定，曾国藩适时地给了穆彰阿这种肯定，穆彰阿也就顺理成章地把曾国藩当成了"自己人"。一条看不见的纽带就这样将曾国藩和穆彰阿联系起来。穆彰阿知道曾国藩尊敬自己、会支持自己，所以提携曾国藩就相当于巩固他自己的力量。

在接近贵人时，与其绞尽脑汁大献殷勤之辞，不如仔细听对方说话，予以适当的呼应。让对方知道你尊重他、敬仰他。

值得一提的是单靠穆彰阿一人之力，曾国藩还不可能如此迅速的升迁。在翰林院工作时，曾国藩不断扩充自己的贵人资源。大学者唐鉴就是他的另一个贵人。唐鉴，字镜海，和曾国藩一样是湖南人，他在1807年即嘉庆十二年考中进士，也曾是小小的庶吉士。在曾国藩进入翰林院的那年，唐鉴刚好被内召为太常侍卿，他精通程朱理学，是人人尊敬的大学者。

曾国藩第一次见到唐鉴是在1841年。一天，道光接见唐鉴，曾国藩则作为随侍站在一旁。道光十分欣赏唐鉴在程朱理学上的造诣，对其大加赞赏。而这一切都被曾国藩看在眼里，他很快就从中总结出道光的用人喜好：精通程朱理学、品德端正。

聪明的文人"不相轻"，曾国藩看到了唐鉴在治学上的长处，尽管他的目标并不是成为一名学者，但他知道在翰林院为官，学问了得终究不是坏事。于是，他将唐鉴作为自己的贵人，主动接近。以弟子之礼拜见唐鉴，并时常向唐鉴请教。作为学者型的官员，唐鉴很喜欢那些积极向学的人，对曾国藩好感倍增。而通过唐鉴，曾国藩又认识了其他一些对他的仕途生涯影响深远的人，比如倭仁。尽管在此后的日子里，他曾和倭仁在一些重要事情上发生严重分歧，但二者的私交却一直不错。以至于多年之后，曾国藩因办理天津教案遭到非议，倭仁还言辞恳切地为他上书说情，大鸣不平。

主动接近贵人包含着“主动寻找贵人”的意思，如果说穆彰阿是曾国藩“有幸结识”的贵人，那唐鉴就是曾国藩主动结交的贵人。人要有一双会发现贵人的眼睛，要善于挖掘他人的长处。曾国藩即是如此，而他和唐鉴的交往又揭示了“人脉”的深意：“人脉”并非一条一条的直线，而是一个会向四周发出射线的点。往往结交一个贵人，这个贵人就会为人带来一堆贵人。

曾国藩曾在给家人的书信中炫耀他认识的贵人：

“现在朋友愈多，讲求躬行心得的，有镜海先生、艮峰前辈、吴竹如、窦兰泉、冯树堂，穷经悟道的，有吴子序、邵慧西，讲诗、文、字而艺通于道的，有何子贞，才气奔放的，有汤海秋，英气逼人、志大神静的，有黄子寿，又有王少鹤，名锡振，广西主事，年二十六岁，张筱甫的妹夫。朱廉甫，名琦，广西乙未翰林。吴莘畲，名尚志，广东人，吴抚台的世兄。庞作人，名文寿，浙江人，这四位，先闻我的名来拜访，虽说他们的学问有深浅，却都是有志之士，不甘居于庸碌辈的人物。京城是人文荟萃之地，不去探求便没有，越去探求就越多。”

只要肯主动地接近贵人就能有如此大的收获，何乐而不为呢？

2.3 才干，吸引贵人的目光

曾国藩在认识唐鉴时，唐鉴已美名在外，身边围绕着不少像曾国藩这样有野心、有抱负的年轻人。对曾国藩而言，有利的一面是，他可以借助唐鉴来认识其他贤德人士，不利的一面是，要想在这些人中脱颖而出并不容易。偏偏曾国藩有一种“遇难则强”的个性。他把翰林院当成积累才干的地方，他向来明白人要做大事就必须拥有做大事的能力。其实，对他这样初入官场的年轻人而言，翰林院实在是理想的学习之所。首先，它拥有一批才华横溢的大学问家。其次，它保存着大量堪称经典的书籍。第三，翰林院的工作并不繁忙，曾国藩有非常充裕的时间扩充自己的内涵。事实上，让曾国藩在日后大放异彩的学问志向，都是在翰林院奠定的。

才干要靠学习来积累，在入京为官前，曾国藩的学习多以“科举”为目的。在入京为官后，他的学习则以“升官”为目的。他曾把李斯、诸葛亮这样的布衣良相当作自己学习的典范。作为理学家唐鉴的学生，起初，曾国藩并没有在治学上表现出卓越之处，因为当时他读书读得相当盲目，他曾这样描述自己在翰林院学习的日子：

“涉猎于前明、本朝诸大儒之书，而不克辨其得失，闻此间有工为古文辞者，就而审之，乃桐城姚郎中鼐之《绪论》，其言诚有可取。于是取司马迁、班固、杜甫、韩愈、欧阳修、曾巩、王安石及方苞之作，悉心而读之，其他六代之能诗者及李白、苏轼、黄庭坚之徒，亦皆泛其流而究其归。”

只是这样的“盲目”在当时却不失为一件好事。

历任大清皇帝都十分推崇程朱理学。因为该学派非常注重道德伦理，十分强调三纲五常，清政府需要用它来统摄臣民的思想、巩固统治。但理学重心学，过于强调它难免会变得保守封闭，在大清王朝鼎盛之时，它的这一弊端还不明显，但在大清王朝衰落之际，它的弱点就呈现出来，朝廷并不能够用它来解决日益尖锐的内外矛盾，至少气势汹汹的洋人不会把“君为臣纲”当作至理名言。

曾国藩是汉族官员，要想在仕途上有所成就就必须顺着清政府的喜好做理学的拥笃者。在他之前，不止唐鉴，很多汉族官员都是因为在理学上造诣甚高才得到皇帝的青睐，比如李光地、汤斌。不过“盲目读书，涉猎广泛”的曾国藩很快便发现了理学的弱点，渴望有一番大作为的他本能地开始去学习那些能够帮助人解决实际问题的学问。于是，他一面钻研理学，一面又积极吸取汉唐经学的精华，自称“一代宋儒，不废汉学”。

能不能将书本知识转化成治世才干，在当时就是曾国藩能否平步青云的关键。曾国藩非常注重经世之学。所谓经世之学，包括政治、经济、军事、科技等各方面内容，着重解决现实矛盾。1840 年鸦片战争爆发，西方文化强烈地冲击着大清王朝。当很多大臣仍将精力放在经学理学之争时，曾国藩已经做好了接受外来文化的准备。他注意到大清正处在一个大变革的时代，也注意到前人的学说不足以解决一些新的问题，于是提醒人们去正视前人的错误，勇敢承认“圣人之说”也有没说到的地方，然后自创新法处理新事，积极应对各种困难。多年之后，曾国藩扛起了“洋务运动”的大旗，将西方的科技引入大清，而其之所以能够果断地去学习“夷人”的长处，就和他早年形成的这种开放、务实的治学态度有关。

曾国藩曾这样写道：“欲求自强之道，总以修政事、求贤才为急务，以学做炸炮，学做轮舟即为下手功夫。但使彼之所长，我皆有之，顺则报德有其具，逆则报怨亦有其具，若在我者，挟持无具，则曲固罪也，直亦罪也；怨之亦罪也，德之亦罪也；内地之民，人人媚夷，无固无能制之；人人仇夷，吾亦不能用之也。”

一个人对学问的态度和他对事情的态度往往是相通的，曾国藩非常注重培养自己的才干，他也很注重国家的“才干”。从上段文字中便可看出，对他来说，如果洋人擅长的，大清同样擅长，那么在和洋人的对抗中，大清就能居于主动。若大清没有这种“才干”，那无论是委曲求全巴结洋人，还是义正词严与洋人针锋相对，都会居于不利局面。人人媚夷固然不可取，但人人仇夷更不是明智之举。

在同辈官员中，曾国藩的天赋并不算高，可贵的是，他比别人更早地注意到世界的变化，更早地意识到要将理论知识转化成治国才干。尽管在翰林院担任闲职的曾国藩没有太多机会告诉贵人他如何能干，但他至少清楚地表露出他的实干精神。而任何一个贵人都会青睐有才干的人。曾国藩在治学上不落人后，在处事上又有独到的想法。无论是穆彰阿还是唐鉴都很难不注意到他。这两个精通朝中事务的大臣都非常清楚，大清最需要的不是理论家，而是实干家。暂且不提穆彰阿，就算是专注学问的唐鉴也会花很多时间和曾国藩讨论国家时政，这给了曾国藩很好的锻炼机会。在升任礼部侍郎后，曾国藩在朝堂上陈述的治国意见，给皇帝留下了深刻的印象。

2.4 谦虚，赢得贵人的好感

曾国藩的学问日益增长，其做人的智慧也在一天天增加，他曾经是个狂妄的人，很喜欢在家信中炫耀自己的成绩。但在官场上，他却表现得非常谦虚。他一早就知道，谦虚是官场的生存之道，也是他博取贵人好感的关键。

做事先做人，做人贵在谦虚，高傲的人往往看不到他人的长处，也不喜欢肯定他人的长处。暂且不提有多少人愿意和高傲者成为好友，单是在发现贵人上，高傲者就比不得谦虚者。谦虚是一种态度，它代表着对他人的尊重。谦虚也是一种品格，它反映着他人对自己的看法，不自满，不虚夸，永远追求进步。

谁会讨厌谦虚的人呢？曾国藩为官多年，树敌众多，遭到攻击无数，却每每能逢凶化吉，到头来还能赢得“会做人”的美评。很大程度上要得力于他的谦虚。谦虚，是他做人的几个最重要的原则之一，帮助他织起人脉网，赢得贵人的好感。

谦虚是表现出来的。曾国藩在 1840 年进入翰林院，1841 年的春节是他在京城度过的第一个节日。大年初一，曾国藩早早就起了床，不等天亮，便赶到太和殿参加朝贺大礼。仪式举行完毕，他不是悉心休息，放松玩乐，而是列出贵人的名单，为登门拜年作准备。由于贵人众多，这一路拜下来往往会花上数天时间，曾国藩非但没有害怕麻烦，相反，还数年如一日地坚持这样做。

一般来说，他总是先去拜见自己的老师。他们通常是朝廷里举足轻重的大人物，住在北京内城。给老师们拜过年后，他又要马不停蹄地拜访同乡好友，出门在外，大家难免要彼此依靠。值得一提的是，在这一环节中，曾国藩不仅会拜访湖南籍的好友，还会拜访湖北籍的友人。

通常人们在给老师、同窗拜完年后，拜年活动就结束了。但在曾国藩这里并未终止，他还会去拜会同年。所谓“同年”，即他在京城的同学以及和他一起参加乡试、会试的人。这部分人员不在少数，其中一些还和曾国藩成为至交好友。比如刘蓉，就是曾国藩在赴京赶考的路上结识的考生，其和曾国藩惺惺相惜，后任陕西巡抚。刘蓉还将好友郭嵩焘介绍给曾国藩，后者则在若干年之后助曾国藩组建湘勇。

在拜年的过程中，曾国藩总是放低自己的身段，突出对对方的“敬”，为此他会精心准备充满诚意的礼物。备受朝廷敬重的祁隽藻是曾国藩的老师，他学识渊博，酷爱字画。曾国藩送不起名家墨宝，就跑到琉璃厂买上好的宣纸，然后认认真真地写上一大篇祝福的话送给老师，让祁隽藻大受感动。

当谦虚成为一个人的品格，他就不会因为自己地位的高低变化对他人发生态度的转变，在曾国藩这里，一朝是他的贵人，便会永远被他当作贵人。穆彰阿是曾国藩的贵人，无论曾国藩的官职升到几品，他都毕恭毕敬地称穆彰阿为恩师。穆彰阿外出归京，曾国藩会上府问安。穆彰阿过生日，曾国藩会精心写作寿联作为祝寿礼物。不仅如此，平日学习每有所得，曾国藩就会告知穆彰阿。后来曾国藩扶摇直上，穆彰阿因事被贬，二人的地位发生了翻天覆地的变化，曾国藩仍对穆彰阿恭恭敬敬，时常去府上探望。穆彰阿去世后，曾国藩还带着儿子去拜访穆彰阿的后人。

正所谓：“敬人者，人恒敬之”，官场之上多数人是拜高踩低，曾国藩不从俗流，一直恭敬待人，很快就为自己赢得了“重情义，擅为人”的好名声。此时，不用他上杆子寻找贵人，有才之士也自然会向他聚拢。曾国藩用谦虚换来了人家对他的认可。一个有意思的细节是，按照清朝的制度，四品以下的官员做四人抬的蓝呢轿，三品以上的官员就可以坐八人抬的绿呢轿，而曾国藩直到升为二品官都依然坐着蓝呢轿，除增加了两名护卫外，并没有增加其他的人手。谦虚，让他向同僚们传递出这样一个信号：他为官是为做事，不为名利，他没有和别人争抢风头的意思。

后人龙梦荪在《曾文正公学案》中这样评价曾国藩的谦虚：“惟其谦虚也，故常以事理无尽，不致以才智自矜。其接物也，则小心翼翼，无一人之敢慢；其赴公也，兢兢业业，恐一事之或忽；以事务莫测，所推之或误也，则时思以博于人；以国事万端，才力未逮也，则举贤共图如不及。”只有将谦虚化为品格，人才能不断地用更高的标准衡量自己，用更广博的心胸对待他人，从而为事业打下坚实基础。另一方面，人越是向高位迈进，要处理的人际关系就越是复杂，谦虚则是应对复杂局面最有效、最简单的办法。

2.5 修身，从吸引贵人到成为贵人

人要有进取精神，才能不断地突破自我，登上人生的更高境界。曾国藩是一个不知满足的人，在翰林院的几年里，为了增长才干，他对自己提出了非常高的要求。唐鉴曾要曾国藩认真阅读《朱子全书》，曾国藩不仅读完该书，还给自己立下五个箴言。所谓做事先做人，这五个箴言都和修身息息相关，具体说来分别是：

立志

“煌煌先哲，彼不犹人？藐焉小子，亦父母之身。聪明福禄，予我者厚哉！弃天而佚，是及凶灾。积悔累千，其终也已。往者不可追，请从今始。荷道以躬，舆之以言。一息尚活，永矢弗谖。”

居敬

“天地定位，二五胚胎；鼎焉作配，实曰三才。严恪齐明，以凝汝命；汝之不在，伐生我性。谁人可慢？何事可弛？弛事者无成，慢人者反尔。纵彼不反，亦长吾骄，人则下女，天罚昭昭。”

主静

“斋宿日观，天鸡一鸣。万籁俱息，但闻钟声。后有毒蛇，前有猛虎。神定不慑，谁敢予侮？岂伊避人，日对三军。我虚则一，彼纷不纷。驰骛半生，曾不自主。今其老矣，殆扰扰以终古。”

慎言

“巧语悦人，自扰其身。闲言送日，亦搅女神。解人不夸，夸者不解。道听途说，智笑愚骇。骇者终明，谓汝贾欺。笑者鄙汝，虽矢犹疑。尤悔既丛，铭以自攻。铭而复蹈，嗟汝既耄。”

有恒

“自吾识字，百历及兹。二十有八载，则无一知。曩者所忻，阅时而鄙。故者既抛，新者旋徙。德业之不常，日为物迁。尔之再食，曾未闻或愆。黍黍之增，久乃盈斗。天君司命，敢告马走。”

在曾国藩看来，了不起的先哲也是普通人，自己和他们一样都为父母所生，在聪明和福禄上，上天给予自己的已经很丰厚了。假使违逆天意，则必招凶祸。就算后悔千万次到头来还是一事无成。既然过去的事已经无法追回，就不妨从今天开始，肩负起道义，只要自己一息尚存，都不能违背誓言。

考虑到人在升上高位后很容易因待人倨傲而招致祸端，曾国藩清楚地意识到，没有人应该被傲慢地对待，也没有事情可以被随意处理。人如果精神上稍有懈怠，就会一无所成，对他人傲慢的人也必将遭到傲慢

的对待。就算对方没有对你的傲慢抱有微词，也会助长你的骄气，让你变得愈发惹人厌恶。所以人要懂得居敬。

而人在官场，不知进取就会面临忧患。人若不注意修身养性，放纵欲望，就会被权力和金钱迷失本心，必然会损害自己。人需要依仗强大的内心力量化解种种困难，哪怕人身后有毒蛇，身前有猛虎，只要泰然定心，就不怕被欺负。哪怕面对三军，只要人思虑专一就不会因外界的纷扰而动摇。人生短暂，人不能在心情纷乱中度过一生。

人的心定了，行为也要有所讲究。俗话说“祸从口出”，巧舌如簧未必是好事，很可能会给人带来灾祸。讲那些道听途说的东西只能让聪明人笑话，让愚钝的人惊讶。聪明人会因此鄙视你，愚钝的人想明白了会怀疑你的诚信。遗憾的是，很多人知道这个道理时，已经老了。

定立箴言容易，难的是经年累月地按照箴言去做。所以，曾国藩会把“有恒”也作为一条修身箴言。事实上如果回首曾国藩一路走来的点滴，就会发现做事有恒是他的一大优点。

曾国藩的老师唐鉴对“修身”十分重视，他在教授曾国藩读书之法的同时，也向他强调修身之要，并把在修身上做得非常勤奋的倭仁介绍给曾国藩认识，说其“用功最笃，每日自朝至寝，一言一动，坐作饮食，皆有札记，或心有私欲不克，外有不及检，皆记出”。曾国藩清楚老师的意思，忙找到倭仁虚心求教。倭仁则告诉他，修身最重要的就在于“研几功夫”，即悉心体察自己内心的善恶。古之圣人无不重视研几，“心之善恶之几与国家治乱之几相通”。倭仁建议曾国藩通过静坐、写札记等办法发现心中那些不好的苗头，及时改正，让修身与治学同时进行。

曾国藩听了，非常认真地按照倭仁的建议去做，不仅每日写作札记，还常把札记拿来给同辈好友评判。谁料做得太认真了，致使精神长时间高度紧张，不出三个月，曾国藩就患了重病，失眠、呕血，身体极度虚弱，最后只能放弃这种修身方法。但是，意志坚定的他并没有因此否认修身之道，在调理好身体后，他终于寻找到适合自己的修身方法，为自己定立了十二条规矩：

1 主敬：整齐严肃，无时不惧。无事时心在腔子里，应事时专一不杂。清明在躬，如日之升。

2 静坐：每日不拘何时，静坐四刻，体念来复之仁心，正位凝命，如鼎之镇。

3 早起：黎明即起，醒后勿粘恋。

4 读书不二：一书未点完，不看他书。东翻西阅，徒务外为人，每日以十页为率。

5 读史：丙申年购《二十三史》，大人曰："尔借钱买书，吾不惮极力为尔弥缝，尔能圈点一遍，则不负我矣。"嗣后每日圈点十页，间断不孝。

6 谨言：刻刻留心，第一功夫。

7 养气：气藏丹田，无不可对人言之事。

8 保身：十二月奉大人手谕："节劳，节欲，节饮食。"时时当作养病。

9 日知所亡：每日读书记录心得语，有求深意是徇人。

10 月无亡所能：每月做诗文数首，以验积理之多寡，养气之盛否。不可一味耽著，最易溺心丧志。

11 作字：早饭后做字半时。凡笔墨应酬，当作自己课程。凡事不待明日，愈积愈难清。

12 夜不出门：旷功疲神，切戒切戒！

修身是一项长期工程，不持之以恒便难见成效，曾国藩坚持了下来，就算日后领兵打仗，公务压身，他也保持着这种修身的习惯。在修身的过程中，他的气度、人格迅速完善，不知从什么时候起，曾国藩已不再是被动地等着贵人提携的年轻人，而成了他人、乃至大清王朝的贵人。

2.6 做皇帝的贵人

曾国藩在翰林院工作的几年里，清朝的局势越来越差。鸦片战争让

中国的贸易中心从广州北移到上海，造成了广州大量人口的失业。为了维持生计，不少人远离家乡到广西谋生。而广西一向就是乡勇凶悍、矛盾众多的地方。那里山高水深，地势复杂，受朝廷的控制较小，极易爆发乱事。1843 年，一个名叫洪秀全的不第书生在广西建立了拜上帝教，提出创造人人平等的太平天国。清政府大大低估了他的煽动性。直到 1850 年，朝廷才察觉到洪秀全的危险。清政府命林则徐为钦差大臣，奔赴广西，不料，他却因病死在了赴任途中。1851 年 1 月 11 日，洪秀全在广西的金田村发动了起义。

起义的猛烈程度完全超出了清政府的想象，太平军势如破竹地攻城拔地，对清政府的统治构成了严重威胁。与此同时，广东和湖南也发生乱事。朝廷上下顿时人心惶惶，更让清政府头疼的是，关键时刻竟找不出能够平定起义的人才。匆匆奔赴前线的将领无法迅速摸清当地情况，而当地的官员又迟迟不肯配合钦差大臣的工作。起义之火越烧越凶。

此时已是二品官员的曾国藩无时无刻不在关注太平军的动向。就在起义爆发的前一年，他还上书道光大陈革弊立新之道，并向朝廷推荐五名精明能干的官员：王庆云、江忠源、严正基、吴廷栋、李棠阶。这些官员有的出身贫寒，对地方情况十分了解；有的虽出身官家却自小便随家人练习吏事。遗憾的是，朝廷并没有重视曾国藩的建议。

曾国藩来自湖南乡间，他非常清楚在民间反抗的意识会迸发出多大的力量。他在给家人的书信中这样写道：“内度身世，郎署浮沉，既茫乎未有畔岸；外现乡里，机溺满眼，又汲汲乎有生涯日蹙之势。进不能以自效，退不能以自存，则吾子之迫切而思者，实仁人君子之至不得已也。”

1851 年 4 月，曾国藩上书咸丰皇帝，这次他要做皇帝的贵人，帮助皇帝解除烦恼。他建议皇帝整顿军事，裁却冗员，节约用响，提升军队的战斗力。但皇帝并没有采纳他的看法。一个月后，他又以“书生之血诚”递给咸丰一篇言辞激烈的奏折，直斥朝廷的不良风气，还大胆地对皇帝提出警告：“一念自矜，则直言日觉其可憎，佞谀日觉其可亲，流弊将靡所底止。”

主动地做他人的贵人并不容易，不是每个人都能把贵人的“逆耳忠言”当作珍宝。在看罢这份奏折后，咸丰勃然大怒，差点治了曾国藩的罪。这对曾国藩来说，无疑是个打击，心灰意冷的他给咸丰写了封道歉信：“臣材本疏庸，识尤浅陋，无朱云之廉正，徒学其狂。乏汲黯之忠诚，但师其憨。”之后，曾国藩又努力地向咸丰进言献策，咸丰都不为所动。曾国藩的心越来越凉。而就在他为报国无门而万分痛苦时，朝中大臣也开始了对他的排挤。

1852年夏天，曾国藩到江西出差，途中，他接到了母亲病逝的消息。亲人的去世和仕途的不顺让他心灰意冷，他干脆向朝廷告假，回家守丧。咸丰很痛快地批准了他的请求。

寻找贵人需要时机，做他人的贵人也需要时机。在曾国藩归乡的日子里，太平天国的势力愈发强大。他们集结北上，打死了清军大将乌兰泰。另一位负责镇压太平军的将领向荣见势不妙，托病拒征。曾国藩走到武汉时，太平军已包围了长沙。当然，偶尔也有“好消息”传来，曾国藩向朝廷举荐的江忠源在一次战役中大败太平军，杀死了太平军将领冯云山。

在家守丧的曾国藩时刻关注着战场的形势，太平军已如潮水一般涌入湖南，把湖南的清军打得落花流水，有时甚至不等太平军来攻，清军就一哄而散。这些情况都给曾国藩留下了深刻的印象。有意思的是，随着情势的急转直下，曾国藩的处境开始好转。清政府忙着向各地派遣团练大臣，以加强清军在地方的武装力量，十分需要熟知地方状况的精干之辈。一些和曾国藩交情甚笃的大臣抓住这个机会，向咸丰大力推荐曾国藩。危急之中，咸丰也顾不上和曾国藩的龃龉，当即下了份诏谕，委曾国藩以重任：

“前任丁忧侍郎曾国藩籍隶湘乡，于湖南地方人情自必熟悉，着该抚传旨，令其帮同办理本省团练乡团搜查土匪诸事务；伊必尽力，不负委任，钦此。”

曾国藩终于等来了报效祖国，一展才干的机会。他本能地意识到，这将是他成为朝中重臣的大好机会。这次，他不是做同僚的贵人，而是直接做了皇帝的贵人。他要为皇帝排忧解难，为大清化解危机。咸丰的这道圣旨将笼罩在他心头许久的阴云一扫而光。

第三章
以诚待人，以恕容人

人性虽然本善，在纷繁复杂的社会之中生存，因环境的不同，却又造就了不同的际遇和人格特质。有些人以淳朴厚道作为自己做人的准则，凡事容忍宽厚；而有些人则以精明狡猾作为生存要义，处处占尽先机。因汇聚利益而引来无数争斗的官场之中，这一点显得尤为突出：人心叵测和尔虞我诈在这里表现得更为激烈。因此，选择什么样的准则作为自己做人做事的原则，更值得人们去深思。究竟哪一条路才能给自己带来更大的成功，是每个人都在思索考量的问题。

3.1 精明人未必真精明

曾国藩一生所接触的人之中，有不少都是聪明绝顶之辈，不管是唐鉴还是穆彰阿，以及他后来所认识的各种官场精英，没有一个是“省油的灯”。要想在这样的环境之中立足，自然要有过人的聪慧，才能应付得来。而对于曾国藩来说，做人最重要的不是以“精明”对“精明”，就算是官场纷争也可以用厚道来化解。得出这样的道理，也是来自于他对世事的观察感悟。

人若精明，自然可以占到不少的便宜，而太过精明的人又往往会吃亏。究其原因，正是他的精明引起来了别人的警惕和防范，但对于那些以精明自恃的人来说，却往往看不到这一点。

荀子曾经最推崇单纯做人，他认为“温润如玉，完美纯正”的人才是正人君子。因为单纯的人可以给别人带来轻松、自然的感受，不必在生活之中费尽心机，更无须时时刻刻警惕他的坏心眼。这并非意味着单纯之人可以被随意欺骗玩弄，而是说明他心底纯净、淡泊，是一个平和之人。之所以不与人争执，正是因为他懂得了事情的本质，看透了人心所愿，想到了未来的发展趋势，而这种人更愿意将自己的心智都放在更加有价值并且更有意义的事情上。

曾国藩为官之后，一直都非常提携弟弟曾国荃，在做人做事方面，为他提供了很多建议。他曾经对曾国荃说：“人以伪来，我以诚往，久之则伪者亦共趋于诚矣。”可见他本身对于人际交往过程之中的基本看法还是建立在诚恳的基础之上。在做官之前，曾国藩也确实做到了这一点，与读书人交往的时候，他的诚恳也为自己赢得了不少美名。而当他和官场之人交际的时候，却感受到了它的不同，其中的规则让他慌乱，一时之间满肚子的不合时宜，不知道何时该软何时该硬，以至于到处碰壁。在经历了官场的尔虞我诈之后，曾国藩也看透了自己所处的环境，与人争执并非他的最终愿望，因此他力求让自己做一个单纯、厚道、淡泊之人，而在此前的曾国藩却并不懂得这一点，他也曾有以精明为乐的时期。

窦兰泉是曾国藩诸多好友之一，他学识渊博而为人谦逊，令曾国藩受益不少。两位学人之间经常探讨理学，发表自己的看法，通过切磋来互相提高。但是，当窦兰泉来拜访他的时候，他总是急于表达自己，以至于并未真正理解窦兰泉所讲的话，便开始抒发自己的见解。这种妄自尊大的行为令曾国藩自己也非常厌恶，在他日记和书信之中多次自责，认为自己这样做不诚实，远比说假话更加隐秘也更恶劣。他在日记里反复提及这一缺点，认为自己心不诚，不仅自欺，而且还欺人。对于自己因为不诚实而与窦兰泉发生争论过程之中表现出的虚伪强辩，曾国藩都认定为文饰浅陋，用谈文说理来表示自己学识有多精湛，只不过是一种虚弱的表演。

虽然认识到了自己的不足，但却不代表在具体的实践过程中可以修正。曾国藩在表示悔改之后，还是会偶尔露此苗头。理学前辈朱廉甫和邵惠西曾经来登门拜访曾国藩，他们都是备受尊重的学者，具备正直而信实的品格，同时又见闻广博，学识渊源。得到这样的人垂青，曾国藩本应该感到非常高兴，但他为了表现自己，又一次说出了大言不惭而且沽名钓誉的话，这令作为前辈的朱廉甫感到非常失望，而曾国藩自己也一再自责。当他刻意表现自己的时候，其中的笨拙掩饰和巧言令色纠葛交缠，羞愧之情令其难以言表。

以诚恳之心对待别人，别人自然还你以诚恳；而以诡诈之心对待别人，所得也自然是诡诈。当曾国藩以不合时宜的态度去面对别人的时候，所获得的自然是不合时宜的看法，别人自然也会对他施以颜色。在这一时期，对于自己看不惯、听不懂的事，曾氏兄弟总是喜欢显露出自己精明的一面，不仅指指点点还发声议论，表述自己的看法。这种处处显露的做法，为他们引来了不少恶评。曾国藩很快就意识到了这一点，他观察了身边的朋友，发现有一个叫做迪安的人多次与自己看法相似，对于当下的事情也有很多不合时宜的见地，称得上是一个不懂人情世故的人。然而迪安却并未遭到过恶评，因为他在不懂世故之外，还有一个优点，那便是含而不发，他从未将自己内心不合时宜的态度表露出来，总是一副悠然自得的样子，自然也就平安无事了。

思及此，曾国藩立刻醒悟，认识到了自己的不足，于是提醒曾国荃："这样做终究不会是载福之道，很可能会给我们带来灾难。"在后来写给湖北巡抚胡林翼的信中，曾国藩也表达了这一番感悟："唯忘机可以消众机，唯懵懂可以拔不祥。"放弃显露精明之后的曾国藩，开始得到自己想追求的东西，众人都认为他的德行修养又上了一个台阶，称得上德才兼备。以精明博取美名，却未得；做一个纯朴、淡然的人，不显山露水，反而得到了美名，足以见精明之人，有时未必是真精明，反而是一种愚蠢的表现。

3.2 用诚心来对待别人

在曾国藩的人际交往原则之中，“诚”是最关键的一个字，他能够获得诸多同僚及前辈的支持，正是得益于此。

刚刚开始办团练的时候，曾国藩本人的实力其实并不强，手中所拥有的权限也非常有限。当时的他几乎没有一兵一勇，更别提自己的根据地了。虽然通过各种途径，曾国藩已经到了京城，做了京官，又和当朝的不少大员保持着良好的关系，获得了不少人的赞赏，但实际上他并非手握实权。在遍地官僚的京城，曾国藩其实和普通的乡绅并无大的区别，此刻他只不过是一个混迹于官场而不被人重视的游客罢了。

可是在当时的湖南，招兵练勇已然形成了一股风气，各路英雄也都大显身手，意图为自己博得一方天地。已经形成气候的有江忠源所组建的楚勇，以及罗泽南所组建的湘勇和王鑫所组建的湘勇，这三股势力分别有自己的地盘和功绩，也都形成了一定的影响力。江忠源所率领的楚勇曾经出境到广西，创造了著名的蓑衣渡战役，从此扬名。后来随着势力的不断壮大，楚勇还参与了保卫长沙、转战江西的战役，均立有战功。但即便如此，曾国藩还是徒手成为了这些人的领袖，在精神上统领着楚勇和湘勇，对于各个部队的行动做着协调指挥，这正是因为他做人做事原则分明，以诚心待人，以宽恕容人，以超凡的人格魅力赢得了江忠源等人的信任。

所谓“诚恕加天下，则群伦影从”，曾国藩能够让这样一些手握重兵的豪杰归属到自己旗下，除了保国安民、立志杀敌的一致目标之外，对于曾国藩的尊敬更使他们心无芥蒂。曾国藩曾经说：“驭将之道，最贵推诚，不贵权术。”他在与罗泽南等人来往时，并没有拿出朝廷架势来压人，更不会摆出高姿态来指使别人，而是以诚意来感动别人。这种凝聚力让湘勇和楚勇都能够为曾国藩所用而无怨无悔。在后期的家书之中，他也曾就此对曾国荃提出谆谆教诲：“吾辈总以诚心求之，虚心处之。心诚则志专而气足，千磨百折而不改其长度，终有顺理成章之一日。

心虚则个动客气，不挟私见，终可为人共谅。”能够让众人信服，曾国藩所凭借的并非权势，而是“虚心”与“诚心”这两个法宝，诚心可以让他克服困难，最终获得别人的认可；而虚心则使他保持清醒，最终与别人达成共识。

统领楚勇和湘勇的江忠源、罗泽南等至死都追随着曾国藩，而王鑫则因为一些其他原因，与曾国藩关系破裂。在江忠源战死之后，他的部队由刘长佐和萧启江接领；罗泽南战死之后，部队由李续宾、李续宜、蒋益沣接领。军事权力的过渡往往会带来翻天覆地的变化，相关联的各种平衡都会被打破并重建，而湘勇、楚勇与曾国藩之间的关系却没有在此次变动中有丝毫的改变。刘长佐、李续宾等人依旧保持了对曾国藩的信任，接受他的协调统领，在战役之中任其指挥调度。足见曾国藩“虚心”“诚心”之举所产生的影响力远不止当时的统领，更让其继任者产生了深度的认同。如果说他们的聚集是由于都是湘籍军事力量，那么随着实力的不断发展，一些非湘籍将领的归顺则更能说明曾国藩的魅力。满族人塔布齐、蒙古人多隆阿以及河南人李孟群也都陆续来到曾国藩的周围，成为心甘情愿为其所用的军事力量。其后，广东人褚汝航以及四川人鲍超、福建人沈葆桢也都率领自己的部队，加入了湘军的队伍，与之相呼应共克敌军。

以“诚”为原则的处世准则不仅体现在曾国藩筹建湘勇的过程之中，他在京城为官时也将这一原则广泛应用，在官场之上获得了认可。他认为：我以诚心来对待别人，别人才有可能以诚心来对待我，即使在尔虞我诈的官场之上，别人不以诚待我，也必定会引来周围的人对他的谴责。曾国藩对于国人的民族性具备着虔诚的信任，这与他长期以来受到的儒家文化熏陶有极大的关系，同时也与他自己本性相通，正是因为他天性淳厚才坚信“以诚换诚”的人际交往原则。

那些不能以诚待人的人，在曾国藩的身边也层出不穷，但他们的出现丝毫没有影响曾国藩坚持自己的原则。他认为以权术来压制别人，以盛气来凌虐别人，以私见来偏袒别人，纵然会因为一时的情势而获得成功，但这种人必然是走不远的。从长期的历史发展角度来看，没有任何一个人能因为权术而获得赞誉，只有幡然悔悟，才能逃离被唾弃的命运。

洞悉世情的曾国藩教育自己的弟弟说：“管子云：斗满则人概之，人满则天概之。余谓天之概无形，仍假人手以概之。”建立起这种朴素而鲜明的道德准则，正来自于他对于史实的分析与感悟，他列举了很多“人满天概”的例子：“霍氏盈满，魏相概之，宣帝概之；诸葛恪盈满，孙峻概之，吴主概之。待他人来概而后悔之，则已晚矣！”这种通过自身的感悟而提炼出来的真知灼见，催人猛省，通过曾国藩的分享，让他的弟弟及后人也都得到了启示。

深受儒家文化熏陶的曾国藩，一生都在推崇着儒道，他不仅以诚心来取得别人的诚意，更要求自己以“恕”待人，以宽容豁达的心胸来迎接整个世界。《论语》中曾经提到的“己欲立而立人，己欲达而达人”，便是曾国藩以“恕”待人的核心指导思想。他曾经深有体会地对曾国荃等人说：“人孰不欲己立己达？若能推以立人达人，则与物同春矣！”这种思想让曾国藩认识到：不欲人以虚伪来对待我，我便不应以虚伪来对待别人，而如果我希望别人能够对我有仁恕之心，自然自己就先要具备仁恕。推己及人的意识令曾国藩看透了人际之间的本质，取得别人的信任与赞赏。久而久之，也自然没有人以虚伪、权术来对待他。

为了教育和启示后代，曾国藩在家书中明确地提出了他这一主张，这更是他一生处世哲学的提炼和精粹：“圣门好言仁，仁即恕也。曰贫、曰贱、曰成、曰荣、曰誉、曰败、曰逆，此数者，我之所恶，人亦皆恶之。”在对人性得出深刻认识的基础上，他提出：“吾兄弟须从‘恕’字痛下功夫，随在皆设身以处地。我要步步站得稳，须知他人也要站得稳，所谓立也。今日我处顺境，预想他日也有处逆境之时；今日我以盛气凌人，预想他日人亦以盛气凌我之身，或凌我之子孙。常以‘恕’字自惕，常留余地处人，则荆棘少矣。”

一生都谨遵着“诚”“恕”二字来做人处世，曾国藩时刻都要求自己内省，对自己严格要求而对别人却常怀慈恕之心，同时“以能立能达为体，以不怨不尤为用”，绝不怨天尤人。“无故而怨天，则天必不许；无故而尤人，则人必不服。凡遇牢骚欲发之时，则反躬自思：吾果有何不足而蓄此不平之气？猛然内省，绝然去之。”正因为做到了这一点，曾国藩才真正做到立己达己，同时也立人达人，这也正是值得警示后世之处。

3.3 顺应天道，厚道做人

人性虽然本善，在纷繁复杂的社会之中生存，因环境的不同，却又造就了不同的际遇和人格特质。有些人以淳朴厚道作为自己做人的准则，凡事容忍宽厚；而有些人则以精明狡猾作为生存要义，处处占尽先机。因汇聚利益而引来无数争斗的官场之中，这一点显得尤为突出：人心叵测和尔虞我诈在这里表现得更为激烈。因此，选择什么样的准则作为自己做人做事的原则，更值得人们去深思。究竟哪一条路才能给自己带来更大的成功，是每个人都在思索考量的问题。

曾国藩在当时是出了名的淳朴厚道之人，他总是以宽广的胸怀令其他狡诈之人汗颜，同时也以淡泊的心态远离利益纷争。而令人惊叹的是，即便如此，成功并没有因此远离他，他所取得的成就反而远大于任何处心积虑的人。当别人都对其赞叹时，曾国藩自己却认为他仅仅是坚持了凡事不取巧而已。在他的日记里，曾国藩曾经说：“天地之所以不息，国之所以立，圣贤之德业之所以可大可久，皆诚为之也。故曰：诚者物之始终，不诚无物。”他认为诚是万事万物的基础，不管是天地还是圣人，都是因为有了诚才得以缔造这一切，诚关系到万事万物的始终和存亡。所以，曾国藩教育自己的兄弟和子女时，一再坚持不管是作文章还是为人处世，都要以诚为先，以诚为本，踏踏实实地去积累，切不可有任何的投机取巧，更不能要弄小聪明。

对于自己的资质，曾国藩一向都非常谦虚地认为不值一提，他总是强调自己天资愚钝，并不敢妄想有什么大成就。可是他的文章、功业和学问都长期获得了后代的推崇，他一再告诫后辈的一句话便是：天道忌巧，天道忌盈，天道忌贰。

以“不取巧”“忌巧”来要求自己，使曾国藩一直可以行厚道之事，顺应天道而成就自己的事业。他所取得的成功，正是因为他一步步奋斗而来，在他身上从未发生过任何投机取巧的事情。

刚刚踏入仕途之时，曾国藩就立志要做出一番大事业，为自己制定了远大的计划，并一步步朝前迈进。为了彰显自己的心志，他改名为“国藩”，其含义正是“国之藩篱”。此外，为了让自己可以更加踏实地前进，他也曾四处寻求途径，但最终还是通过苦读经典，遍访名师，努力提升自己内在的学识与修养，才得以金榜题名，被点为翰林。进入官场之后，曾国藩要求自己少说多看，观察着身边人的一言一行，学习着官场规矩和做事的方法，令自己说话、做事都能掌握适宜的分寸，从一个官场新人一步步成为可以独当一面的人物。在国家需要的时候，曾国藩立刻承担起自己的责任，站在第一线抗敌，他广交豪杰，吸纳了不少人才，又招兵买马建立起自己的军事力量。在这一过程之中，曾国藩虽然受王命所托，却依旧保持着谦逊低调的作风，赢得了乡绅的欢迎和支持。在大家的帮助之下，曾国藩为清政府解除烦恼，扩展了自己的地盘和军队，又建立了朝中的第一大功绩，确保了江山稳固。及至功成名就，曾国藩站在风口浪尖，成为众人羡慕与排挤的对象时，他依然保持着淡泊的心态，用谦虚忍耐来对待猜忌。几十年来，他从未忘著书立说，表达自己忠君爱国的心迹，对子女和兄弟不断教导，其智慧令世人惊叹，终成一代智谋大师。

以曾国藩的智谋，做一个奸巧之人易如反掌，但他却时刻谨记去伪存拙的古训。只因奸巧虚伪的人虽然会得到一时的成功，却不能获得别人长期的信任，终究会有被揭穿的一天，从而变成别人的笑柄。曾国藩并非生来就懂得这个道理，他也是经过深思熟虑之后，才对自己做出了一番规划。

咸丰八年（1858），曾国藩在家守丧的时候，对自己的为人处事之道做过一次深入的剖析。宁静的乡间生活让他远离了喧嚣，从而可以静心思索，更多地去反省自己的得失。咸丰九年（1859）九月十六日，曾国藩给胡林翼写过一封信，在信中他引用了一句老僧之言："唯忘机可以消众机"，而这句话又反复在他的日记里出现，说明曾国藩反复思索、深刻体会了话中的含义。

《庄子》中有言：机心存于胸中，则纯白不备。所谓的机心正是指世人的奸巧、虞诈之心，唯有远离这种心态才能让人变得笃实真诚，而唯有笃实真诚的人，才能"消众机"。曾国藩在日记里记述："此话颇有意义，惭愧的是不能身体力行。"而他在此后一直坚持消除自己的奸诈之心，并坚信在上者倡而导之，人人都去遵循这样的人际关系准则，社会风气必然会归于淳朴。

在提升个人修养和胸怀的同时，作为官场中人，曾国藩也必然会遇到那些奸巧之徒，对这种人他坚持以诚换诚。他告诉曾国荃："唯柔可以制刚狠之事，唯诚可以化顽梗之民。"在具体的操作方法上，他又指出："见一善者则痛誉之，见一不善者则深藏而不露一字，久之，善者劝，而不善者亦潜移而默转矣。"对于那些"不善"之人，曾国藩并没有直接采用鄙视、讥讽等行为令其难堪，他"深藏不露"地对待这种人，并努力以身作则，让"不善"之人可以潜移默化地受到"善"的影响而逐渐转变。这种认识不仅是为了个人，曾国藩更将其放大于整个国民性，在他的日记之中曾经记载："一省风气系于督抚、司道及首府数人，此外官绅皆随风气而转移者也。"通过改变统领者的修养，希望可以让百姓都具备这种"善"的特质，扩大到整个国家民族，则为国家之幸。

3.4 稳慎是第一要义

不管是身在官场还是社会之中，每个人都会遇到不同的纠纷和烦恼，因此每个人都需要稳重谨慎的思维来帮助他做出正确的判断。对大多数社会人来说，处理一两件正常的社会纠纷应该都没有问题，可是随着烦恼的增多，理智就会逐渐被蒙蔽，也会慢慢变得轻浮草率。而有一些人，在面对生活中小小的纠纷时，表现得很聪慧，可一旦遇到大的麻烦就会失去方向，不知道该从哪儿下手。更有甚者，在为别人处理问题的时候，能够看透问题的根本所在，施行最好的解决办法，而当麻烦到了自己身上，就会失去判断力，做出一些不合常规的事情来。这种现象虽然细微，但也没有逃出曾国藩的眼睛，他在观察了很多人的行为举止之后，发现人的理智并非随时都跟随着你，因此一再告诫弟兄和子女："凡事都要以稳慎为第一要义，只有耐得住，才能做好事。"

曾国藩的弟弟曾国荃跟随他多年，在官场之中也如鱼得水，除了他本身的资质外，曾国藩对他如师如友的教诲也功不可没。有一回，曾国荃在官场之中受到了排挤，心里闷闷不乐，认为自己的才能不比别人差，却要处处受庸才的指点，实在让他难以忍受。于是，他便写信给哥哥曾国藩，抱怨说："仰鼻息于傀儡膻腥之辈，又岂是吾心之所乐。"曾国藩收到信后，敏锐地感受到了曾国荃对于同僚的鄙夷，于是急忙劝诫弟弟："在官场之中不能急躁，要随时保持清醒的头脑，你若这么想就已经冒出了不耐烦的苗头，如果继续发展下去，恐怕很难和同僚相处，还会招来祸端。"

在官场之中想做到平安，首先就要让自己遇事冷静，曾国藩努力训练曾国荃做到这一点。他认为只有保持清醒的头脑，才能让部下安稳，只有稳住了部下的情绪，才能让领导者做出正确的决断。

稳慎不仅让曾国藩在官场中受益，更令他在战场上表现卓越。1862年，曾国藩率领着湘军追击当时反叛的捻军，与其发生了激烈的战斗。在击败捻军主要力量之后，由曾国藩率领的一小部分湘军受到了他们的突袭围困。当时湘军护卫只不过千余人，而捻军数量却多不可测，这让军士都感到非常恐慌，于是到处显露出惊惧的气氛，完全不能保持冷静。曾国藩见状，便对幕府文书钱应甫说："现在的时间已经是半夜了，敌暗我明，对于我们来说非常没有优势。如果贸然出击，恐怕会危机重重；如果按兵不动，假装不在意捻军的围困，对方可能会摸不透我们的实力，反而会不战而退。”按照这一策略，曾国藩自己在帐中坦然高卧，丝毫都没有因为被敌军围困所产生的不安。而钱应甫也非常镇静地照常向他汇报，护卫们看到主帅若无其事的样子，认为曾国藩已经有了妙计，也随之平静下来，整个军队都恢复了常态。而在外围困的捻军看到湘军一点都没有将自己放在眼里，果然怀疑曾国藩有其他的布置，徘徊不前，不敢贸然发动进攻，最终匆匆地撤离。

要做到遇事冷静并稳慎，需要在生活之中不断训练自己，提醒自己，这种力量的最重要来源便是对心性的修养。庄子说：“美成在久”，正是指出成就的获得都是来自于长时间的积累，曾国藩对此非常认同，曾经多次引用来告诫别人，他对曾国荃说：“一个人可以骤然地得到别人的信任，这不是一件难事，然而这种信任却不牢靠，因为高尚的品德和修养就如同四季更替，需要逐渐完成一年的运转，才可以真正达到目的。因此，赫赫之名的获得也要循序渐进。”对于自己能够做到稳慎，他归功于好友吴竹如的指点，他说：“我曾经说做到了‘贞’字就可以干成一番大事业，而所欠缺的也正是一个‘贞’字。为此吴竹如教了我一个‘耐’字，他的用意就是为了让我在急躁和浮泛的时候，可以安静下来，达到虚静的境界，才能渐渐向‘贞’靠拢。这一个字，就可以完全地医治我的心病了。”

在曾国藩遗留的《批牍》中，曾经强调：“本部堂常常用‘平实’二字来告诫自己，所以才能虚心求善，谋划周全之后再去采取措施，而不会像以前一样草率从事。官阶有尊卑，阅历有深浅，但如果生手假冒是熟手，没有学问而自夸有学问，志向很高却不去实践，那么连托付的事情都未必能完成，更何况是打一场恶仗呢。”

世人都尊崇的豪杰，往往是有济世之才而忠贞不渝的人，利禄功名也无法动摇他的心志，艰难危险也不能让他失去士气。曾国藩正是将自身稳慎的思想传达到了身边每个人身上，经常用砥砺志气的话与部下互相勉励，才在旗下培养了大批的忠义之士。他取人为善、与人为善，做任何事都以稳慎为先，保持头脑冷静，坚持日积月累，真正做到了一个“耐”字。

3.5 藏锋蓄志，能屈能伸

古往今来数千年，曾国藩的政治才华和军事才华都堪称卓越，不管从哪方面来说，他都不能算是一个愚钝之人，而他本人却时常认为自己是一个无才之人。他之所以这么讲，一方面是因其所具备的谦虚美德，而另一方面则是因为他一直认为一个人光是靠内在的才华并不能成就大事，如果恃才傲物，反而容易遭遇坎坷变成一个碌碌无为之人。

梁启超曾经评论曾国藩，认为他“有超群轶伦之天才，而在当时诸贤杰中，称最钝拙”。曾国藩自己也曾经说过“自以秉质愚柔，舍困勉二字，别无他处”。又说：“吾乎生短于才，爱者或以德器相许，实则虽曾任艰巨，自问仅一愚人，幸不以私智诡谲凿其愚，尚可告后昆耳。”这一番自谦之词，令后人诧异，而曾国藩正是通过它说明才与德在自己心中的不同地位，以此来勉励家中子弟为学。他在家信中提及对于子弟贤能的看法，认为六分是天生而四分则是家教，激励他们通过提升自身的品德来弥补才华的不足。

隐藏自己的能力，自称愚钝，又激励子弟努力进学，这看似矛盾的思想正来自于曾国藩对于儒家思想的理解和贯彻。中庸之道认为凡事相辅相成，英雄和时势之间互相影响、互相促成。因此，曾国藩所遗留下来的著作、书信之中才对这种理论有了深远的描述。他虽然自称愚钝，但给弟弟曾国荃的信笺中又说：“古来豪杰，吾家祖父教人，以‘懦弱无刚’四字为大耻，故男儿自立，须有倔强之气。弟能夺数万人之刚气而久不消损，此是过人之处，更宜从此加功。”可见曾国藩颇有大智若愚之态，他并非不提倡彰显自我才华，鼓励弟弟表现自己的才干而且要求不断进步，是他对于才能的肯定，才与学相济才能真正促成一个人的成就。

曾国藩的祖父教诲他说："尔的官是做不尽的，尔的才是好的，满招损谦受益，尔若不傲，更好了。"正是因为集成了祖父这一番教诲，才让曾国藩在志气方面要求刚强，而在行为方面处处谦让，屈伸行藏。

早在二十五岁进京参加会试的时候，曾国藩就已经成为一个志向远大的青年，怀抱着澄清天下的愿望。他曾赋诗明志："竟将云梦吞如芥，未信君山铲不平。"又云："匣里龙泉吟不住，问予何日斫蛟鼍。"充分显示出青年曾国藩气吞山河的气概，如此豪情壮志辅之以曾国藩的才华，势必要创造出一番不平凡的作为。然而在此后的日子里，曾国藩却并没有一味地挥洒自己的豪情，而是时刻隐藏着自己的才气，将锋芒内敛，这也正是他的高明之处。

有志不显，有才不露，只在关键的时刻发挥自身的能量去达成目的，并不在琐碎之事上逞勇。曾国藩熟谙屈伸之道，他让自己忍受一时的委屈而追求更长久的发展，隐藏远大志向而积蓄更充沛的力量，不仅与同僚相处的时候，曾国藩处处都表现得极为谦逊，就算是和君王在一起，他也很少表现自己。藏锋体现一个人的思想境界，曾国藩具备这样的思想不仅来自于儒家的影响，更因其对道家精神的领悟。他终身都喜爱道家著作，随着年纪的增长更对《老子》情有独钟，结合自身的遭际更能促使他理解其中所蕴涵的道理。到晚年时，曾国藩开始捧阅道家经典，并将深受道家文化影响的苏轼引为知己，认为他才是真正理解道家文化精髓之人。由此可见，在政治与为人上，曾国藩算得上一个儒家，而在军事和养生等方面，他却绝对属于道家。

基于道家思想的影响，曾国藩一向认为人不仅仅要有志向，更重要的是修炼好自己，待时而发。要想在机遇来临的时候紧紧抓住，就要戒除本身的傲气，少说多做。在他的家书之中也一再提到这一点，他对曾国荃说："自古以来，讲凶德致败的道理大约有两条：一是长傲，二是多言。丹朱不肖，曰傲、曰嚣讼，就是多言。历代公卿，败家丧命，也多是因为这两条。”所以对于自己的子弟后辈，曾国藩一向严格要求，不允许其因自身的显赫地位而怀有傲气，他从自身出发，认为自己便是深受高傲、多言之苦，因傲气凌人、言语尖刻而导致多处不顺遂，所以要求子弟一定要抑制自己，讲忠信，讲礼仪，只有这样才能弥补过失，做到恭谨处世，稳妥为人。

熟谙伸屈之道，藏锋蓄志，是曾国藩在官场上所历练出来自我保护的生存之道。一个人的锋芒往往被认为是才干显露在外，有才干固然是好事，是获取成功的基础，在恰当的场合之中，只有显露出才干才能引起别人的关注，但若时时处处都要显露就会伤人。因此，露才一定要选择适当的时机和场合，否则只能招致妒忌和打击，最终导致自己做人做事处处遇碍。古语云：木秀于林，风必摧之；堆出于岸，流必湍之；行高于人，众必非之。曾国藩能够获得成功也正是因为他深谙藏锋之理。

恃才傲物、目空一切、骄傲自大的人，从未在历史上留下任何值得后人赞誉的功绩；而那些谦虚内敛、蓄势待发的人，却往往可以取得大成功，这一定律已经足以警示后世。

第四章

刚柔并用，审时度势

天地之道，刚柔并用，这是一个颠扑不破的真理。任何事情都有刚柔不同的两方面，任意一方都不可偏废。太柔则靡，太刚则折，因此有智慧的人往往可以在这两者之间做好取舍，掌握好自己的度，从而达到自己的目的。圆融地通行于不同的力量之间是一种做人的智慧，根据客观情况审时度势，凡事都不求极致，留下余地，让自己在任何情况之下都可以游刃有余。

4.1 委婉圆柔达成目的

天地之道，刚柔并用，这是一个颠扑不破的真理。任何事情都有刚柔不同的两方面，任意一方都不可偏废。太柔则靡，太刚则折，因此有智慧的人往往可以在这两者之间做好取舍，掌握好自己的度，从而达到自己的目的。圆融地通行于不同的力量之间是一种做人的智慧，根据客观情况审时度势，凡事都不求极致，留下余地，让自己在任何情况之下都可以游刃有余。

曾国藩对于刚柔并济的做人之道深有体会，他所处的环境中不仅要面对自己的同僚，更要时时刻刻小心地应付封建社会的最高统治者，因为他掌握着生杀大权，随时都可以让伴君者灰飞烟灭。之所以处于这种境地的曾国藩仕途依旧平坦，正是因为他掌握好了与帝王相处的度。

咸丰年间，曾国藩曾经居丧在家，这一阶段他获得了难得的清净，可以耐心地思考很多问题，让他贯彻了很多从前不明的智慧。而在这一时期他也犯过一个大错误，差点让自己一生的前途都断送掉，那便是他主动伸手向朝廷要官。此事令清廷的统治者大为光火，认为曾国藩野心外露，幸而他自己也很快意识到了此举已经越界，因此及时挽回，才得以保住了自己的仕途。

此事之后，曾国藩一直都深刻地反省自己，经常拿此事来提醒自己一定要掌控好做事的度。至晚年时，他更是深刻检讨了自己当时的“不知进退”，以警醒后人。从这件事上，曾国藩顿悟到：“有求于上，应委婉而言”，他明白统治者并不喜欢官员们主动要求，因为这种要求不仅侵犯到了他们的权威，而且在无形之中夸赞了自己的功绩，形成对于清廷的影响。要想“颇得实惠，步步高升”，掌握好行事的度便显得尤为重要。

经过长期的总结之后，曾国藩对于自己和统治者之间的相处之道提出了四条铁律，这也是他的处世经中针对上级领导的基本态度。生杀予夺的皇帝在曾国藩面前掌握着绝对的主动权，即便曾国藩是难得的将帅之才，有平乱之功，也依旧要明白自己的位置。因此，曾国藩与皇帝相处的第一态度便是逆来顺受，不管皇帝有任何的责怪，哪怕是误判，都要秉持着恭敬听从的态度，令统治者感受到自己的权威受到了尊重，从而减轻对于曾国藩的猜忌。

作为最高统治者，尤其是身处风云突变的乱世，清廷最担心的便是手握重兵的将帅有二心。曾国藩深受儒家传统思想影响，就算是他权倾一时，属下拥立之心明显，他都没有想过要有越雷池之举，因此他对清廷的态度之二便是：誓死效忠。不管在任何情况之下，曾国藩都在表露自己的忠心，以剔除统治者对自己的不信任。因为他知道一旦统治者的信任消除，任何的职权与荣华也都会随之而去。朝廷可以忍受一个没有才能、没有品德的官员，而绝对不能忍受一个野心勃勃的官员，效忠是作为臣子的最大原则，也是统治者最为在意的原则。

官场风云诡谲，就算曾国藩对朝廷忠贞不贰，对统治者言听计从，也难免会受到一些人的攻击。耿直之士最难忍受的便是一片忠心被无视，而曾国藩却将这种无奈当作是自己为官必须经历的一个部分，不改初衷地认真对待。在他实在无奈之时，便拿出“缓”与“拖”作为应对之策，这也是他对待清廷统治者的第三个基本态度。用“缓”来争取时间，用“拖”来表达自己的意愿，让统治者可以醒悟过来，而曾国藩却可以保全他的原则，不违初衷，又不会与朝廷形成两立之势。

为官但求富贵，是很多人走上仕途的愿望，曾国藩虽然有经世之才，也会有所欲求。因求官而惹恼朝廷，是他过于袒露心愿而招致的灾祸，此后的曾国藩逐渐改变了策略，让自己的要求得以满足的同时又不会引起统治者反感，因为他做到了“委婉”二字，这也是曾国藩与统治者相处之道的第四条。

以“委婉”作为自己的基本原则向朝廷提出要求，需要掌握好言辞与行为的度，尽量避免正面提出要求，而以旁敲侧击的方式来提出愿望，则既能实现目的又能保全彼此体面。

1857年，原属于曾国藩部下的李续宾、杨岳斌统帅着湘军的水陆师，增援湖北胡林翼获得大胜。曾国藩来到九江劳师之后，认为他们已经完成了任务，应该重新归属回自己调度，同时湘军在战争中也有损耗，朝廷理应给予犒赏。同年一月，曾国藩向朝廷撰写奏章，表达了自己的这一愿望。

在奏章中，曾国藩并未明确提出自己的要求，而是重点说明了三点：其一，他反复强调了李续宾、杨岳斌所统领的水陆师来到湖北的原因，是因为胡林翼告急，自己急人所急，才派遣了部下率军支援。李、杨二人所统领的湘军来到湖北之后，不仅帮助胡林翼收复了武昌，同时还将蕲州、黄州等沿江城市收复，建立了赫赫战功。此等勇猛之士正是湘军的战斗力所在，而自己也正需要他们的支持，以此暗示应将李、杨所率领的水陆师拨还给他为湘军。其二，曾国藩丝毫不提自己在收复武昌之中所作的贡献，只是一味地夸赞李续宾、杨岳斌的战功，为旧部脸上贴

金，也让朝廷明白李、杨能建此奇功，正是因为有他的指引，从而更加重视湘军的影响力。其三，虽然整个奏章都没有说出自己是李续宾和杨岳斌的领导，但是在奏章的最后，曾国藩却提出要为李续宾、杨岳斌部队请赏，并催军饷。这种态度便是以李、杨二将的指挥者自居，虽不明说，却表明了自己的身份和功劳。

综观这一封奏章，全篇之中没有一处是曾国藩要求朝廷将湘军水陆师拨还，也没有一处是向朝廷说明自己的功绩，但是却通过委婉的方式，让朝廷无法忽视曾国藩在这一场战役之中所起到的作用，也就自然不能无视他的要求。曲意示衷令曾国藩也顺利达到了目的，皇帝果然大大嘉奖了曾国藩、李续宾和杨岳斌，同时将部队也重新拨归他来调度，此事成为他以柔克刚之法的一次成功示例，也是他“委婉圆柔”之法的胜利。

4.2 登高才能望远

世事复杂，而官场更为险恶，封建社会的宦海沉浮更隐藏着无限危机，几乎可以算是难有宁日。不管在哪个朝代中，都会有善于钻营、阿谀奉承之徒受到重用，以至于奸佞当道，封建社会的制度决定这种现象不能被根除，那些谋求个人私利的人自然也会不断打压忠贞贤良之辈。曾国藩身处官场，从年轻时代就痛恶那些结党私营的人，而他又不得不经常和这些人打交道，因此也练就了一身功夫。而他所在的清王室又是以满清旗人为主，对汉人有着强烈的排斥之心，这更增加了他从政的难度，在这种环境之中，曾国藩不仅做人要小心翼翼，做事更要深思熟虑，唯恐有所不周，当出现困局之时，只有将眼光放长远，才能找到脱离险境的坦途。

曾国藩一直都想做一个利国利民的官，因此在根本上就和庸俗的官僚们划清了界限，而他又不希望得罪这样的人而引来闲言碎语，所以不管是说话做事都极为谨慎，有时候就算是吃眼前亏，他也是笑着接受，不做任何抱怨。但对于一些可积累恶习的事，曾国藩却非常明确地坚决反对。

道光年间，在曾国藩家乡任职的朱姓知县，与当地的乡绅们来往很密切，曾家作为当地的名门自然也在其中。而朱知县当政几年之后，当地的财政却出现赤字，面临着被调离的处境。乡绅们得知这一消息之后，都非常惊恐，因为朱知县的权位为他们提供了不少好处，他们不愿意因其调离而危及自身利益。于是有人提议让全县的百姓都来捐钱，用以弥补财政亏空，以便留住父母官。曾家在接到这一通知之后，很快就写信给曾国藩，询问他是否应该参与这一行动。

接到家书之后，曾国藩立刻就回信，告诉家人不要急着参与。因为在他看来那些官绅们发出这样的倡议看似为了百姓，其实还是为了自己。虽然倡议的时候个个言辞激烈，许诺愿意多出一份钱，可真正到了掏钱的时候，必然是分摊到百姓头上，至于这些官绅有无掏钱则无从考证了。更重要的是，百姓承担税赋就已经非常辛苦了，而官绅们还要想出这样的办法来增加人民的负担。一旦钱收了上来，势必会刺激一些人的贪欲，导致恶官酷吏巧取豪夺的场面，假公济私之下受到伤害的只有百姓。从长远的角度来看，这种事一旦有了第一次，以后势必还会有人效仿，官府一而再再而三地推行这样的措施，岂不是将穷苦的百姓都推进了深渊，以后再也翻不了身了？

基于这种考虑，曾国藩要求家人避免参与此事，同时静观其变，看事态会发展到什么程度。而此后因没有人拥戴，这个倡议也就自然落空了。

几十年的官场生涯让曾国藩练就了深谋远虑的本事，更让他可以在遭遇看不惯的事时巧妙地周旋其中。虽然他认为自己非常愚钝，但实际上却非常有心机。不管是位高权重、一呼百应的时候，抑或他不得志之时，他都非常巧妙地与朝中的权贵周旋，既不结党营私，又不会成为帮派斗争的牺牲品，因为在曾国藩的眼中，结党的人最终都不会有好下场。

随着功绩的不断建立，曾国藩在清廷之中的地位可谓举足轻重，虽然他不会主动结交权贵，但权贵却不会忽略他。不管是道光年间，还是咸丰年间，以至于慈禧太后把持朝政的同治年间，曾国藩都受到了朝廷权力集团的青睐。道光时的穆彰阿、咸丰朝的肃顺、同治朝的奕䜣，他们之间都是属于对立关系，每一次权力的更替都可算是仇人之间的接交，况且穆彰阿和肃顺都未能得到善终。即便如此，曾国藩在三朝之中却和这些人都保持了友好的关系，就算穆彰阿和肃顺敌对多年，可当肃顺掌权时，依旧对曾国藩另眼相看。

能够在对立的权力集团之中获得两方面的认可，实在不是一般人可以做到的，曾国藩避开了权力斗争的腥风血雨，而且在肃顺倒台之后，没有留下丝毫与之相交的痕迹。当慈禧太后以政变形式瓦解了肃顺的权力集团后，意图肃清他的党羽，发现朝中的官员都和肃顺有书信往来，唯独曾国藩没有一字一言，找不到任何把柄，就连慈禧都发出了“曾国藩乃忠臣”的感叹。那他又是如何做到这一点的呢？

历代的权力集团总是不停地更换，曾国藩遍阅史籍自然明了其中的规律，他不愿意因为眼前的利益而投身于某个权力旋涡之中，变成斗争的牺牲品。从长期来看，任何权力集团都有瓦解的时候，而自己又不能完全地避免，绝对的中立在封建社会的朝廷之中不会存在。因此，曾国藩要一方面取得权贵的信任，一方面又与其保持一定距离。

肃顺作为文庆的接班人，在咸丰年间纠结了怡亲王载垣和郑亲王端华，组成了势力最为庞大的三人集团，深受咸丰帝的信任。他们三人盘结在一起干预朝政，连军机处都要听命于他们，肃顺作为三人的首领又和军机大臣杜翰、兵部尚书陈孚恩、两广总督黄宗汉结为死党，几乎招纳了朝中所有有名望的官吏和名士，一时间风头无两。

在如此大肆结党的环境之中，肃顺的野心也在不断膨胀，他为了长期把持朝政而与慈禧、奕䜣等人展开了斗争。对于肃顺来说，军队是尤为关键的力量，湘军又是军队之中战斗力最强的，他自然不会忽视。但就算肃顺在朝廷之中明目张胆地结交权贵，对于作为国家支柱的军队还是不敢贸然行动，因为大臣和手握军权的将帅来往密切最易成为政敌的攻击对象，而曾国藩与胡林翼等人也都巧妙地避嫌，以免引来不测之祸。

事实上，曾国藩表面上和肃顺保持着距离，但却有千丝万缕微妙的联系。因为在肃顺所招纳的众多党羽之中不乏与湘军往来密切的人，有一些湘军集团的人甚至成了肃顺的座上客。在曾国藩做礼部侍郎的时候，尹耕云曾经是他的属员，受到了曾国藩的器重。而其后，尹耕云也担任了肃顺的属吏，并且肃顺还对他“礼敬有加”。此外还有一些人虽然和曾国藩、胡林翼并没有密切来往，但却和尹耕云等关系非同寻常，如高心夔等。肃顺将这些人招揽在门下，除了作为自己的力量来培植之外，还经常与他们共议军政大事。在鸦片战争的战和问题上，肃顺便认真听取了尹耕云、王闿运等人的意见。及至湘军在镇压太平天国运动中崛起，因其赫赫战功成为当朝最令人瞩目的人物，肃顺更加认真地听取着王闿运等人的意见，让他们为自己出谋划策，而王闿运、尹耕云等在与曾国藩、胡林翼的书信往来之中自然也会商讨当前政事与战况，无形中传达了彼此的态度和意见，形成沟通。

在与肃顺权力集团微妙的关系之下，曾国藩自己也得到了一定益处，肃顺进言咸丰帝，力举并不被咸丰信任的曾国藩出任两江总督，对于曾国藩的一些下属也多有提拔，这无疑是肃顺向湘军集团伸出的友好之手。而曾国藩虽然因此得到了不少的实权和利益，但他却一直不动声色，照旧通过一些名士和朋友与肃顺保持着微妙的关系，并未明目张胆地与其结交。也正是在他这一长远目光的帮助之下，才避免了肃顺倒台之后被慈禧、奕䜣集团追绞的厄运。

4.3 让他三尺又何妨

国人进入仕途，多有光耀门楣的愿望，认为只要一人得道，全家自然也就应该升天。对于做官的人来说，通过自己手中的一点权力来为家庭谋取一些额外的福利，似乎也是理所当然。而曾国藩直到成为清廷的

中流砥柱，手握当时实力最为强劲的湘军，在朝堂之上一言九鼎之时，也都时刻在要求自己低调为人，从来不愿意因为自身所具备的权力而让家人享受特权。这与他长期以来藏锋守拙的个性有关，也是曾国藩能够在官场纵横多年而不倒的基础。

与“治国、平天下”相比，“齐家”也不是一件容易的事，能够治理好一个家庭足以看出一个人的才干。而曾家是一个大家族，不仅人口诸多而且在湖南当地具备着非凡的影响力，一举一动都会引来别人的热议。这一切固然是因为曾国藩在朝堂之上的权势，但同时也成为别人观察曾国藩的一个窗口。因此曾国藩对邻里关系相处非常认真谨慎，避免因处理不好关系而产生仇隙，如果制造事端，不但在困难的时候得不到帮助，还会让近邻变成自己的敌人。而面对这些矛盾，曾国藩所秉持的一个原则便是：让他三尺又何妨。

在同朝康熙年间，文华殿大学士兼礼部尚书张英便是一个谦虚低调的人，他在京城为官，而家人却居住在桐城，他们认为自家在朝中有靠山，难免会有一些跋扈之举，有一次，在修房时和吴姓邻居发生了争执，彼此都不能界定院落的界线。于是张家人便一纸信函发到京城，想依靠自己手中的权力让邻居屈服。张英看到来信之后，莞尔一笑，便手书四句诗寄了回去：“一纸书来只为墙，让他三尺又何妨？长城万里今犹在，不见当年秦始皇。”家人看到了张英的来信，顿时悔悟，依照他的指示在界线上让出了三尺，而邻居也被他们的行为所感动，主动让出三尺来，此地便成了闻名古今的“六尺巷”。

此事因《桐城县志》的记载而广为流传，曾国藩认为张英此举正是大智慧，他不会为了一些琐碎之事擅自使用自己手中的权力，更难得的是在与普通百姓发生摩擦时秉持着忍让的精神，身居高位而能做到谦逊，实在难得。及至咸丰初年，曾家因家庭成员众多，需要扩展宅基，也发生了与张英类似的事情，邻居在曾家修建黄金堂时横加阻拦，认为曾家宅基超出了地界。曾国藩的弟弟曾国潢一气之下便将此事写信告诉了曾国藩，要求他发话来摆平不识好歹的邻人。而曾国藩收到书信之后回了一封长信，信中附上了张英的诗作，劝说家中的子弟要心胸开阔，“让他三尺又何妨”？因为这三尺之地，让邻人反目，成曾家恶名，又怎么值得呢？按照他的指示，曾家主动退缩了地界，给邻居方便。而邻人看到曾国藩居然能做到如此忍让，也大受感动，将自家的宅基转让给曾家扩大黄金堂新宅。

不管是在官场上与比自己强势的权贵打交道，还是在乡间与自己的邻居打交道，曾国藩所坚持的原则都是相同的，在无伤原则的时候以宽忍为怀，凡事让人三尺，这成为曾国藩以退为进的处世秘方。

因曾国藩的教导，曾家的家风一时之间为当地人所称道，曾家的子弟在乡里也成为谦逊的榜样。但由于子弟诸多，其中难免会有依仗权势行恶之徒。曾国藩知道地方官都害怕京官，所以一再告诫自己的家人不要轻易去干预地方官的行政命令。可是他的弟弟曾国潢却一直都听不进去，在乡里横行霸道，多次干预湘乡知县的政事，引起了人们的怨恨。

同治年间，湖南各地兴起了“哥老会”，尤其是在曾国藩的家乡湘乡县，原来参与过湘军的人被遣散回乡，大多参加了“哥老会”，形成一定组织为害乡里。曾国潢对于这种组织非常反感，积极参与当地县衙组织的剿灭行动，而他暴躁的脾气在这个过程中日渐增长，遇到了自己憎恶的人就会捆绑到县府之中，要求知县将其判死罪。湘乡县令是一个佛教徒，本以慈悲为怀，但曾国潢家世显赫，每次他有所要求，县令又不敢不从，因此良心受到了极大折磨。有时候曾国潢会一次性捆绑五六十个人，要求县令判死刑，到最后也很难有人生还，县令总是悲戚地说：“曾四借我的手杀人！”

对于家人的所作所为，曾国藩虽然远在京城，但通过书信也略有所闻。他在家信之中多次提及：“吾兄弟当于极盛之时做衰时设想，总以不干预公事为第一义。”提醒子弟就算现在家道强盛，也要时时为将来家道衰落做好准备，千万不要干预公事。尤其告诉曾国潢“人待人为无价之宝”，让他与乡邻处理好关系，不要为恶乡里。但曾国潢并没有因此而收敛，有一年湘乡县新建了一个码头，按照惯例需要宰杀猪牛羊，用“三牲”作为祭礼，但在曾国潢的安排之下，居然杀了十多个人来“血祭”。

1857 年，曾国藩父亲去世，他为了奔丧回到湖南，听说了曾国潢的各种恶行，便想要严厉惩戒他。有一天，曾国潢午睡的时候，曾国藩拿着一个锥子悄悄来到他床边，猛刺曾国潢的大腿。曾国潢被吓醒之后，发现血流满床，被褥都被染红了，顿时大惊失色，厉声责其行为残暴。而曾国藩却说：“我不过是拿锥子刺你几下，你就觉得我残暴，你拿刀杀了人，你觉得别人会怎么看你呢？”

经过了这一番“血”的教训，曾国潢暴躁的性格有所收敛，对待乡邻的态度也慢慢好转。曾国藩通过这种行为，让他明白了：与乡邻的相处之中要做到忍让，宽和对待每一个人。

4.4 不计前嫌胸怀广

在波诡云谲之中寻求生存，必须有良好而坚固的人际关系作为基础，这是一条至理。曾国藩身处清廷政治变幻莫测的阶段，历经三朝皇帝，在不断的历练之中也体悟出了自己的为人之道，将这一门深奥的学问钻研得十分透彻。对于自己而言，曾国藩一向都严格要求，不怨天尤人，他认为只有这样才能立己达己，而历史上的无数伟人也对此做出了证明。对于别人，曾国藩一向以宽广的胸怀善待之，就算偶尔发生摩擦甚至曾经有过交恶，他都会不计前嫌。这种处世之风让曾国藩的人格魅力获得了大幅度提升，自然也为他吸引了更多的朋友。

与曾国藩同期为官的左宗棠，也是清朝历史上著名的一代将领，他们二人各有功绩，在清廷的眼中都非常重要。而左宗棠与曾国藩的个性却有很大不同，他对于自身才华非常自信，并且性格耿直，对看不惯的人和事往往会直言不讳，甚至有一些恃才傲物。曾国藩虽然只比左宗棠大一岁，可是他却为人诚恳老练，平日里谨言慎行，说起话来还稍微显得有些木讷。和言语尖刻的左宗棠比起来，曾国藩显然更受大家的欢迎，而他们二人之间也常有一些小小的摩擦发生。

左宗棠一生经历坎坷，他屡试不中，科场失意之后在乡间蛰伏多年，过着半耕半读的生活。即便这样，他还是锋芒毕露，丝毫不肯收敛自己的张狂个性。及至咸丰二年（1852），已经四十一岁的左宗棠终于做了湖南巡抚张亮基的幕僚，脱离了乡村塾师的命运。两年之后，张亮基被升迁为两广总督，而左宗棠则又成为新任的湖南巡抚骆秉章的幕僚，并跟随他六年之久。

长期共处于湖南的曾国藩和左宗棠，难免相遇，有一回，曾国藩路过左宗棠家门时，发现他正在给如夫人洗脚，便开玩笑说："替如夫人洗脚。"这本是一个无伤大雅的玩笑话，众人听了也都笑笑了事，但左宗棠却立刻反唇相讥："赐同进士出身。"让曾国藩佩服左宗棠才思敏捷的同时，也感到了一些尴尬。

类似的事情并非一两次，而是随着两人的交际时有发生。在和左宗棠聊天的时候，曾国藩得知他字季高，便笑着说："季子才高，与吾意见常相左。"将"左季高"三个字巧妙地融入进去，同时也表达了左宗棠总是和自己对着干的无奈。而左宗棠听到这话并不示弱，立刻说："藩侯当国，问他经济又何曾！"将"曾国藩"三个字也加了进去，但语气之中竟含有鄙夷之意，令在场的其他人都不敢接话，而曾国藩本人也觉得非常难堪。

不同的人有不同的处世之道，曾国藩待人以诚、藏锋守拙，而左宗棠则锋芒毕露、桀骜不羁。当时的左宗棠进入仕途不过几年，所取得的成就与曾国藩无法相比，但他却丝毫不给对方留面子，并且还常常反唇相讥。周遭的人对此非常看不惯，多次在曾国藩的耳边嘀咕，认为应该给左宗棠一些教训，才能让他知道天高地厚。而曾国藩却觉得左宗棠个性如此，自己又何必和他太过计较呢。对于此事，左宗棠虽有耳闻，但丝毫不领情。

咸丰四年（1854）四月，曾国藩首次带兵出战，结果在靖港大败，

他气愤之下意图投水自尽，幸亏被左右拦住。回到大营之后，垂头丧气的曾国藩正好遇到左宗棠，不仅没有得到他的安慰，反而招来一顿训斥。左宗棠大骂他不该自寻短见，事情并没有到不可收拾的地步，为什么要出此下策？曾国藩本就已经颓丧至极，被左宗棠这么一说更觉得无言以对。但他却还是坚持认为左宗棠只是言语直爽，并无恶意。虽然总是被左宗棠的语言尖刻所伤，但曾国藩却从未将其放在心上，坚持认为左宗棠是一个有才之人。一旦有适宜的机会，他就会大力举荐左宗棠。

咸丰六年（1856），曾国藩上奏朝廷，为左宗棠接济军饷请功，朝廷因此任命左宗棠为兵部郎中。而左宗棠自己因为耿直的个性得罪了不少人，在湖南受到别人诬陷，原本挪用公款的永州总兵樊燮向湖广总督状告他私役兵卒，此事被捅到了朝廷。咸丰十年（1860），左宗棠被传唤到武昌对质，引起了轩然大波。咸丰帝为了肃清不正之风，甚至交代湖广总督："如左宗棠有不法情事，可就地正法。"湖南巡抚骆秉章与湖北巡抚胡林翼都纷纷为其求情，认为左宗棠"名满天下，谤亦随之"。后在诸多官员的担保之下，咸丰帝才放过左宗棠一次。

受到这一波折之后，左宗棠逐渐看到了官场险恶，他辞别骆秉章，颓然地回到湖北襄阳，打算从此委身江湖，远离庙堂，再也不去过忧谗畏讥的日子。而当时曾国藩正率领部队在宿松，听闻此事后便接左宗棠到自己的大营之中暂避锋芒，并时常与他探讨军情。

同年四月初一，朝廷向曾国藩特旨询问："目下贼氛甚炽，而湖南亦所必欲甘心，应否令左宗棠仍在湖南本地襄办团练等事，抑或调该侍郎军营，俾得尽其所长，以收得人之效？"接到这一旨意之后，曾国藩立刻回复朝廷："左宗棠熟悉湖南形势，战胜攻取，调度有方，刚明耐苦，晓畅兵机，当此需才扎亟之际，或饬令办理湖南团防，或简用藩臬等官，予以地方，俾得安心任事，必能感激图报，有裨时局。"四月二十，清廷接到了曾国藩的奏章，随即任命左宗棠"以四品京堂候补，随同曾国藩襄办军务"。而曾国藩则让左宗棠回到湖南招募湘勇奔赴江西，几个月后，果然连克德兴、婺源，建立军功。十一月二十八日，曾国藩专门撰写奏折，为左宗棠请赏："臣查左宗棠一军，自移师景镇，一闻贵溪警报，分路调拨，迎头痛击，实属调度神速，将士用命。左宗棠初立新军，骤当大敌，昼而跃马入阵，暮而治事达旦，实属勤劳异常。"经此奏折推举，咸丰帝对左宗棠的态度也大为改观，将其晋升为三品候补京堂。

在左宗棠四顾苍茫之时，曾国藩不计前嫌，向其伸出援助之手，帮助他东山再起。虽然后世之人多喜欢谈论他二人交恶之事，但也不得不承认两人交情颇深，连左宗棠自己也曾经认为他与曾国藩是"同心若金，攻错若石"。在三年之内，让左宗棠从一个走投无路之人一跃而成为三品大员，这种仕途传奇除了依仗左宗棠本身的才干，曾国藩的一再举荐亦功不可没。在曾国藩去世之后，左宗棠为其书写挽联："谋国之忠，知人之明，自愧不如元辅。"

4.5 不做必败之人

宦海沉浮之中涌现了很多杰出的人，成为历朝历代人们所推崇的偶像，而更多的为官之人却往往得不到一个好的下场，纵然是辉煌过一段时间却难保威名一世。这其中隐藏着的成败规律，是千年来身处宦海者孜孜以求的秘籍。那些失败的人，有些纵然是犯了大错，而有一些则是稀里糊涂就落了一个颓败的下场，从根本上来说，大多数人失败的原因大的方面是其理念与时代不合，小的方面则更多是与同僚、上司之间人际关系的处理出现问题。撇开这些外在因素不说，很多人的失败都是由于内在素养和理想的偏差造成的。曾国藩曾经说过："昏堕任下者败，傲佷妄为者败，贪鄙无忌者败，反复多诈者败。"这正是他所总结的失败之人所具备的共性。

身处于封建社会官场之中的人，所服务的对象都是皇帝，作为皇帝的耳目来协助管理百姓。一个封建皇帝并不能掌控天下所有的信息，也不能精通所有的事情，在需要做决策的时候也自然就会出现失误，臣子的责任就是提供正确的资讯，帮助皇帝做出正确的决断。所以，从皇帝的角度来说，他要避免任用不贤德的人，不能任用庸才。然而皇帝或者上司的识人辨人能力总是有限的，所委派的下属贤与不贤都需要在实践之中慢慢检验，这个过程自然也就充满了风险。上司对于下属要充分信任，可一旦将信任交给了阿谀奉承之徒，便会引来灾祸。那些受到周围人所称赞的人，未必就是贤良的人；而那些不被众人所喜爱，遍受诋毁的人，也未必就是庸才。

曾国藩曾经说过：作为掌控着予夺之权的人，应该努力让自己保持辨识能力、清醒的思考能力，以及独立的判断能力，而不是将耳目完全地交付给别人。否则就只能成为“昏堕任下者”，自然也就离“败”不远了。历史上这样的人非常多，在家信之中，曾国藩便以唐玄宗李隆基的所为来告诫子弟。李隆基当政的前期，励精图治，任人唯贤，重用了姚崇、宋璟、张说、韩休和张九龄等贤德之人，延续了贞观以来的大好形势，并创造了“开元盛世”，令唐王朝鼎盛一时。然而在他当政后期，却任用了李林甫、杨国忠等人，昏堕任下导致天宝危机，唐王朝政治败坏，天下大乱，最终爆发了安史之乱，这一切的祸端都是因为皇帝昏堕任下。

在曾国藩所认为的必败之人中，“傲狠妄为”排在第二位。他常常说：“德以满而损，福以骄而减”，在曾国藩的眼中骄傲是极不可取的恶习，人因为骄傲会生出奢侈淫逸等诸多缺点，变得欲求不满，无恶不作。一个人要想自立，并取得一定的成就，就必须首先去除骄傲的恶习。曾国藩要求自己的弟弟：“常怀愧对之意，便是载福之器，入德之门。”

一个骄傲而刚愎自用的人，势必会为自己埋下祸端。因为骄傲会使人盲目，同时失去倾听建议的能力，一味地在错误的道路上越走越远，甚至陷入四面楚歌的绝境。历史上明代的朱由检正是因为刚愎自用、傲狠妄为而亡国亡家，他原本希望可以励精图治、改革旧弊，但因其个性之中的这一缺陷，误杀了很多忠良。以致国家在用人之际却人才空缺，从而间接导致了明朝的灭亡。

让一个身居高位者丧失本身的原则，堕入罪恶深渊，曾国藩认为多是由于“贪”字而来，他所总结的第三种必败之人便是“贪鄙无忌者”。欲望固然是人性之中不可忽视的一个天性所在，但如果不能控制自己，放任这种本性肆意妄为，便会将人引上歧途。对于普通人来说是如此，对于为官者更是如此。为官者或在位者，因为自身所具备的职权，拥有了高于常人的选择权，可以让他们得到更多常人得不到的东西。这些既可以是身居高位者的特权，又可以成为引诱他们堕入深渊的诱饵，古往今来因为不能抗拒这一诱惑而落马的人数不胜数。因此，曾国藩对自己提出了很多要求，不贪图荣耀，更不愿意去享受那些特权，只尽力做好自己的分内事，成就更为高远的功绩。对于自己的弟弟曾国荃，他也一再告诫不可越轨而为，告诉他：“福祸无门，惟人所召。”既居高位，就应立身忠正，行事廉洁，切不可贪鄙无忌，引火烧身，更不能因为获得了一些权力便为所欲为，因为那是走向失败的第一步。

曾国藩所认为必败的第四种人便是“反复多诈者”，他一向将“诚”字作为人与人交往的最基本前提，并努力要求自己首先做到。在与同僚或上司打交道的过程中，曾国藩从未有丝毫隐瞒，更不会信口开河，不管做任何情况他都会首先拿出诚恳的态度获得对方的认可。而对于自己的下属，他也没有摆架子，倚势凌人，依旧以“诚”为先，推诚相见，不玩弄权术是他用人的最基本原则。在教导曾国荃时，曾国藩引用《旧唐书》中的话：“去邪勿疑，任贤勿二，可以兴矣。”意即和邪恶之徒断绝来往，是一件正确的事情，应该毫不迟疑，千万不要犹豫不决，不然反而会将人拖进更难脱身的泥潭；而对于那些德才兼备的人，一定要加以重用，不仅和他们热切地结交，在任用他们的时候也要赋予完全的信任，切忌三心二意。如果可以做到这两点，那么不管做任何事情都可以兴旺昌盛。而如果一个人对周围的人总是怀有诈心，任用别人也不能诚恳对待，总是疑神疑鬼，那么就会在失败的歧途上直奔灭亡。

宦海之中往往风起云涌、变幻无穷，身处旋涡之中的曾国藩不仅能够做到洁身自好，而且还能时时平安稳泰，除了因为其自身的智慧超群，更因为他善于学习总结，在古人身上汲取营养，从历史之中取得教训。

他所总结的四种居官而必败之人，从反面说明了一个为官之人所应该具备的责任、道德、才干和态度，他不仅将这些认识教导给曾国荃等子弟，自己更是亲力亲为，以坚忍不拔的毅力督促自己避免出现这四种错误，使自己一步步渡过风浪走向辉煌。

第五章

自强磨砺天不负

一个人要想有所作为，必然要为自己树立志向，不同的人因为志向不同而走上了不同的道路，结局自然也大相径庭。树立什么样的志向，代表着一个人未来的走向，决定着他未来的事业和人生。

5.1 自强不息方为君子

在官场之中拼搏者众，而最后获得成就的人却不多，曾国藩纵横清廷官场多年，所获得的成就足以彪炳史册，震撼后人，成为人们学习效仿的榜样。而在论及自己之所以取得如此成就时，曾国藩说得最多的便是“自强”二字。

在所遗留的各种著作之中，曾国藩一再强调作为一个正人君子首先要做到的就是忠诚，不管是对于朝廷还是自身，都应该忠诚为先，并以此倡导天下人，用以改变天下的奸邪，从而达到社会的安定和国家的稳泰。而要做到忠诚，就必须有自强的精神来支撑。

曾国藩认为世道之所以变得纷乱，正是因为人们的心中充满了物欲，人们为了争夺各自的利益让内心之中的奸邪虚伪都暴露出来，对社会形成了极大的危害。而当灾难来临，需要人们承担责任的时候，大家又四处逃避，不肯贡献出一点力量来拯救苍生。一个真正的圣人君子则应该在这种时候站出来，克制自身的欲望，关怀他人，提倡忠诚、反对邪恶，并且通过自身的号召力来促使大家承担各种困难。要成为这样的一个人，其内心必然是执著坚毅的，不当旁观者，不当看客，而是从自身做起。这便是曾国藩所认定的自强。

在家书中，曾国藩一直在强调“长傲”和“多言”的弊病，他通过总结历代卿大夫的兴衰成败，与曾家子弟共相鉴戒。认为去除这两方面的毛病而努力做一个自强的人，才是令家族振兴、令国家崛起的根本。他告诫曾国荃说：“弟能惩此二者，而不能勤奋以图自强，则仍无以兴家而立业，故又在乎振奋精神，力求有恒，以改我之旧辙，而振家之业基。”他要求曾国荃“虚心实做”、倡导躬行，反对摆架子讲资格，认为这是官场之人失败的根本所在。如果凡事都是通过别人的口中得知，而不是自己亲自去检验，不能做到眼到、心到，也不能放下身段，那他就失去了扭转败局的机会。

曾国藩的自强表现在他弘毅的个性以及在困境之中努力拼搏的勇气上，当规矩成为束缚他的阻碍，他也会勇于跳出来将其打破。在道光、咸丰年间，由于清廷国内政治较为清明，民风和平稳定，很多臣子都认为现在是太平盛世，根本不会有任何坏事发生，于是纷纷按部就班，每天都纠缠着文书法令。而“贼寇”忽然之间举事，清廷才发现朝中根本无人能够举起帅旗。那些位高权重的权贵们只能面面相觑，却束手无策。而当时正在家治丧的曾国藩听到这个消息，立刻组织湘勇来进行抵抗，虽然他的身份不过是卿大夫，可他却突破了朝中的规章束缚，创立军队编制，和叛军决一死战。

当时的形势极为凶险，叛军在数量和气势上都占据优势，犹如烽火燎原。而曾国藩却坚守自己的节操，认为就算战死也是以身殉国，作为一名臣子这样做远胜于临阵逃脱。相差悬殊的兵力并没有让曾国藩放弃，虽然孤立无援，他还是默默忍受，从容指挥部队抵抗。及至后来朝廷接受对其举荐而委以重任，才收复了失地，平定了叛乱，社会由此重新安定下来。

儒家在谈论士子们的责任时，常认为他们任重道远，需要为君王作出更多贡献。而曾国藩弘毅的品性，令他在乱世之中真正做到了任重而道远，同时也说明了曾国藩“不做看客”而积极投身并坚持到底的自强精神。

曾经为《曾文正公学案》作序的龙梦荪认为，曾国藩能够在品德、学问和事业等各个方面都取得如此之大的成就，自然与其个性有很大联系，其品性之中强毅而且谦谨的优点，值得每一个人学习。龙梦荪阅读曾国藩的所有著作之后撰文，认为曾国藩正是因为有坚强的毅力，所以才会不断勉励自己去追赶前贤古人，就算是独来独往，他也能自成一套。在身处艰难的境地时，他更会坚定自己的信念，就算千转百回都不能改变他的志向。坚贞的人都会怀有必胜的信念，所以就算外界的诱惑再强他也不会迷惘。正是因为曾国藩的谦虚谨慎，所以才会认为自己的成就远远不足以停步享用，事业也没有到尽头，因此才不敢恃才自傲，在接人待物的时候始终保持低调，在处理公务的时候也总是小心翼翼，生怕出现什么疏忽。

曾国藩所认定的自强，是对于自己内心的一种加强和修养，他说：“人当自强，但是否如弟（曾国荃）所说自强者总能胜人一筹，我却大不以为然。”他最推崇的自强是孟子所说的将仁义和谦虚集于一身所带来的强大，这有别于和别人斗智斗力所带来的强大，后一种更倾向于逞强或逞能。曾国藩列举了历史上因为逞强而大胜又大败之人，来说明这种自强的害处。如李斯、曹操、董卓和杨素，他们的能力和才华都是卓绝一世，对于当时的时代也产生了非常深远的影响，获得了无数人的尊崇，但随着时间的推移，他们也一样遭到了非同寻常的失败。在曾国藩的眼里，逞强斗狠都是为了获得针对他人的超越感和优越感，从而谋求某种肯定，被别人尊重或者信服。但这种尊重和优越感的获得是建立在伤害他人的基础之上，势必会造成更大的反抗，因此最终难逃落败的命运，这也并非是君子自强。所以在修养自身的时候，对自己提出强的要求是可以的，但逞强却未必可取，就算一个人终身强横，并且并未因此

而带来祸害，过得非常安稳，对于君子来说也是一件非常不屑的事情。

在自修的过程之中求自强，所面临的竞争对象不会是他人或者社会，而是自己，自然也不会对别人带来威胁和伤害，更不会因此而存在征服与反抗。曾国藩眼中的自强是不断修正自己，让自己变得更加完善，所遭遇的反抗都是来源于自己，是新我对于旧我的改造，这样才会刺激一个人更加坚定强烈地去追求自强。这是孔孟所提倡的自我修持，也是君子所应该保持和追求的。

5.2 在艰难中忍耐

在奔向成功的道路上，人们往往会看到一个人所得到的荣耀，而他所付出的艰辛却不被人关注。任何人的成功都不是凭空而来的，就算曾国藩具备超凡的智慧与才能，也并非一路顺遂，在他的仕途之路中亦遭遇了不少坎坷。要想得到最后时刻的成功，就必须隐忍坎坷所带来的折磨。梁启超曾经说：“凡古能成大事者，其自制力、忍耐力必强。”对于曾国藩来说，他所身处的环境之复杂以及他自身目标之远大，更需要付出多于常人的忍耐和自制。

在曾国藩的成功之道中，“一味忍耐，徐求自强”是关键的一条，他曾经在著作中明确提出：“古来大有为之人，每于艰险之时，坚忍撑得住，可做出非常事业。”可见他所认定的成功者必备素养之中，“坚忍”是极为重要的，而他自身也确实做到了“撑得住”。从一个书生转变成一个将帅的道路上，曾国藩表现出非凡的忍耐力和乐观精神，就算丝毫不占据一点优势的战场上，他也努力要求自己“撑住”，对于幕僚所写的奏章之中提到的“屡战屡败”，则欣然提笔改为“屡败屡战”，正透露出他永不放弃的精神。

咸丰年间，太平军在各地势如破竹般地攻陷了清廷不少要塞。而清政府朝堂之上居然找不到一个可以领军打仗之人，更让太平军气势高涨。

身处湖南的曾国藩召集湘勇，经过一年的训练之后，于咸丰四年（1854）四月初二正式展开战斗，他指挥湘军水陆师沿着湘江一路向北厮杀，浩浩荡荡地冲到靖港，希望在这里大败太平军。然而太平军早有准备，等湘军到达靖港之后，于港口安排伏兵，让初到的湘军受到了重创。李续宾和王鑫等人所率领的水陆师在毫无准备的状态下被太平军打了个措手不及，曾国藩眼看太平军气势惊人，统统喊着活捉自己的口号，也难免胆战心惊。

靖港之战是曾国藩率领湘军所经历的第一次重创，他没有想到自己训练这么久的湘军居然禁不住打击，溃逃之中尽显仓皇之态。苦心经营的军队大败而归对曾国藩来说已经是一个很大的打击，而回到长沙之后，那些资助过他的官绅们也不给他好脸色，让他看尽世间人情冷暖，更觉得对不起家国祖辈。

跟随曾国藩的幕僚陈世杰与李元度等人，为了防止曾国藩想不开，让护卫章寿麟时刻跟在他身边。而曾国藩回到长沙之后，发现湘军只剩下四千人，想要重整旗鼓必须从头再来，招募兵勇与操练战术成为重中之重。因为有了靖港之战的经验，曾国藩励精图治、卧薪尝胆，一心想一雪前耻。他陆续将水陆两师扩展到两万多人，又建造了不少船只，配备了最有杀伤力的新式炮械。经过一段时间的休整之后，咸丰四年六月中旬，曾国藩又一次挥师北上，发动了湘军的第二轮攻势。

第二次的北上因为精心的筹划而获得了初步的胜利，率领水师的褚汝航从太平军手中夺回岳州，并大败太平军将领曾天养两次，让曾国藩喜不自胜。到八月时，他亲自督战，率领李孟群和陈辉龙等人从岳州攻打石达开。

这一次的战役也堪称惨烈，虽然曾国藩的湘军获得了前期的胜利，但曾天养通过诱敌深入的战术，包围并诛杀了湘军水师将领陈辉龙、褚汝航等数人，官兵不仅阵亡数百人，战船也损失了二十多条，让石达开部队重新占了上风。等曾国藩所率领的大部队到来时，石达开已经在梅州、九江等地设下重重关卡，以东岸线为大营铺设了天罗地网。曾国藩一边感叹石达开用兵如神，一边匆忙寻找对策。

咸丰四年十月十二日，胡林翼、罗泽南等合兵一处，与曾国藩一起猛攻梅州，按照曾国藩的计策，打算先从鄱阳湖口清除障碍，然后一路杀进去。孰料这正中了石达开的计，他在鄱阳湖所设立的障碍不过是吸引湘军的障眼法，等湘军进入后立即被太平军截断围困，当夜焚烧湘军战船九艘、小船三十余只，李孟群、彭玉麟等大将也差点在夜战之中丧生。

辛苦操练多年的部队，曾经被曾国藩视为百战百胜的无上法宝，谁知道石达开略施小计，就让他在一场战役中损失过半。这让曾国藩备受打击，他认识到自己原来一直都在高估湘军的战斗力，而处于鼎盛时期的太平军并不是一群乌合之众，石达开更是一个强劲的对手，不容小觑。曾国藩一边整顿着惨败而归的队伍，一边掩饰住自己沉痛的心情不断向朝廷和官绅做出汇报，一再保证要扭转战局。

然而，这一切并没有到尽头，同年十二月二十五日，曾国藩部队再次遭到石达开反攻，太平军乘胜追击，在湘军水寨密布火网，将曾国藩麾下的战船全部焚烧，吓得曾国藩仓皇而逃，直向罗泽南营地投奔。而湘军几乎全军覆没，船沉勇溃，惨不忍睹。这一次的惨败，成为曾国藩一生之中的四大惭愧之一。

连番遭遇失败的曾国藩已经没有了之前的豪言壮语，安然回到南昌之时，几乎受尽了天下人的冷嘲热讽。他灰心丧气，悲观到了极点，人们都愿意看到英雄勇猛战斗获得胜利的时刻，而一旦落魄则会遭遇加倍的冷落。此时的曾国藩蓬头垢面，又有谁会觉得他是一个英雄呢？当他仓皇逃命之时也难免会显出狼狈之态，更没有了之前的意气风发让人膜拜。

对于这几次战败的原因，曾国藩认为是自己指挥不当造成的。这种羞愤一度让曾国藩企图自杀以谢天下，他不饮不食，并且写好了遗嘱。然而，在他的内心之中却一直渴望着重建功业，深受儒家思想影响的曾国藩并不以为国捐躯为耻，他向来认为精忠报国、舍生取义是一名君子的理想。“愿死疆场”是他的志向，“死在沙场是善终”也是他表明心迹的诗句，虽然作为一名文人，他带兵上战场有一些勉为其难，但曾国藩还是对自己提出了更高的要求。这种力量支撑着他忍耐了别人的嘲笑和内心的自责。

作为一个人，曾国藩身上也有普通人的缺点，贸然出兵导致数次失败，而自视过高也是湘军失败的主要原因之一。在遭逢压力的时候，他也曾心生去意，想要通过自杀来解决问题。但最终，曾国藩还是将这些压力转化为对自身的动力，他明白重整旗鼓并实践自己保家卫国的理想，远比一死来得艰难，也更有意义。面对别人的不理解、不支持，那些轻蔑甚至侮辱都没有能够将他压垮，他并没有怨天尤人，而是打脱牙齿和血吞，咬牙立志，徐图自强。

成功与失败总是同行，要获得成功必然会经历失败，历史上许多成功者都有过失败的时刻。曾国藩也正是因为经历了一系列惨痛的失败，才在艰苦之中磨炼了自己的意志，在一定程度之上，挫折更易使人得到获得成功的品质，在逆境的土壤之上更易成长出成功的萌芽。曾国藩的失败促成了他后来的成功，更让我们明白在胜利时不能目中无人，在逆境时更不可一蹶不振。得意而思危虑败，失意而坚忍自强，才能确保走得更远。

5.3 不断调试，完善自己

任何人都不会生来便具有圣人的品行，一个人的成长和教育过程是构建人格的最主要阶段，良好的生存环境和受到的教育会让一个普通的人逐渐变得不平凡。曾国藩也并非生来便具有非凡的潜质，对于做人做事的感悟也不是与生俱来，而是随着生活中所遇到的小事不断调节完善自己，建立起独有的性格架构。如果仔细探究他与别人不同的地方，那便是当他一旦意识到自己的不良习性会带来的危害，便会通过不断自励，来严格控制自己的欲望，改掉对自己不利的生活习惯，从而提升自己的修养。

从湖南来到京师成为一个京官，是曾国藩人生中的一次重大转变，而他在初到京城的几年，并没有任何出色的表现。因为曾国藩每天都忙于应酬各种关系，一方面留在翰林院中作为庶吉士并无太多的公务可做，另一方面则是初出茅庐便见识了京城的繁华，曾国藩自己也无法静心，耽于玩乐。

曾国藩选择在京城翰林院之中做官，其实所享受到的待遇未必能比得上地方官，然而封建社会的官场风气便是宁可选择中央也不愿意流落到地方，这和当时的社会政治环境有直接的关系。当时的清廷在治理方面所采取的措施一向都是重视中央而忽视地方，这一方针导致京官就算俸禄不高也非常受人追捧。同时，在京城为官可以更加近距离地接触朝中的权贵，与之结交便可能带来更大的发展，对于士子们来说这是一个极大的诱惑。曾国藩在翰林院所做的庶吉士，属于天子近臣，每天都可以见到很多一品大员，甚至可以和皇帝直接接触，只要庶吉士自己本身具备一些内涵才华，便有很大的机会被权贵看中，获得提拔，从而脱颖而出，这和地方官相比简直是得天独厚。再加上地域上的差异，如果官员所到是一处贫瘠之所，就更难做出政绩。胡林翼和曾国藩本来是前后任考中进士，但曾国藩留在京城，而胡林翼却被分配在偏远的贵州，并且一去便是九年。后来胡林翼通过努力，好不容易从贵州出来做了一个道员，而此时的曾国藩却已经是官居二品的侍郎了。

深知做京官的好处，曾国藩自身又一直怀抱着“澄清天下之志”的理想，因此他对自己提出了很高的要求，希望可以在翰林院中提升自己的理学修养，同时学习韬略，博取更加远大的前途。然而，他却总是“本要用功”，却又“日日玩憩，不觉过了四十余天”。这种沉迷于玩乐的日子里，曾国藩时常都在自责，但却一直都不能很好地改正，他内心的矛盾情绪在日记里随处可见。

翰林院中的官员，每天读书养望是其本职工作，而与别人切磋交往也非常有必要，但曾国藩却觉得自己整天这样度日，恐怕将来也很难养成经世的韬略，更别提实现自己的志愿了。在他道光二十二年（1842）十月的一篇日记之中，可以看到曾国藩一天的行程：这一天，曾国藩起床之后读了一章《易经》中的《损卦》，便出门拜访杜兰溪，顺便在杜府吃了午饭。到下午，何子敬家中摆宴庆贺生辰，曾国藩也欣然前往，晚上还在何宅中听了昆曲，一直玩到初更时分，酒足饭饱，才拖着疲惫的身躯回到家中。如此悠闲玩乐的一天，并没有给曾国藩带来多少快乐，他在这篇日记之中用自责的口吻说："明知尽可不去，而心一散漫，便有世俗周旋之意，又有姑且随流之意。"对于这种追随世俗却放任自己的行为，曾国藩深恶痛绝，"总是立志不坚，不能斩断葛根，截然由义，故一引便放逸"。

对自己做出深刻检讨后，曾国藩认识到自己立志不坚，总是这样迎来送往、吃酒闲谈，将读书治学的事儿都忘在脑后，是一大弊病。他知道这种品性如果不能自查自改，必然无益于自己实现目标，更不能成就大事。虽然日记之中严词批评过了自己，第二天他又会故伎重演，决心一再下，而行为却依然如故。在之后几天的日记里，他依然浮躁。

认识到了自己的浮躁之后，曾国藩一度想要找办法来解决，他强迫自己静下心来，在书房中认真读书，可是读起《易经》来一无所得，甚至连白文都不能背诵，读起书来就好像在当差一样，丝毫不用心。在日记里，曾国藩又一次谴责自己："平生只为不静，断送了几十年光阴，立志自新以来，又已月余，尚浮躁如此耶！"他耐心地分析了自己的心态，认为之所以整天和别人交游往来，无非是因为自己的虚荣心，希望可以获得别人的赞誉，这种心态让他不能安然忍受寒窗苦读的生活。于是，他一再告诫自己减少与别人的往来，逐渐改变这种心态，虽然他也知道这个病根深重，想去除并非一两天之事。

除了喜欢到处交友游玩之外，年轻时的曾国藩也喜好美色，此事在他的日记之中多次提及，并依旧充满自责。在道光二十二年十二月的日记中，曾国藩记录了自己看到朋友娶了美妾后"亵大不敬，言太谐戏"，对此他感到非常懊恼。在与另一位朋友谈话时，他也说出了不该说的话，日记中骂自己"闻色而心艳羡，真禽兽矣"。

由于被这种私欲所占据，就算智慧的曾国藩也被世俗所困扰，原本引以为傲的理学研究也被荒废了，每次和朋友谈论理学时，他都说不出什么真知灼见，而遇到有人宴请喝酒，做一些无聊之事来打发时光时，他倒心甚欢愉。作为一个和常人一样有着各种欲望和毛病的曾国藩，最后却可以取得足以傲视世人的成就，当然不是因为他的玩乐功夫，而是因为他能够清醒地认识到自己，并终于果断地一改昔日所为，真正做到"截断根缘，誓与（恶习）血战一番"。

为了实现自己"澄清天下之志"的愿望，曾国藩为自己立下三戒：一戒吃烟，二戒妄语，三戒房榻不禁。他认为一个人沉溺于烟、妄语、房事都会对事业有碍，尤其在外人面前，他更要求夫妻之间不能过于亲密。而随着年龄的增长，曾国藩在这几方面的表现越来越自制，生活作风也越来越严谨。他认识到自己是因应酬太多导致精神很难集中，所以总是出错。吸烟对于曾国藩也产生了很大影响，他曾以自己为例告诫曾国荃："精神要常令有余，做起事来才能精气十足而不散漫，说话太多，吃烟太多，故致人困乏"，要求曾国荃一定要避免自己曾经犯过的错误。

曾国藩戒烟是从道光二十二年十月开始的，其间忍受了很多烟瘾带来的痛苦，以及无聊枯燥的日子，"乃以初戒吃烟，如失乳彷徨，存一番自恕之意"，他就好像是一个断乳的婴儿一样，忍受着没有烟的日子，最后终于战胜了对于烟的沉溺，同时还戒除了其他恶习。他在不断的调整过程之中，让自己更加完善。

5.4 以高远志向为引导

一个人要想有所作为，必然要为自己树立志向，不同的人因为志向不同而走上了不同的道路，结局自然也大相径庭。树立什么样的志向，代表着一个人未来的走向，决定着他未来的事业和人生。曾国藩能够卓尔立世，正是因为他拥有不同于普通人的志向，让他不断地朝着目标靠拢，获得了非同寻常的成就。

年轻时代的曾国藩并没有什么远大的志向，他不过是通过自己的父母和私塾来学习一些经典典籍，所追求的也只是能够在考场之中力压群雄，根本不会去想成就自己以及影响世人等事。然而随着年纪的增长，曾国藩也显示出不同于其他兄弟的悟性，这令其父甚为欣慰，也一度让他父亲觉得自己的才能已经不足以教育儿子。为了让曾国藩有更好的提升，父亲将他送到衡阳，拜汪觉鹿先生为师，再次学习了一年。这一年的学习让曾国藩走出了家乡小镇，看到了外面的大千世界，心中的豪气也倍增，他锐意进取，希望可以获得更多的见识。后来，他又在涟滨书院就读，获得了刘元堂先生的欣赏，在他的悉心教导之下，曾国藩也脱胎换骨，开始追求一个全新的自己。

为了表达自己的远大志向，同时也与过去懵懂的自己告别，曾国藩将原来的字伯涵改为涤生。这是一个寓意深刻的名字，曾国藩将其解释为："涤乃涤其旧污之染"，意思是要将原来不好的习惯、脑中落后的思想都涤荡一空。而"生"的意思则是"从前种种譬如昨日死，以后种种譬如今日生"，预示着一个全新的曾国藩已经诞生了，从此要告别原先那个懵懂无知的自己，成为有抱负的自己。智慧的渐增让曾国藩觉得自己正在走向新生，他为自己定立了一条座右铭："不为圣贤，便为禽兽；不问收获，只问耕耘。"这也成为曾国藩一生都在实践的人生目标。

在开启志向之门后，曾国藩便立志要成为一名君子。而他更认为君子立志，应该有包容世间一切人和物的胸怀，在内以圣人所称颂的那些道德为体，而在外则以王者仁政为用，只有这样才能建立功业，对得起自己父母的生养，成为天地之间的一个"完人"。这是典型的儒家道德观，曾国藩深受儒家思想的影响，因此，他所忧虑的是自己的德行不修炼，学问不精通，沦为一个无任何所长的常人。当万民得不到教化时，曾国藩便认为自己应该深深忧虑；当蛮夷开始入侵自己的故土时，作为君子的他会深深忧虑；当小人在位而贤德之人受到迫害时，他也会深深忧虑；当百姓们都不能因为自己而获得恩泽时，他更会深深忧虑。所有这些，都是对于万民、国家和朝廷的忠诚，更是悲天悯人的情怀。在曾国藩的价值观中，这些才是一个人值得为之拼搏奋斗的事，才是值得自己奔赴的远大志向，至于一己之伸曲，一家之饥饱，自己的荣辱、贵贱甚至别人对自己的毁誉，都无暇顾及。

确立了经世济民的远大志向之后，曾国藩还时常用诗文来表达自己的愿望和抱负，他十分自信地在诗中写道：“荡荡青天不可上，天门双螭势吞象。豺狼虎豹守九关，利齿磨牙谁敢仰？群乌呀呀叫紫宸，惜哉翅断难长往。一朝孤凤鸣云中，震断九州无凡乡。”诗中的曾国藩对自己的未来充满了向往，并坚信自己终究会有一天如同云中展翅翱翔的凤凰一样，不鸣则已，一鸣惊人，令九州都为之震动。此时的曾国藩虽然年轻，但是却将自己定位成一棵生长在山间的巨大木材，终究有一天会成为国家的栋梁之材。他常常将自己比喻为李斯、陈平、诸葛亮等历史上的豪杰人物，幻想着从布衣成为一代名相，为国家作出贡献。

曾国藩的远大志向，令他在钻研学问、提升自己的过程中充满动力，从他的治学之中也可以窥视到他对自己未来的规划。普通人治学无外乎想要跻身仕途，或者通过学问来光耀门庭、获得财富，而有一些人则通过治学来陶冶性情，消遣自娱。而曾国藩虽然是通过科举考试才获得进入仕途的资格，但他却从未将自己治学的目标放在科举上，甚至曾一度认为科举是钳制心智、残害性情的凶器。在他的认识之中，治学是为了“修身、齐家、治国、平天下”，这是儒家所倡导的个人价值得到体现的四个途径。简而言之，曾国藩认为治学的目的便是进德与修业。

在为官之后，曾国藩写给家中诸弟的信里说：“吾辈读书，只有两事：一者进德之事，讲求乎诚正修齐之道，以图无忝众生。一者修业之事，操习乎记诵词章之述，以图自卫其身。”一方面，曾国藩继承了孔孟对于读书的观点，认为读书是为了让一个人的修养和道德情操得到提升，增长自己的才干，成为一个贤德之人。而另一方面，他也继承了宋朝理学家朱熹的学说，认为读书除了要明天理，让自己修身之外，还要做到齐家治国，甚至对社会作出贡献，让自己无愧于天地君亲。

从孔子到朱熹，儒家学说的继承者都认为读书不应该只是作为消遣或者沽名钓誉，更要注重个人修养。而宋代陈亮又提出“经世致用”之说，将读书的作用扩大到报国为民，同时也可以修业谋生，让自身得到生存的基础，令读书成为一件更加实用的事。在前人的基础上，曾国藩通过提炼和感悟，提出了自己更为客观和切合实际的读书观。不为个人荣辱得失，而为明理；在维护自身之外，还应该以报效国家为最终目的。在曾国藩的认识中，读书已经从个人行为扩展到对于国家的意义，正说明他读书的目的是实现更为远大的志向，而不仅仅是满足谋生的需要，更不是为了追求功名利禄等庸俗目标。

以“不为圣贤，便为禽兽”鞭策自己不断追求进取，以“修身、齐家、治国、平天下”作为自己的基本信条，曾国藩“朝为田舍郎，暮登天子堂”，通过自己的努力走出湖南走到京都，并成为国家的中流砥柱，为大清的中兴作出不可磨灭的贡献，他成为了一代封疆大吏，也成就了自己非凡的人生。

5.5 废学无以成才

从懵懂无知到经天纬地，从闭塞含混到学贯古今，一个人的成长离不开学习，读书是让人的精神获得茁壮成长的最佳途径。曾国藩的一生不管处世为人或者为官立业，都非常成功，而获得这一切的基本技能便是从学习中而来，从书本中而来。他治学有方，所以才能通过读书走上仕途；在朝廷出现危难之际，他又从一介书生蜕变成了一位难得的将帅，也正是从读书之中领会了行军打仗的艺术。能够做到报效国家，能够明道经世，曾国藩的一切成就都与他爱学习有关。

曾国藩曾经说：“废志无以成学，废学无以成才”。在他来到京城之时，正是清政府内忧外患相交迫的时候，在外有英国不断骚扰，而在内又有太平军四处举事，除了人祸之外，天灾也不断侵袭，黄河决口令无数百姓民不聊生。基于这种社会现状以及他本身拯救苍生的志向，曾国藩读书向来以经世致用之学为主，他认为学习的目的就是提升自己，以便为国家和百姓去做更多的事情。而闲暇之时，他又会针对军政大计以及各种政务需求，来选择阅读大量的古代典籍，通过古人的警示来考量现实的问题。通过长时间的学习积累，曾国藩一旦受到重用便立刻将所学拿出来应用。在太平军声势最为浩大的时候，曾国藩被委以重任，他一介书生带领军队赶赴战场，虽然遭遇了不少坎坷，但最终镇压了太平军，令朝臣都深感意外。他们只知道曾国藩有十多年都在京城做安逸的京官，有十多年都在京师名流之间交际应酬，却不知道他有十多年都坚持不懈地攻读着各种经世致用的书籍，随时都在准备着应对时局变化，随时都在关心着时务，随时都在虚心研究着各种学问。由此可见，任何人的成功绝对不是侥幸而来，都需要经历长期的储备和坚持。

按照清政府政务分配，由六部来分管全国的各类事务，而其中除了户部之外，曾国藩曾经在礼部、吏部、兵部、刑部、工部等五部担任过侍郎。这一经历让曾国藩掌握了各个部门不同的工作内容和技巧，也对全国的时局了解得更加清楚。而在担任这些职务期间，曾国藩也会依照自己所管理部门的工作特点，专心地研究有针对性的典籍，通过学习《通典》与《资治通鉴》等诸多的经典著作，再协以他本身的工作实践，令其洞悉了清代的政情利弊所在，对于官场风气也更加了解。虽然人在京城，可通过学习，曾国藩也对全国的山川形势以及民生疾苦了然于胸，学习让曾国藩的智慧得到了最大限度的提升，令其可以适应各个部门不同的工作，就算是从刑部忽然被调配到礼部担任职务，他也能很快地掌握工作要求，并作出出众表现，因为长期储备的知识让他对各类官场规则都了如指掌。

在从内阁学士升为礼部右侍郎时，曾国藩虽然公务繁忙但他依然没有放弃学习，因为他知道自己虽然有志，但若废学，那么所有的志就不再有机会变成现实。要想实现更为远大的政治目标，就需要不断充实和提高自己，耽于当前的成就并不是曾国藩所愿。在此期间，虽然不断有人登门道贺，但曾国藩却一直避而不见，他认真研读了清代道光以上历朝的文献记录，对于发展趋势有了更清晰的掌握。在目睹时局危急而政风却一片萎靡后，曾国藩内心非常焦急。恰遇皇帝下诏求言，请百官各抒己见，对时局发表自己的看法，曾国藩参照文献记录，立刻上书指点时务，令清廷当局对他的谋略远见非常赞同。

曾国藩不仅自己非常热衷于学习，更不断影响着身边的人勤学不止。在平定太平军时期，窗外战火纷飞，而作为统帅的曾国藩也百务缠身，但他依然抽出时间来学习，并大力推介自己认为值得一读的书籍给湘军的将领们。王船山的著作是曾国藩非常推崇的，他将其推荐给不少湘军将领，让他们都积极参与阅读，在湘军上下形成了倡导船山之学、研读船山之书的浓郁气氛。在他不断推动之下，王船山的名气也越来越大，被更多人接受和推崇，湘军的将帅们也因此出现了诸多成就卓然者。

为了方便大家学习王船山的著作，曾国藩兄弟二人曾经刊刻了《船山遗书》，将其赠送给湘军将领共同学习，使得当时的湘军都以儒家道统为自己的思想信仰，将王船山著作当作“千秋金镜，帷幄珠囊”。曾国藩也反复阅读学习《船山遗书》，尤其对于其中《读通鉴论》《宋论》等史论性著作烂熟于心，多次与众人分享自己的心得体会。在他的带动之下，湘军也从传统文化宝库之中广搜博取，以求治国用兵之道，为军政实践服务，掀起了学习热潮。湘军将领郭嵩焘撰文说：“军兴以来，湘人起文学任将帅，肩项相望。一时武健强力，多知折节读书。军行所至，闻弦歌之声。”从一介书生而投笔从戎，正是因为曾国藩不断倡导学习，才让这些文人一跃而成为统兵作战可独当一面的将帅之才。

对于读书学习的执著，让曾国藩可以不断汲取新的力量，这种汲取并没有因为他功成名就而停止，终其一生，他都没有停止过学习。1871年，曾国藩的身体已经濒临危险边缘，但他还是坚持不懈地学习，并写了几句箴言来督促自己：“禽里还人，静由敬出，死中求活，淡极乐生。”对于身体所遭受到的病痛，他认为是“暮年疾病事变，人人不免”，因此不能成为自己放弃学习的理由，所以依旧坚持读书，并体味其中的乐趣。二月十七日，在曾国藩的日记里记述：“前以目疾，用心则愈蒙；近以疝气，用心则愈疼，遂全不敢用心，竟成一废人矣”。可见此时的曾国藩身体已经非常虚弱，眼睛和身体的疼痛已经让他不能再坚持读书，而他却认为不读书才会真正让自己变成一个废人。

1871年秋冬时，曾国藩的身体每况愈下，他的日记中记述：“脚肿愈甚，常服之袜已不能入，肥而复硬，且似已肿过膝上者。”此时的他身体已经浮肿到连袜子都穿不进去，却依然坚持读书：“大约作文及看生书，俱嫌用心太过，有损于血，而气不能运化，故至于此。以后当不作文，不看生书。”虽然规定自己以后不能写文章、看新书，但没过多久，扬州便有人送来一本他未曾读过的书《许周生集》，一拿到手曾国藩便又从头到尾全神贯注地通读起来。此后他更是违背了不读生书的原则，坚持阅读了《居易金箴》《王霞九文集》，以及日本人所著的《新论》和翻译书籍《中外古今年表》等。1872年3月，前河道总督苏廷魁路过金陵，曾国藩出城迎候，在去的路上他还背诵《四书》，阅读《二程全书》，不断研习理学著作。

曾国藩终其一生都没有放弃过读书，不仅是为了提升自己，更是因为读书已经成为他生活的方式，成为他的习惯。他不断告诫后人子弟，要想有所成就，就必须勤于学习，善于学习，而他也用自己的一生实践着这一箴言。

第六章
用心编织人际网

要想获得成功，就必然要用到别人的力量，单靠自己未免显得单薄，而获得别人的帮助就能事半功倍、更快达到目的。智慧的人可以抓住机会，寻求与别人的合作，帮助了他人也成就了自己。

6.1 合作互助更易成功

在官场仕途之中寻求成功，所遇到最大的困难，往往是来自于自己的同僚。因为名位相当的人之间，当涉及利害关系时，总是免不了要出现争斗，以至于暗中使出诡计，就算不会采取计谋，也难保会生出异心来，这也是同僚之间往往会形成斗争关系的原因。

在我国封建社会政治体制中，宋代之前的官僚体系所设立的权责划分非常明确，在不同级别的官员之间都有明确的统属关系，任何一个人都会被另外的一层关系监控，因此每个职位的人只需要做好自己的本分事，向自己的直属上级汇报就可以。但是从宋代以后，为了让官员之间形成牵制，互相监视对方的行为和权责，统治者有意设置了很多权责重复，甚至同属关系不明确的职位，这导致了很多职位的人权责不明。这一趋势到了清代则愈演愈烈，简直将权责不明的现状发展到了顶峰。以一个省份为单位，其中布政使和按察使分别作为省份最高级别的行政和监察司法长官，他们负责该省的主要事务。然而朝廷又会下派一名巡抚，以中央监察官的身份来插手该省的管理，名义上是为了协调布政使和按察使，而实际上却是为了牵制这两个职位的人，让他们不至于一方独大。按照清廷的规定，两个省要设立一名总督，负责管理这两个省的重大事务。一般来说，布政使、按察使和巡抚都会在省会驻扎，而如果该省的省会经济发达，较为繁荣，那么总督也会在这里驻扎。由此就会导致出总督、巡抚、布政使和按察使都同驻一城，权力之间的互相牵制固然会很有效果，但同时也会出现权力重叠的现象，以至于矛盾不断。更有甚者，在出现问题的时候，会互相推诿。

除了官僚体系的权责不明之外，清廷在军事管理上也采用了类似的做法，当地政府所设立的武官系统是为了管理当地的军队，而驻扎在这里的军队中又会设立驻防将军，自成一套军事管理体系。正因为这种重复的管理体系，在一个军事重镇中会出现数位不同体系但权力和职位又相当的武将，而他们之间又没有互相统属的关系，导致没有人能够统一管理。这种体制导致在战事出现的时候，各级武官都会认为是对方的责任，以至于互相推卸职责。在发生战争的时候，因为不能统一调度，很难有一致的行动，竞争者之间便很容易设立诡计，在战场上陷害对方，导致战争失利。种种官场恶习，在军队之中亦复如是。

面对冗杂而纷乱的清政府官僚体系，曾国藩深感头疼，因为他也是这个体系之中的一员。与自己的心腹幕僚赵烈文探讨这件事时，他说："要想在这样的环境之中获得成功，就必须学会与别人相处，'大厦非一木所能支撑，大业凭众人智慧而完成'。"赵烈文向曾国藩请教，能够从如此境况之下获得成功，非一般人所为，而曾国藩却可以建立前无古人的功业，所凭借的是什么呢？曾国藩深思之后认为：自己和湘军之所以能够获得成功，正是因为湘军是一个团结互助的群体，成员之间互相帮助、互相合作，其中最具代表性的便是胡林翼。

曾国藩和胡林翼之间的互助合作是清朝官场上令人津津乐道的佳谈。因为外派做了贵州的地方官，胡林翼本身的官位升迁速度远不及做京官的曾国藩，在曾国藩做侍郎的时候，胡林翼才只是一个道员。然而胡林翼却是一个才华横溢的将才，在湘系将领之中，他是第一个手握实权的人。曾国藩曾经费尽心机想要获得巡抚之位，为此还向朝廷主动开口申请，一度引起皇帝的不满，而胡林翼却在离开贵州之后很快便成了巡抚，掌握了地方的最高职权。此外，胡林翼还获得清廷权贵官文的大力支持，为他提供了军事管辖权力以及粮饷。凭着胡林翼当时的发展趋势，大有超越曾国藩的势头，如果他对于曾国藩的湘军并不伸出援手，曾国藩也束手无策。对此，曾国藩在自己的著作中也一再强调：如果没有胡林翼的帮助，湘军不可能这么迅速就发展起来，自己也不可能获得以后的成功，与胡林翼的合作是他最明智的选择之一，对于胡林翼给自己提供的帮助，他也毕生感激。

一个懂得合作互助的人，总是能够在对方最需要的时候伸出援手，因为通过双方的力量来达到共同的目的，这远比一个人奋斗要来得更为便捷。胡林翼和曾国藩之间的合作是长期的，他们之间并没有出现职权之争，有的只是肝胆相照。能够得到胡林翼的信任，让曾国藩的成功步伐加速。能够如此精诚合作，胡、曾双方共同的人生追求和相似的精神品质是关键所在，因为他们所愿皆非常人眼中的富贵荣华，而是国泰民安。因为有这样共同的志向，胡林翼丝毫不介意自己的巡抚身份，而是处处都将曾国藩推到最前面，多次在朝中为曾国藩请命，宣扬他的功绩；同时还不断告诫曾国藩不要过于谨慎，用善意的批评来督促曾国藩不断进取。就连曾国藩向往已久的四川总督一职，也是因为胡林翼向官文进言，才让朝廷颁布任命的。

胡、曾二人的互助与合作不仅体现在官场之上，更体现在他们的大局意识之中。胡林翼具备超凡的战略眼光，他曾经对曾国藩说：“湘人起兵已经四五年，保湘取鄂，征赣战皖，所到之处都建立了战功。但是现在最大的问题却是实力分散，各自为政，薄弱环节太多以至于给敌人留下机会。古人说：‘兵聚而气益固，将聚而兴稍浓’，如果可以合我湘人之力，或许可以开创一个新局面。”曾国藩对于他这个提议深表赞同，两个人同心合力，让湘军的将领们更加团结。

在为官、作战等多个方面，曾国藩都得到了胡林翼无偿的帮助和提携，让他避免了很多麻烦。而对于胡林翼，曾国藩也时常怀抱着互助之心。在湘军攻陷了安庆之后，曾国藩终于得到了一个报答胡林翼的机会，他立刻修书上奏朝廷，为胡林翼请功。在奏折中，曾国藩大力强调胡林翼的贡献："湘军围困安庆，已逾两年，其谋始于胡林翼一人赞画决策，商议于臣及官文，并遍告各统领。前后布置规模，谋剿援贼，皆胡林翼所定。"在他的请命之下，朝廷对于胡林翼在本次战役中的军功给予肯定，九月二十九日，肃顺发下上谕：以湘军攻占安庆之功，加赏胡林翼太子太保衔，并颁骑都尉世职。这个职位比曾国藩自己所得到的太子少保衔还要高一等，但曾国藩却丝毫不介意，并深深地为胡林翼终有所赏而感到欣慰。

在朝廷加赏胡林翼的谕旨到达武汉的时候，胡林翼却因战而为国捐躯，曾国藩听到消息之后非常悲痛，在当天的日记里表达了对胡林翼的盛赞："赤心以忧国家，小心以事朋友，苦心以护诸将，天下宁复有斯人者哉！"对于曾国藩而言，他失去的不仅是一个同僚，更是一个坦诚的朋友，而在胡林翼之后很可能再也没有人能够像他一样真诚协助湘军了。

要想获得成功，就必然要用到别人的力量，单靠自己未免显得单薄，而获得别人的帮助就能事半功倍，更快达到目的。智慧的人可以抓住机会，寻求与别人的合作，帮助了他人也成就了自己。曾、胡的合作，不仅成就了胡林翼的从政之路，也成就了曾国藩的宏图大业。

6.2 选择正确的人同行

人处于社会之中，必然要建立不同的社会关系，除去家庭之中的亲人，一个人一生之中建立最多的便是朋友关系。俗语云：人以群分，正是说明不同的人会选择不一样的朋友，而他们所选择的朋友必然会和自己相像。朋友对于人的影响不言而喻，选择什么样的朋友，便可以说是选择了什么样的人生。

曾国藩有自己独特的处世经，自然也有他非凡的交友经，他一生所取得的成就，不管是官场、学问还是道德方面，都受到了朋友的影响，处处都有朋友砥砺之功。因此，曾国藩非常明白选择朋友的重要性，无论什么时候，都十分注意交友，特别愿意和那些德才兼备的人成为莫逆之交。

在曾国藩所结交的朋友之中，有一些人可以为他出谋划策，开启智慧，让他看到更多未知的事情；而有一些人则对他非常赏识，因为有相同的志趣而不断提供帮助，让他获得提拔；更有一些人在危难之中会挺身而出，为他两肋插刀。他们从不同的途径和角度烘托了曾国藩，在他的人生和事业之中都起到了重要作用。让曾国藩成为“中兴第一名臣”的湘勇团练事件，正是在他的朋友督促、建议之下才达成的，如果当时没有朋友们一再奉劝，也许曾国藩就会错过这个与其一生功业关系极大的机会。

1852年的6月，被任命为江西乡试考官的曾国藩正匆忙赶往江西，却在到达安徽的时候听到了自己母亲去世的消息。悲痛万分的曾国藩只好掉转方向，从九江一路赶赴湖南。

此时的湖南已经到处都是太平军的影子，毫无招架之功的清军在太平军的追击之下节节败退，在曾国藩沿着长江到达汉阳的时候，长沙已经被太平军占领，他迫不得已只好由水路改走旱路，从宁乡到达家乡湘乡。而他刚到家不久，就接到了朝廷任命他留在原籍襄办团练事务的谕令。

在声势浩大的太平军攻击之下，丝毫没有抵抗能力的清军已经不能为中央政府提供有力的保护，岌岌可危的清政府慌忙让地方官举办团练，希望通过地方力量来遏制太平军的势头。同时，对于那些回到原籍的官员，清廷立刻任命他们为团练大臣，希望他们利用自身对地方比较熟悉的优势，发挥其在地方的号召力，组织武装来对抗太平军。慌张的清廷统治者一月内便任命了四五十人作为团练大臣，仅在山东一个省份就有十三个人得到任命，而曾国藩也因为老师唐鉴的一再保荐，获得了这一任命。

得到任命的曾国藩正沉浸在母亲去世的悲痛之中，沿途又看到了清军的软弱无力，因此根本无心去组织团练。他虽然以热孝在身为由，意图拒绝这一任命，但看到太平军的发展势头越来越强劲，一度逼近湘乡，也令他骑虎难下。

在当时的湖南，太平军虽然不断获得胜利，却引起了地方乡绅和官员们的反抗。因其崇拜天地，迷信《新约》，用全新的宗教和在中国持续发展数千年的儒教思想对抗，所到之处毁坏了无数的学校，还将孔庙捣毁，对于那些拥戴儒教而不愿低头的士子，更是进行惨无人道的杀害，这些行为都激起了士人保卫乡邦的激情。曾国藩的很多朋友，都纷纷出面，劝他立刻出山，组织团练对抗太平军。这其中有曾经被曾国藩举荐的江忠源、罗泽南，也有当时在做私塾老师的左宗棠，以及云南巡抚张亮基。罗泽南不仅恳切地劝说曾国藩出山，还组织培植了诸多乡勇来支持他，其弟子之中的王鑫、李续宾、李续宜、杨昌俊等人，后来都成为湘军之中可独当一面的勇将。

虽然劝说诸多，但曾国藩还是不能做出决定，他认为母亲的灵柩还没有获得安葬，自己便贸然出山，有违守制大礼。同时，他也深知自己只是一介书生，并不懂得行军布阵，如今真的投身战场，恐怕会因为处理不善连性命都不保，更别提官职了。另外，曾国藩也考虑到当时清廷官场和军队的习气，自己只是一个京官，忽然操办团练，插手军队中的事务，就必须面对军队腐败的风气，想要办成一件事就得处处受挫。率兵打仗不是一个人的事，需要人、武器和军饷，这必然会让他和上下级的官员发生纠葛，遇到的困难也不可想象。思及这些，曾国藩还是决定不参与团练的事，他一边拒绝了张亮基、罗泽南等人的劝说，一边写奏折辞谢了皇帝的任命，并请求允其在家乡为母亲守丧三年。

眼看着曾国藩就要错过人生之中这一重大的转机，他的朋友也都非常着急，恰逢太平军攻克武汉开始反攻湖南，形势也变得更加紧迫。曾国藩的至交郭嵩焘在了解到他拒绝了张亮基之后，便连夜赶赴曾家，找到曾国藩进行劝诫。

郭嵩焘的到来让曾国藩感到非常高兴，但不出山的决定却未曾动摇。当时郭嵩焘为他仔细分析了当时的局势，他告诉曾国藩：朝廷任命他为团练大臣，一方面是因为其老师唐鉴的举荐，让咸丰帝对于他有了更深层的认识和信任，同时也是内阁学士肃顺和恭亲王的推荐，他们都极力保举，认为曾国藩堪比林则徐、陶澍等忠臣，是值得倚重的人选。能获得这些人的举荐不是一件易事，他不应该轻易放弃而让这些人失望。此外，郭嵩焘还为曾国藩分析了太平军的劣势，认为他们已然激起民愤，我辈出兵卫道是争取民心的作为，正好可以应天命、顺人心、灭洪杨、振国威。而这一番功业如果可以建立，便是一个展宏图的大好时机，此天赐良机怎么能够轻易错过呢?

在郭嵩焘的说服之下，曾国藩终于认清了摆在自己面前的不是一次普通的机会，它不仅可以为国为民，更能够为自己打造前途，而云南巡抚张亮基又肯为自己提供协助，可谓天时地利与人和都具备。但此时他唯一担心的便是自己正在守丧，如果出山会被人讥笑，认为他满嘴仁义道德，自己却不守孝道。郭嵩焘告诉他：现在正是国家用人之际，皇帝下令让回籍官员举办团练，已经有多个奔丧的官员开始出山，无须顾虑此事。为了消除曾国藩的担心，郭嵩焘还恳请曾国藩的父亲曾麟书出面，让他催促曾国藩。因上有皇命，下有父命，此事也就名正言顺了。

在友人的不断排解之下，曾国藩终于下定决心举办团练。他安排好家中之事便出山为国尽忠，从此走上了“中兴大清”之路。如果没有好友竭力相劝、晓以大义，他也不会做出这一选择，正是在关键时刻掌握了进退显隐的时机，才使他的事业获得了拓展。

6.3 宽容豁达，方得人心

曾国藩曾经说：“概天下无无暇之才，无隙之交，大过改之，微瑕涵之，则可。”这是他与人交往过程之中一项基本原则，对所有的人都保持着宽和的心态，豁达地对待那些有错误和缺陷的人，只要他们可以改正自己的过错，对那些细小的不足便概而涵之，不再去计较了。之所以有这样的原则，是因为曾国藩认为人都不是完美的，每个人都有自己的缺陷，也有自己的优势，不能因为一个人的缺陷而无视其所长。在与人交际的时候，如果自己可以做到胸怀坦荡，虚怀若谷，以诚意来对待每一个人，就一定能够得到别人的信赖和真诚相助。曾国藩正是因为有这样的意识，弃短而取长，对身边的人因势利导，才能够得到那么多人的帮助，并让湘军出现人才济济的盛况。

宽容地对待每一个人，对别人的缺点不去挑剔，对别人的错误豁达地理解，这种心态曾国藩在年轻的时候便已经具备了。他在湖南岳麓书院求学的时候，便以豁达宽容获得同学们的喜爱。在书院之中有一位性格暴躁的同学，对别人总是百般刁难，看到曾国藩的书桌放在窗口最明亮的地方，他便非常不满地说：“你在那里，完全将我的光线遮挡住了，这让我们怎么读书呢？”虽然也有同学指出曾国藩的位置一直就在那里，但听了这种挑衅的话，曾国藩自己还是笑了笑，默默地将书桌搬离了窗口，给这位同学腾出地方。到了晚上，曾国藩掌灯读书，这位同学也觉得吵到了自己，不耐烦地说：“夜深了还要鼓噪！”曾国藩听了便改为默读。不久之后，经过努力学习，他在同学之中脱颖而出，考取了举人，这位同学仍不服气地说：“不过是夺取了我的好风水。”同学们听到都为他抱不平，而曾国藩却一笑了之，并不去与他计较。看到曾国藩一直和颜悦色，丝毫不在意同学的无理取闹，反倒让这位同学感到惭愧起来。

年轻时代就可以做到胸怀宽阔，对于成长中的曾国藩来说难能可贵，他将这一优秀品质保持了一生，让自己身边的人都体会到了他宽厚的个性，从而更加愿意与之为伍，成为他终生的朋友，在他需要帮助的时候，自然尽心尽力。

不仅对于同学和同僚保持着宽容的心态，曾国藩对于后生晚辈也总是心胸豁达，从来不去计较，让后辈们对他也倍加赞誉。新宁的刘长佑是曾国藩旧交的后代，他因为拔取了贡生，所以来到京都参加朝考。此时的曾国藩已经在京城获得显贵的身份，是清廷之中握有实权的权贵，并且被咸丰帝钦点为阅卷大臣。如果在朝考之中获得他的赏识，势必会对一个人的前途产生深远的影响。刘长佑的父亲曾托付曾国藩照顾自己的儿子，他欣然答应并叫刘长佑将自己的楷书送来，以便先认识他的字体。然而年轻气盛的刘长佑却坚持不肯给他，认为自己可以凭借本身的才能在考试中获胜，无须别人的帮助。虽然欣赏刘长佑的志气，但曾国藩屈尊索要而被拒绝仍是一件令人脸上无光的事，刘长佑也非常担心自己此举会让曾国藩记恨。然而，他却丝毫没有将这件事放在心上。

后来，刘长佑果然仕途平坦，并一路做到了直隶总督的位置。当时捻军势力正旺盛，对于直隶地区产生了巨大的威胁，皇帝让曾国藩和刘长佑合作攻打捻军大营，由曾国藩负责分击，而刘长佑负责合围。制定好战争策略后，刘长佑撰写了奏章想要申报给朝廷，有人提醒他："曾公要是对于这个计划不满意怎么办？还是要先问一下他的意见。"可是刘长佑却说："我们只需要考虑这件事应该怎么去做，问题要怎么解决，要是因为怕他而畏首畏尾，就是违背了我做事的初衷，曾国藩有什么可怕的呢！"这一番言论从幕僚口中传出之后，大家都深感刘长佑年少无知，不该对曾国藩如此冒犯。然而当曾国藩看到奏章之后，却认为刘长佑的策略非常正确，表示自己完全赞同。

如此三番五次地挑衅，曾国藩却一直虚怀若谷，丝毫不以为意，大家都非常佩服他的心胸，而刘长佑在得知曾国藩对自己的计划非常支持后，对幕僚说："涤翁（曾国藩）对于这些事能够做到没有一点芥蒂，全是由于他有圣贤的品德才能达到啊！"此后，刘长佑对于曾国藩非常尊敬，总是谦虚地请教他的意见。

器量宽宏本身就是一种人格魅力，那不仅是对别人的忍让，更是对自己的自信。曾国藩的雅量大度，让他在官场之中多了很多朋友，而少了很多敌人，因此为他挽回了很多损失。

曾国藩向来礼贤下士，对于各种来投奔自己的人都倾心相待，可是因为求才之心过于迫切，也就难免会遇到行骗之人。曾经有人冒充校官来投奔曾国藩，以高谈阔论和议论风生吸引了他的注意。此人投其所好，凡事都能分析出一堆条理来，让曾国藩刮目相看，自然对他倍加重视。有一次，曾国藩邀请他对自己军中之人进行评价，此人观察了湘军大营之后，煞有介事地告诉曾国藩："军中多豪杰俊雄，但有两位君子更令我刮目相看。"曾国藩忙问是哪两位，他说："正是徐宗赢与郭远堂两个人。"此二人正是曾国藩所看重的湘军年轻将领，因此他大为欢喜，将此人任命在船厂建造船炮。

孰料自以为收罗到人才的曾国藩还没有高兴几天，就被人告知此人携带数千金私逃，请求曾国藩立刻发兵追捕之。而他在沉思良久之后，居然说："就放他走，不要追了。"别人都不明白原因，便问他为什么，曾国藩笑着说："这个人虽然欺骗了我，但我不愿与他计较。此时捻军气焰正猖獗，他不过是为了骗钱，如果发兵追捕，逼之过急，反而让他投奔敌营，为害实大。区区千金，与本人受欺之名皆不足道。"众人听了他的话，才明白他宁肯咽下这口气原谅这个人，也不愿因此而坏了大局，这正体现出曾国藩的宽宏心胸与卓越远见。

凡能够谋划大事的人，必然会有自己的一套谋略。但身处社会与官场之中，又必须要学会心随群英之意，口随广善大众。曾国藩深明此理，所以才以宽和大度之态交友处世，不但为自己博得了众多人的鼎力支持，更避免了许多不必要的麻烦。

6.4 编织人脉网络

随着社会的进步，社会关系成为人类社会之中最为高级的网络形态，它网罗着不同的人，在人们之间建立起联系，让资源得到流通，也让人与人之间更加亲密。生活在社会底层的人，其社会关系非常简单，但随着身份地位的提升，人的社会关系也会逐渐变得复杂。曾国藩曾经说：“人生在世，个人不可成事也，欲成大事，须营运关系，借他人之力以成自己之事。”可见他对于人脉的重视程度。

对于身处官场的曾国藩来说，社会人脉不仅仅是友道，还会涉及互相借助和利用的方面。曾国藩认识到人脉的重要性，自然也会细心地经营自己的人脉网络，这种经营随着他地位的提升而逐渐升级，促使他不断与别人牵手，并努力维持着网络的稳固。

从乡野草民到二品大员，曾国藩曾经在清政府中央的十余个部门担任过职务，同时还做过两江总督等要职，由此可见他的人际关系尤为复杂。从曾国藩的日记之中，可以窥视到他对于自己人脉网络的经营状况，道光二十一年（1841）的春节，是他在京城度过的第一个春节，这一天的行程足以反映出他各个层级的人脉网络。

大年初一的早上，曾国藩早早就起床，作为翰林院中的庶吉士，他要参加黎明时分在太和殿举行的朝贺大典。这是每一个京官都要参加的重大仪式，能够参加这个仪式本身也是一份荣耀，曾国藩自然倍加重视，天不亮就要进入紫禁城等待。等到隆重的仪式结束之后，他才能回到家里，给自己的祖宗和父亲等长辈拜年。在封建社会之中，君主的地位是至高无上的，服务于君王的官员们自然要以帝王为先。所以必须等到随着帝王拜祭了天地，朝贺了君主，才能回到家中向祖宗跪拜。

在拜了祖宗之后，接下来的四天里，曾国藩按照不同的层级开始了自己马不停蹄的行程。他首先拜年的是自己的老师，他们是曾经提携、教导过他的人，在各级考试之中为曾国藩点拨或者担任主考官的官员也都在此列，其中大多数自然也在朝中担任着重要职务。

处于曾国藩第二层级拜年名单之中的，是湖广同乡。虽然当时的湖南已经设立了独立省份，但是清代时还是归属于湖广管辖，因此，湖广同乡不仅是指那些湖南籍的官员，也包括湖北籍的官员。在封建社会的

官场之中，同乡之间往往会自然地形成一个团体，互相提携指点，成为一个利益共同体。因此，同乡是人脉之中最重要的一环，因为有同乡之谊，人们似乎也更容易接近，彼此理解，自然也就更亲近了。

拜完同乡之后，处于第三级名单之中的便是同年，即那些曾经一起拜师或者参加考试的同学。在曾国藩的日记之中，对于自己的同年有详细的划分，在甲午年间参加乡试的同年和在戊戌年间参加会试的同年都在他的拜访名单之中。这些同年因为一起参与了竞争而产生了情谊，在地位和职权上往往属于同级，互相之间的影响也最大，经常需要一起协作完成任务。曾国藩对这一批人也非常慎重地对待，力求每一个人都亲自去参拜，建立起良好的关系。

不同层级的人脉，曾国藩有不同的策略与之交际，在言谈与礼节方面也会有不同的原则。师长辈分的人脉，曾国藩在交往的过程之中谨遵一个“敬”字，这些人不仅在年纪上要比他大很多，在社会地位和职位上也要比他大，因此曾国藩总是毕恭毕敬。譬如他的老师吴文熔，每到过年过节的时候曾国藩都要亲自登门拜谢，就算平日里也总是非常恭敬。当吴文熔升任为江西巡抚时，曾国藩为其送行，一直将他送到彰仪门外。另一位老师祁寯藻，也同样深得道光皇帝的宠幸，曾国藩对他也非常恭敬，平日里来往不少，而祁寯藻生日的时候，他更是用心亲笔撰写字画相赠，表达自己的诚意。

在和同乡交际的时候，曾国藩所遵守的是一个“谨”字，毕竟朝廷对于结党营私非常在意，而曾国藩自己也不愿意加入任何权力集团。所以对于同乡，他一方面表现出乡亲之间的欢愉，让大家都感受到同为两广人士的亲近，另一方面也保持着距离，轻易不去谈论和触碰不在自己职权范围的事。在主持湖广会馆事务时，曾国藩表现得尤为得体，他在每一次节日里都会组织湖广官员欢聚一堂，而平日里却不会任意地拉拢别人。这让大家都感受到了他的分寸。

在与同年交际的时候，曾国藩所秉持的又是一个“亲”字。曾国藩曾说：“同学情谊是最易相亲相近的。因为这种感情有共患难的经历，所以让彼此之间更有亲近感，而相似的级别又避免了因地位差别造成的尴尬。”所以对于同年之人，曾国藩总是表现得非常亲近，一旦谁有所需求，他一定会竭尽所能去帮助。这一支人脉是最具潜力的，未来的发展之中说不准会有谁突然飞黄腾达，而一人得道，势必会提携自己的同年一起前进，所以他们最易建立攻守同盟。

中国社会是一个充满人情的社会，从古至今都逃不开人情往来，在封建社会的官场之中，这一点尤其突出。在强手如云的环境之中要想脱颖而出并获得成就，就必须为自己营造好的环境。而一个人想要建立一番大的事业，更不能没有人脉资源对其提供帮助，因此建立并维护好自己的人脉是成功路上非常关键的一步。一个人的人际关系经营得优秀，人脉资源丰富，就意味着他会获得更多的机会，成功的可能性也更大。曾国藩的人脉经对于现代社会之中拼搏的人们也非常具有警示作用。

6.5 让人脉更巩固

中国社会有其独特的社会形态，人与人之间讲求良好的互动关系，不同的人组合在一起，将会创造出令人耳目一新的局面。而作为这样一个讲究人情的社会，人际关系便成为非常重要的事情，任何事情都离不开人与人之间关系的影响。

强者总是喜欢与自己实力相当的人站在一起，因为有才能或是有权力的人会通过强强联合让自己的地位和能量加强。在封建社会，为了让更强的人和自己联手，建造出一个更具能量的关系网，人们往往会通过各种不同的手段来巩固自己的关系。通过相同的志趣来成为朋友，或者通过相似的利益需求而达成合作，都是巩固关系的方式之一。而最传统的方式，莫过于通过联姻来实现联合，这也是中国封建社会之中最为普遍和常用的方式。

深谙人情世故的曾国藩对于人们巩固自身关系网络的各种方式都了

然于胸，他和自己的几个好友也是以不同的方式结交，并形成了稳固的关系，其中相同的志趣是基础，共同的目标则是纽带。

在曾国藩年少求学的时候，便和刘蓉非常有缘，他们一起学习程朱理学，后来又一起在湘乡书院读书。同学关系向来是曾国藩最为看重的，对于刘蓉这种具备相似趣味的同学，曾国藩更加倚重。在他离开湘乡去长沙学习时，也盛情邀请刘蓉与自己同往，两个人一起来到岳麓书院，关系极为密切。在这里，他们还结识了郭嵩焘，后来与其成为莫逆之交。

在曾国藩晚年的著作之中，他明确地承认刘蓉对自己的影响非常大，不仅在求学期间对于他的志向产生影响，更在入仕后成为他得力的帮手。相似的气质让曾国藩和刘蓉成为好友，而共同立志要建功立业，让他们的关系更加紧密。曾国藩的学业进步，离不开刘蓉的影响。

1851 年，回乡为母亲守灵的曾国藩接到清廷的任命，督促他组织团练抵抗太平军，而曾国藩犹豫再三，也是在郭嵩焘和刘蓉的反复劝说之下，他才走出了对于人生影响非常巨大的一步。在此之前，刘蓉曾经写信给曾国藩说："既已达而在上矣，则当行道于天下，以宏济艰难为心。"他认为曾国藩虽然在京城取得了一定的功名，但作为一个心怀天下的士子，不应该止于此，而应让天下百姓都得到自己的恩惠，应发挥自己的才能来赈济苍生。如果仅仅是"托文采以庇身"，那便是华而不实、舍本逐末的行为，违背了他们共同的志愿，人生的意义也就不存在了。犹豫不决的曾国藩在他的劝说之下，才逐渐改变了初衷，建立了以"救乱"为己任，以"殉国"为最终目的的志向。

通过刘蓉和郭嵩焘等人的劝说，曾国藩决心出山，而刘、郭应曾国藩的请求也打算助他一臂之力。但刘蓉却却对曾国藩提出了条件："服劳不辞，惟不乐仕宦，不专任事，不求保举"，他表明自己此举的目的并不是做官，而是为了帮助曾国藩，因此要求他不要给自己任何职务，也不要在上司和皇帝面前保举自己。这种不计功劳，只问付出的态度，让曾国藩非常感动。人人都以为只有那些在官场之中可以帮到自己的人才算人脉，而曾国藩却认定：这些肯为自己无怨付出的朋友，更是他最珍贵的人脉。

另一位对曾国藩产生深远影响的便是湖南湘阴县人士郭嵩焘，此人同样是他的至交。郭嵩焘本来是刘蓉的好友，他在岳麓书院结识了刘蓉之后，又通过刘认识了曾国藩，三个人因为是同乡而成为密友。在相互切磋学问的过程中，曾国藩和郭嵩焘的友情也逐渐加固，成为诤友。但是与曾国藩和刘蓉立志于建功立业不同，郭嵩焘更愿意将自己的兴趣投放在研究词翰之美上，他的目标是做一个名震千古的大学问家。这一区别让郭嵩焘的仕途发展与曾国藩大相径庭，他虽然中进士、点翰林，也曾经出任过苏松粮储道、两淮盐运使以及广东巡抚等职务，但仕途之中却充满了坎坷险阻。郭嵩焘身上浓郁的文人气质让他极为耿直，在出使英法、做兵部侍郎的时候，屡屡遭到别人弹劾，最终遭革职罢官。

虽然仕途不顺遂，志趣和个性特点也不相同，但曾国藩和郭嵩焘之间却一直保持着稳固的良好关系，在郭嵩焘两次进京参加礼部的会试时，曾国藩都曾热情地款待。发榜之后郭嵩焘发现自己名落孙山而情绪低落时，曾国藩也一再安慰，“力劝之，共酌酒”。对于这个落魄的朋友，曾国藩并没有因此而遗弃，相反地一再帮助他、关照他，他时常真诚地表达自己对郭嵩焘才华的钦敬，并予以鼓励，终于让郭嵩焘金榜题名。

建立了如同兄弟一样深厚的情谊，郭嵩焘和曾国藩之间的关系已达到前所未有的地步，在曾国藩出山抵抗太平军时，并不熟悉军务的他被紧张的军费弄得一筹莫展，而郭嵩焘则提出了设立厘捐之议，规盐厘之法，让湘军在起步初期所面临的最大问题得到了解决。为了进一步提升湘军的战斗力，拥有抗衡太平军部队的能力，郭嵩焘提出应该建立水师，他一再敦促曾国藩应该打造一支有别于八旗军和绿营兵的部队，这种新式的地主阶级武装成为曾国藩在此后仕途上最大的优势，对他一生功业的建立起到不容小觑的作用。得此良策，足以改变曾国藩的一生，使他对郭嵩焘更加赏识与感激。

有了坚实的友谊作为基础，又有共同的志向作为纽带，在一起奋斗的过程中所建立起来的情谊使得曾国藩和郭嵩焘、刘蓉之间的关系更加密切。为了进一步表达彼此的亲近感，曾国藩将自己的四女儿曾纪纯嫁给郭嵩焘的长子郭刚基为妻，而刘蓉的女儿也成了曾国藩的儿媳。采取联姻手段来巩固自己的人际关系网络，对于曾国藩来说并不是第一次，他早年求学时的朋友罗泽南，是一位文武兼治的湘军将领，曾国藩将自己的三女儿嫁给了他的次子。而与之患难相依的忘年交李元度，则与曾国藩的长子曾纪泽成了儿女亲家。

处于人际关系网络之中的不同人，功用各有不同，朋友之间互相激励也是曾国藩所认定的重要人脉，而为了一个共同的目标努力前进则是巩固关系最为直接有效的方法，因为共同的利益和目标，会让人们紧密地团结在一起。

第七章

做善于用人之人

“众人拾柴火焰高”是一句流传了千百年的俗语，通过这一形象的比喻，让人们认识到了要想让事业风生水起就必须要借助更多人的力量，如果可以得到别人的帮助，必然能够更加迅速地成功。

7.1 善于用人，才能成事

“众人拾柴火焰高”是一句流传了千百年的俗语，通过这一形象的比喻，让人们认识到了要想让事业风生水起就必须要借助更多人的力量，如果可以得到别人的帮助，必然能够更加迅速地成功。曾国藩的湘军之中人才济济，也正是因为他认识到了人才的重要性，所以努力将其聚拢，通过“众人拾柴”来实现事业“火焰”高涨的目的。而有将帅之才的曾国藩在选才、用才和驭才方面，却又有他的独到之处，此法对于今天的世人依旧具有借鉴意义。

曾国藩的身边一直不乏有才之人，他不仅努力地与人结交，更是知人善用，让每一个人都能发挥出自己的能力和长处。曾国藩交友有一个非常明确的原则：“求友以匡己之不逮，此大益也”，他认为如果能够结交到有才之人，自己也必然可以取得成功：“师友夹持，虽懦夫亦有立志。”

在年轻时代，曾国藩便结交了郭嵩焘和刘蓉；在做京官的时候，他通过以文会友，结交了不少有才之士，其中除了著名的理学名家唐镜海之外，还有吴竹如、窦兰泉、冯树堂、吴子序、邵蕙等，这些人后来都进入曾国藩的幕府，为他出谋划策，作出了不少贡献。除自己努力结交外，曾国藩也打开大门，热情地迎接着每一个来投奔自己的人，他的日记之中便记载了不少慕名而来的人："又有王少鹤、朱廉甫、吴莘畬、庞作人，此四君者，皆闻予名而先来拜。虽所造有深浅，要皆有志之士，不甘居于庸碌者。"这些前来投奔的人虽然学问修养各不相同，但却有一个共同的特点，他们都是有志之士，不甘心只做一个碌碌无为的人，这正与曾国藩在志趣上相一致。在后来开始筹建湘军时，曾国藩更加注意网罗人才为其所用，江忠源、吴敏树等人都是他所发掘的湘军人才。在担任会试考官的时候，他也用心发掘有才之人，俞樾、陈士杰正是他通过礼部复试发掘出来的。这些人都围绕在曾国藩的身边，对他的事业起到了很大的帮助。

为了得到有才之人，曾国藩可谓费尽心机，在求才之时他往往会根据对方的特点，采用不同的方式与之结交，或以情动之，或以诚待之，或以志激之。对于自己的这一做法，曾国藩总结为："如白圭之治生，如鹰隼之击物，不得不休。"从翰林院走出来之后，曾国藩开始到各地为官，他借助这一优势，每到一个地方就会广泛寻访当地的有才之人，将他们延揽吸收到自己身边。曾国藩所到之处如江西、直隶，都留下了他寻访的脚步，幕僚之中的王必达、程鸿诏、陈艾等人，都是他通过寻访得来的。就算在战争时期，曾国藩也没有忘记搜罗人才，在每一个战场所张贴的告示中，他都会增加一条"寻访英贤"，通过布告的形式让人们了解他求贤若渴之心。"淮徐一路自古多英杰之士，山左中州亦为伟人所萃，本部堂久历行间，如有救时之策，出众之技，均准来营自行呈明，察酌录用。"大开求才之门后，果然有很多贤能之人慕名而来。就算对于推荐的人，曾国藩都会大加奖励："如有举荐贤才者，除赏银外，酌予保奖。"而他做这一切的目的，也都是为了"借一方之人才，平一方之寇乱，生民或有苏息之日”。在洋务运动之中为曾国藩提供鼎力支持的薛福成，正是因为看到了告示，才进《万言书》，并进入曾国藩的幕府成为他的得力助手。

在担任直隶总督期间，曾国藩了解到当时士子之中风气不振，便专门撰写了《劝学篇示直隶士子》一文，请人刊印之后广为散播，鼓励士子们努力进学。对于来投奔自己的人，他“略分三科，令州县举报送省，其佳者以时接见，殷勤奖诱”。在和当地的官员进行会晤通信时，曾国藩都会殷勤地询问当地民间、衙门和军队之中都有那些可造之材，一旦发现了有才华的人，他便会千方百计地将他们调任到自己身边。在曾府的幕僚之中，有很多都是通过这种方式网罗而来的。

人才之间互相的吸引也是曾国藩所采用的重要方法之一，他总是以家雉能够招来野雉比喻人才往往会结伴而来，取得“得一而可及其余”之效果。在曾国藩的幕府之中，人才之间互相引荐的非常多，方宗诚、陈艾都是曾国藩幕府吴廷栋推荐而来，而来自安徽的吴汝纶又是经过方宗诚的推荐而来。此外，凌焕是经过刘星房的推荐而来，赵烈文是经过周腾虎的推荐而来，李兴锐是经过帅远鲁的推荐而来，李善兰是经过郭嵩焘的推荐而来，如此等等，不胜枚举。

在努力搜寻人才的同时，曾国藩对自己也严加要求，因为他担心自己言行不慎或者处事不当会让人才望而却步。在任命方面，他更严苛地要求自己避免任人唯亲,避免因为这个原因让有才之人失去机会，或误会他的用人之策。在言行方面他不断自强自励，时时刻刻都在警惕自己，曾国藩真正做到了“不敢恶规谏之言，不敢怀偷安之念，不敢妨忌贤能，不敢排斥异己，庶几借此微诚，少补于拙”。在营造了良好的环境之后，曾国藩的周围聚集了一大批人才，世人皆称曾国藩“幕府之盛自古罕见，求才之诚罕有匹敌”。事实也证明了曾国藩招揽人才的方法是极为有效的。

在用人方面，曾国藩眼界开阔，他放眼四海，声明“用人之道，官绅并重，江楚并用”。虽然所组建的湘军以湖南人为主，但曾国藩却不以此为限，努力搜寻着其他地方的人才。在他最为重要的八十九位幕僚之中，湖南籍有二十一人，而安徽、江苏、浙江等地的人也旗鼓相当。这些人籍贯不同，出身也不尽相同，其中有进士、举人，也有布衣，但这些人在曾国藩的面前都是相同的，都可以成为他的座上客。在才华方面，幕僚们充分表现出多样性，有出谋划策的，也有招勇领兵的，远远超越前人的幕府多为办理文书、钱粮等方面事务的限制。

通过曾国藩的网罗和培养，这一批人才在他事业成功的道路上起了至关重要的作用，而曾国藩也让这些人不断提升，实现了自我的人生价值。在倡导洋务的过程中，曾国藩的幕僚之中出现了一大批著名的洋务官员，其中包括李鸿章、左宗棠以及后来接办福州船政局的沈葆桢，以及致力于近代中国海军建设的丁日昌，还有先后出使了英国、法国、比利时和意大利的薛福成，出使英国的郭嵩焘，以及出使西班牙、德国的黎庶昌。在近代科学发展过程之中大名鼎鼎的李善兰、华蘅芳、徐寿、徐建寅等人，也都曾经进入曾国藩幕府，受到了他的提携。

集结众人的智慧来为我所用，是曾国藩成功之道中不容忽视的一条。每一个成功者的身后都会有一群智囊为其提供支持，只有群策群力、同舟共济，才能让成功之路变得更顺坦，曾国藩深谙此道，而此道对于今世依然适用。

7.2 用人先要识人

在求才方面，曾国藩拼尽全力，但他身居官场多年，对于清政府的官场现状以及人性优劣都深有感悟，所以在求才的同时对于选才也非常慎重。在传统的人才观中，往往会强调“唯才是举”，认为只要一个人有可用之处，便可以称为人才，应该委以重任。而曾国藩却不这么认为，他在选用人才方面有自已独到的一套标准。

曾国藩说：“取人之式，以有操守而无官气，多条理而少大言为要。”

可见在他的眼中，一个人有才华固然是可喜的，但曾国藩更看重他的“操守”，更看重一个人是否实干而不是纸上谈兵。在秉持这个基本原则的基础上，曾国藩还制订了一套独具特色的人才选定标准。

“忠义”是曾国藩选才的首要标准。在统领湘军抵抗太平军时，曾国藩深刻认识到忠义的重要性。作为一名封建社会的官员，他所认定的“忠义”便是誓死效忠清廷，自觉地维护封建社会三纲五常的道德规范，对于封建统治秩序忠诚不贰。同时，对于正与自己对抗的农民起义军要有顽抗到底的意志。这是时代局限性的影响之下所产生的认识，曾国藩作为清政府任命的官员，从小接受儒家忠君思想的熏陶，有这样的意识标准无可厚非。而他认为一个忠勇之人：“第一要才堪治民，第二要不怕死，第三要不计名利，第四要耐受辛苦。”对于这四条标准，曾国藩也有详细的解释：“所谓治民之才，不外公、明、勤三字，不公不明，则诸勇必不悦服；不勤则营务巨细，皆废弛不治，故第一要务在此。”具备勤奋公正的良好品德是在湘军之中立足的最根本要义，有了这一品德素养才能让大家信服。而对于冲锋陷阵的将士们来说，“不怕死”是最基本的，为了自己的功名而战的人，往往会畏首畏尾，因为他的目标并不是拯救战火中的百姓，而是成就自己的私利。第四条“耐受得辛苦”，是因为曾国藩认为“身体羸弱者，过劳则疾；精神匮之，久用则散”。在军队之中具备良好的身体素养确实是不可或缺的一环。曾国藩认为“此四者似过于求备，而苟缺其一，万不可带勇，大抵有忠义血性，则四者相从以具至，无忠义血性，则貌似四者，终不可恃”。对于在军队之中要起到表率作用的湘军将领，曾国藩将这四条归结为“忠义血性”，并以此作为考量标准，因为只有这样的人才能带动军队效忠朝廷，而依照这一标准所组建的湘军，不仅镇压了农民起义，而且使清政府军队之中的腐败风气有了很大程度的扭转。

“朴实”是曾国藩选才的第二标准。从一个京官进入军队体系之中，曾国藩具备着文人的敏锐眼光，他仔细观察当时清廷军队，在绿营兵等组织之中发现很多问题。官气深重而且投机取巧，人人都迎合着钻营的腐败风气，让绿营军一点战斗力都没有。曾国藩沉痛地在日记中写道：“国家养绿营兵五十余万，二百年来所费何可胜计！今大难之起，无一兵足供一战之用，实以官气太重，以窍太多，漓朴散淳，其意蔼然。”对待这种风气，必须要采用和他们相反的人，才能纠正过来。因此，曾国藩在选人的时候非常注重将领身上所具备的淳朴之气，只有那些不会为腐败风气所影响的人，才能切断这一风气的延续。为了从根本上解决这一问题，曾国藩还设立了专门的规定，要求入营已久的绿营兵和守备以上的绿营军官都不能再做任命，因为这种人身上“官气”已经深染。对于那些脚踏实地、不浮夸、不伪饰的人，曾国藩则加以重用，让这些“朴实之人”可以大行其道，此举也令军队的战斗力获得了大幅提升。

“坚忍”是曾国藩选才的第三条标准。虽然出身于文人，以一介儒生的身份扛起了军队大旗，但深谙史书的曾国藩对于行军打仗之中的辛苦也非常了解，他知道行军是一件倍加艰辛的事情，如果没有坚忍耐劳的品质，就很难在军中生存，又何谈建立功绩。“立坚忍不拔之志，卒能练成劲旅，数年坎坷艰辛，当成败绝断之处，持孤注以争命，当危难震撼之际，每百折而回。”在艰苦的环境之中，有矢志不移的勇气至为重要，曾国藩操练湘军多年，期望着依靠他们实现自己“澄清天下”的志向，在“成败”“危难”之际，想要让湘军勇往直前，一个具备坚忍不拔勇气的将领便是决定因素，百折不回的品质可以让他实现重整河山的志愿。

有了这样一套有别于以往古代兵家的选才方法，曾国藩做到了不拘一格，他所选用的将才不限出身，更不限所学。只要一个人具备着忠君爱国的品质，只要他品性朴实，无不良作风，只要他在困难艰险之中无畏前行，都可以成为湘军之中的杰出人物。因此，在湘军里，有很多从社会底层成长起来的将领，也有很多投笔从戎的将领，这些人并没有削减军队的战斗力，反而让湘军成为令敌人闻风丧胆的劲旅。

在湘军的建设上取得卓越成就的曾国藩还将自己独特的选才眼光扩展开来，选择更多的有用之人来为国家服务，这其中所采取的很多原则只在他自己的脑海之中，并不会作为公开的选拔标准，却时刻影响着曾国藩的判断。

其一，对于那些表现欲过强的人，不可久用。曾国藩深深反感那些过于想要表现自己的人，因为这种人往往是自以为是，因为想要表现自己，所以会处处争抢逞能，甚至抢夺本属于别人的机会。因为这种特性，表现欲过强的人往往不会有很好的人际关系，而不管是军队还是官场都是需要协作的，一个不能与别人和谐相处的人，也必然不会得到大家的帮助，反而破坏团队的气氛。

其二，对于那些性格偏激的人，要慎用。虽然曾国藩爱才惜才，对于很多人都采取接纳的态度，但他对于恃才傲物的人并无好感。经过曾国藩培养提拔而担任清政府重要官职的人，不下三四百人，这些人通过曾国藩的培养，往往具备很好的涵养，就算日后担任了重要的职务，也会和周围的人保持良好融洽的关系。但也有一些性格偏激的人，让周围的人很难与之相处。其中最为典型的便是左宗棠，虽然他通过曾国藩的引荐成长为二品大员，但他耿直暴躁的个性却令他从来都不能和曾国藩很好地相处。曾国藩爱惜左宗棠的才能，数次向皇帝保荐他，可是如果皇帝要让左宗棠到他的手下来做事，曾国藩又会婉转拒绝。

曾国藩不仅为自己网罗人才，也为朝廷推荐了不少人才，投奔他的人也都很希望通过他的举荐而飞黄腾达。对于自己的下属和幕僚，曾国藩都不遗余力地将其推荐给朝廷，其中担任了巡抚、总督等重要职务的有数十位。但是曾国藩在遴选的时候，却也有自己的原则，并非人人都可以得到他的保荐。

经过多年官场的磨炼，曾国藩认识到有一些人并不适合举荐，他将这些人归结为三种：一是才高而德薄导致名声不好的人。这种人虽然可以通过举荐担任重要官职，但因为其个人因素，往往受到别人的弹劾。像周腾虎正是此例，他在曾国藩的保举之下出仕，却因连连遭到弹劾郁郁而终，这让曾国藩非常伤感。第二种是才德平平但升迁太快的人。因为曾国藩的举荐，恽世临在两年之内连升三级，但因其才德平平，后来又很快被降职。第三种人则是自己不愿意出仕或者不愿意接受别人恩泽的人，在曾国藩的日记里曾经有一位没有留下姓名的人士，因其本人不愿意出仕，经过曾国藩的举荐而不得不出来做官，反倒让两人之间形成了嫌隙，让曾国藩也感到很伤心。

曾国藩一生之中都在和不同的人才打交道，能够获得这些人的帮助，并做到精准地选择人才且将其所用，无不与其独到的眼光密切相关。

7.3 培育有德之才

曾国藩在选择人才的时候，不仅以一个长官的姿态来甄选，更以一个师长的姿态来教育培养人才，他认为“天下无现成之才，亦无生知之胆识，大抵皆由勉强磨砺而出”，这种具有发展性的观点让他在看待人才的时候不仅看他的现状，更观察他的潜力。对于那些具备人才基本素养的人，就算当前并不优秀，经过曾国藩的培养，也会成为出类拔萃的才俊。

在对自己的幕僚、部属进行培养时，曾国藩所秉持的原则是“用恩莫如仁，用威莫如礼”。所谓“用仁”就是将部属和幕僚当作自己的弟子一样看待，以师长的身份来教育他们努力上进，帮助这些人成才。而所谓“用礼”则是指在教育部属的时候保持尊严礼法，让他们恪守法规持之以敬，避免言行举止的失态。依照这一原则，曾国藩形成了一套自己独有的人才培育方法。

在著作《原才论》中，曾国藩对于自己的育才之法进行过详细的论述，提出了“以己之所向，转移习俗”的愿望，希望可以通过自己培养的人才来让清政府官场上腐败的风气得到改善。而要做到这一点便首先要求自己做到廉正，以身作则，成为他人的榜样。曾国藩对于清廷官场最看不惯的便是“官气”，所以他常常会摒弃官府的排场，同样禁止自己的部下用虚礼来对待自己。为了让部下都能勤恳地做事，曾国藩天明即起，首先让自己做到不懒惰。在他的耐心训导之下，部属们小到个人的治心治身，大到为政府治军治饷，都遵照着严格的规则和要求去做。

网罗了大批人才而规模庞大的曾国藩幕府，是他培养人才的重要基地。不仅仅成为他们协助曾国藩治事的地方，也成为一所学校。在曾国藩写给朋友的书信之中，对于自己的幕府充满自豪地夸道："此间尚无军中积习，略似私塾约束，期共纳于规范耳。"这揭示出曾国藩和自己的幕僚之间不仅仅是上下级关系，而且还是师生关系。在写给丁日昌的信中，曾国藩更为详细地谈到幕府："局中各员譬如弟子，阁下及藩司譬如塾师，勖之以学，教之以身，诫之以言，试之以文，考之以事，诱掖如父兄，监督如严师，数者缺一不可。"虽然在信中所谈及的是对于江南制造局的一些操办建议，但曾国藩却以自己治理幕府的经验对丁日昌提出了建议，让他对于局中的官员们以"塾师""长辈"的姿态，督促他们的学业，规范他们的德行，不仅以同事的身份一起工作，更要如父兄一样关心官员们的个人成长。

将各种各样的人才聚集到自己的幕府之后，曾国藩一般会对他们进行一次"评估"，意即了解此人的所长所短，考察这个人是否真的具备才华，同时辨别他的品德以及真伪。然后"权其才智长短器使之，各尽其用，人无弃才"，尽量让每一个人都找到适合自己的职务。除了一些德行兼备、才华出众的人之外，曾国藩一般都会将所招罗的人才先安排在自己的幕府之中，让他们整理一些文稿或充当参谋。这些工作都和曾国藩有密切的接触，通过这些锻炼可以让幕僚增长才干，熟悉官场之中的办事方法，取得做事的经验。在工作之外，曾国藩还会经常对他们进行品德教育。这种培养和教育都体现在幕僚日常工作生活的一言一行之中，针对一些特定的人，他也会进行训话与交谈，提出一些特别的约束条件，通过这种方式，让他们成为可塑之才，并伺机寻找适合他们的官职。

在人才培养的具体方法上，曾国藩自己归纳出了三条途径，其一为课读，其二为历练，其三为言传身教。对于每一个幕僚，虽然他本身已经熟读经典，但曾国藩还是会根据他所担任职务的不同，提出读书的要求，让各自选择适合自己的书籍进行学习。对于那些在身边的幕僚，他的要求更为严格，不仅会给他们布置作业，还会检查他们的完成情况。在他率领湘军击败太平军来到安庆之后，所处的环境稍微缓和了一些，他就立刻命令大家认真读书，还举办定期的考试来检查读书的效果。在这种每月两次的考试中，曾国藩会亲自出题，也会亲自阅读试卷，对于幕僚成绩进行评定，划分等级。这一情况不仅反映在曾国藩的日记里，在赵烈文等人的日记里也有所记载。这一方式的优点在于他不仅可以督促幕僚好好学习，更能了解幕僚水平的增进情况，掌握每一个人的发展状况。在考试之后，每到茶余饭后曾国藩还会约幕僚来闲谈，他结合自己的阅历以及读书时的心得，与幕僚谈古论今，像老师也像朋友一样互相切磋，所谈论的内容也与当下的时局相关，形式活泼轻松内容却很有实用性，让幕僚在闲谈之中增长学问，开阔眼界。

世上并没有多少现成的人才可以拿来便用，因此曾国藩对于人才提出了发展的观点，用精心的培养来育才，让自己可以得到更多适用的人才。根据“礼”“仁”二法，他一方面为人才培养提供了适宜的环境，通过各种手段来提升部属的才能，另一方面也恪守着严格的规章，通过有效的制度来管理人才，让这些经过曾国藩培养的人都能成长为可独当一面的栋梁之才，为国家作出贡献的同时，也让曾国藩的成就臻于顶峰。

7.4 用人须避短扬长

“金无足赤，人无完人”，任何人都会有缺点存在，曾国藩曾有言：“尺有所短，寸有所长，用人也应尽其长。”一个人的能力是有限的，而在借力人才的时候也应该择取他所长的一面。曾国藩认为无论一个人的性情如何，只要有利于事情的完成，便是一个适宜的人选，大可用来做事。选择人才可以不论出身，不论职业，甚至连品德都可以不去考虑，这是由于人才的多面性造成的，某方面的缺点并不会掩盖另一方面的才能。

根据长期的经验，曾国藩对于人才进行过详细的分类，他将自己所接触的人分为十个类别，根据他们各自在才能、品性以及事业方面的特点逐一分析其优劣长短。通过这种分类归纳，让他在人才应用的时候可以清醒地明白哪些人可以用在哪些方面，从而让事情的进展更加顺利。

一是节清之家。对于节清之人，曾国藩给予了高度的评价，认为他们是所有人才之中最为上等的人才。这类人的共同特点便是德行厚重，仪容端庄，气质不凡。就算他们身为布衣，也会引人瞩目。这些人都有着非凡的才能，可以解救世人，点化百姓，因此大家也都乐意去举荐他。这样的人一旦得到了地位，便可以激浊扬清，改善社会风气，同时成为社会师表。因为他们不会对社会造成不良的影响，而且可以长久地显达于官场之中，可以让他们在办事的时候井井有条，所以不管政绩还是德行都非常突出，名声和形象也极为优秀，令人肃然起敬。对于这种人，曾国藩认为可以用于“王化之政”“宜于统大，以之治小则迂”。在以德行和教化为主的政治之中，节清之家会大放异彩，他们适合做一些全面的统筹工作，而不能让他们去做一些琐碎的小事，否则既是人才的浪费，也不能成事。

二是法家。以曾国藩看来法家人才都是以制度和规范为本，因此做事往往会先苦后甜，他们严厉地对待周围的每一个人，在还没有显达成功的时候，一定会招来大家的不满和猜忌，上上下下的人都对法家有畏惧之意，等到最后获得成功，大家才会明白法家的功绩是不可限量的。这种人才如果应用在建立法制方面，就可以起到安邦定国的功效。他们有足够的精力和智慧去开创新局面，治繁理乱。在那些民智还没有开化的地方，因为人的性格野蛮又缺少正常的社会秩序，如果不采取强力的手段去征服而一味地说教，将很难服众。但如果让法家来治理这些地方，他们会采取适宜的方式，通过强制的手段让恶势力和恶霸帖服，让百姓得到实惠，自然也就慢慢贯彻了文明的教化，地方也就可以实现平安和富裕了。

三是术家。术家都是足智多谋的人才，他们往往聪明而且多思，可以提供不少计谋，通过巧妙的谋略来展示自己的本领。曾国藩觉得这种人在开始的时候都是深藏不露，随着慢慢的接触才会显出才华，而在适宜的环境之中他们就会达到精深又玄妙的地步。很多人不能发现术家的才能，但一个具备发现眼光的明主会珍视术家，因为术家是真正可以实现运筹帷幄之中而决胜千里之外的。曾国藩认为“策术之政宜于治难，以之治平则无奇”，对于这种足智多谋、胸中有奇策的人，最适合在乱世之中找到发迹的机会。如果可以遇到一个奇主，术家就会与他一拍即合，策划出惊天动地的大事。因此，在战乱时期他们会是一代奇士，在和平安定的环境里，他们将很难找到用武之地。要想让这类人才不被埋没，那就要将他们放在困苦的环境之中，去激发他们的斗志。

四是栋梁之材。这类人才具有全面综合的素养，不管德、法、术都有很好的成就，他们的德行可以肃整社会风气，法制手段又可以匡扶天下，而权术又可以制定国家的政策，支撑起一个国家的建设。兼具了这三才的人可以帮助君王来管理国家，他们道德清扬、果敢善断，最重要的是竭尽忠诚，鞠躬尽瘁死而后已。要想富国强兵，用有效的手段来整治腐败和歪风邪气，就要任用栋梁之材，一定能收到良好的效果。

五是大臣和地方管理人员。这种人类似栋梁之材，在德行、权术方面都会有所建树，但不够纯备，只能做一个地域的表率，也只能管理好一个区域。将这类人才应用在地方管理上，足以发挥他们的功用。曾国藩认为此类人才“宜于治”，意即他们非常善于周旋调停，权术智慧虽然具备，但却会忽视公正和法度，在太平的形势之下他们也可以做出一些实在的政绩。

六是智识之士，曾国藩对这类人才也非常推崇，因为他们的治理之道顺遂而不违逆，具备智慧和明识，就算是不发达的时候，也会被很多人推崇；在成功之后更能得到大家的信任。这种人可以帮助明主建立不凡的功业，他们深思熟虑，可以制定非常长远的计划。但他们的缺点却在于只愿意一味地向前冲锋而不懂得后退和隐匿。这类人的才智堪比谋略家，但是在勇气和行动力上却不及谋略家那么强劲。在无法得到自己所想要的东西时，他们要么屈从，要么逃避，所能成就的事业自然也就在谋略家之下了。

七为臧否之才。这类人具备着黑白分明的道德观，乐于褒贬善恶，很容易挑起是非之争。他们的所作所为都非常清廉而且符合规范要求，因为这一点会赢得很多人的尊重和赞扬，以臧否之才为标准可以判断出周围的善恶，可以观察到是非。但对于毁谤他们的人来说，这种人会引来怨恨，因为他们严厉又缺乏宽容，所以要么被人赞赏，要么被人疏远。这类人适合在有叛乱混杂的地方发挥才能，因为他们处理问题果断大胆，不怕困难和压力，所以可以很快树立威信，让百姓诚服。

八为伎俩之才。这种人非常讲究做事的方法，很善于使用技巧，可以被政府委以议定职务，让他们清理繁冗的局面，纠正邪谬。但其缺点在于会让被管理者感到非常疲惫，虽然方式细致但却一定能带来安泰。

九为文儒之才。这种人包括那些写得一手好文章的人，善于“传道、授业、解惑”的教育家，以及善于辩论的人。他们可以通过著书立说来获得彪炳千古的美名，也可以传授经典，激扬文理。这种人对任何事都应对自如，能够自圆其说，但是却不能成为干预施政的人才，并不适于担任关键职位。

十是骁才。这种人具备着卓越的胆识和才华，但是在治理国家方面往往考虑不周，而且因其个性突出，在人际关系方面会很糟糕。虽然有雄才大略，但是在政治上却会表现得非常幼稚，很容易被人陷害，古人之中的韩信和岳飞正属此列。

总之，曾国藩在人才运用方面主张“物尽其用，用人如器”，他认为每一个人都有他所擅长的方面，鸡鸣狗盗之徒有时可以解决雄才大略的人都无法做到的事，为每个人找到适合的位置，使用他们的长处而避开他们的短处，是让人才发挥最大潜力的最基本也是最佳途径。

7.5 善用人更善驭人

但凡有才之人，多数恃才傲物，常常表现出与周围环境格格不入的特性，也必然会有一些与常人不同的脾气癖好，如何让他们心悦诚服地为那些想得到人才的管理者所用实在是一件令人头疼的事。曾国藩也曾经面临这样的问题，在他所接触的人中，并不乏一些个性独特者，而曾国藩却可以让这些人俯首帖耳，成为他的心腹，正是因为他有驭人的妙策。

清代著名的将领刘铭传是清政府在台湾设省之后所任命的第一任巡抚，此人军事才华卓越，是不可多得的将才。然而，因为出身贫苦，刘铭传并未受过多少教育，他在淮北平原长大，继承了那里彪悍的民风。十八岁时，刘铭传杀死了勒索钱财的土豪，聚众为王，牵起了一面大旗，组织队伍在乡间流窜。李鸿章奉曾国藩之命招募淮军的时候，一眼就看中了刘铭传能杀惯战的优势，因此将他的部队招募进来，成为淮军的一部分，号为“铭军”。

虽然从民间组织变成了国家军队的一部分，但刘铭传的个性并没有收敛，他接受了李鸿章为自己的队伍配备的洋枪洋炮，从乡勇变成一支近代武装力量，也在作战之中立下赫赫战功，可他依旧保持着倨傲狂傲的个性，这让李鸿章也非常恼火和无奈。

为了纠正刘铭传的脾气，李鸿章在自己束手无策之下，便想要借曾国藩之手教育刘铭传一番，于是在曾国藩借淮军围剿捻军的时候，将刘铭传交给了他。在剿捻的过程之中，曾国藩发现刘铭传在战场上果然很英勇，而回到大营之后也确实让人头疼，才归属曾国藩不久，他就和另外一支队伍的头领陈国瑞发生了争斗。

闯出祸端的刘铭传并不认为自己有错，在曾国藩面前不肯低头。此事也让曾国藩非常犯难，如果不严肃处理，势必让大家觉得他处事不公，今后必然还会发生内讧；如果严肃处理，可能会弄巧成拙，一是因为刘铭传个性暴躁、不服管教，二是刘铭传的部队非常有战斗力，在用人之际，恐怕生出事端。思虑之后，曾国藩想出了一个万全之策，他首先对刘铭传进行了严厉的批评训斥，表示自己要将此事严查到底，而且还要对刘铭传的“铭军”进行肃整。实际上，曾国藩并没有过多地去追究刘铭传的过失，让他在心生畏惧之外又觉得幸运，认为是曾国藩对自己格外照顾，因此才能逃过一劫。

这个方法在桀骜不驯的刘铭传身上起到了很好的作用，在此后的战斗中，他果然非常服从曾国藩，让李鸿章也大感意外。在剿灭捻军之后，曾国藩向朝廷力保刘铭传，让刘铭传得以委任台湾道员，在中法战争中，他带领台湾军民奋起抵抗法军的进攻，最终粉碎了侵略者攻占台湾的梦想。1858 年，台湾由道改为省，刘铭传也成为台湾第一任巡抚。

悍将在战场之上会表现得极为勇敢，冲锋陷阵的时候总是冲在最前面。但他又好像烈马一样，不易收服。能够领导悍将的人，要么是比他更为强悍，要么是能够通过威严震慑住他。在刘铭传事件中与他冲突的陈国瑞便是一名悍将，而曾国藩在收服他的过程中也动用了不少心思。

陈国瑞原本是太平军将领，后来投降清军，成为僧格林沁的部下。他骁勇善战，就算刀枪架在脖子上也毫不屈服。而僧格林沁与陈国瑞脾性最为接近，都是以粗鲁莽撞著称，这种上司和部下之间的脾胃相投，反而互相助长了对方的气焰。在僧格林沁死后，曾国藩接管了他的军队继续剿灭捻军，陈国瑞也就成为他麾下的大将。面对这样的将领，曾国藩一方面爱惜他的才能，一方面又担心他会闯出祸端，所以唯一的办法是让他真心地臣服于自己。

在和陈国瑞谈话的时候，曾国藩大义凛然地首先历数了他的罪行，用不容置疑的口气告诉陈国瑞他所犯下的劣迹和暴行足以引来杀身之祸，同时让他明白周围的人对他评价不佳也是因为他的这些行为。在曾国藩的一番论述之下，陈国瑞的傲气逐渐萎靡，变得灰心丧气，认为自己在军队之中很难有发展前景。而此时曾国藩则又换了一副面孔，亲切地告诉陈国瑞他还是有很多优点在身的，譬如勇猛善战、不贪财好色等，如果可以用心经营，将来也可以成为一员大将。同时，曾国藩谆谆告诫，

让陈国瑞不要因为莽撞而毁了自己的前途。这样一番劝慰让陈国瑞的心里又升起希望，人也变得振奋起来，要求曾国藩为自己指点。

曾国藩借机为陈国瑞制定了三条规矩，要求他不扰民、不私斗、不梗令，并告诉他只要谨守这三条，自然前途无量。陈国瑞心服口服地接受了曾国藩的建议，一再表示自己将会照此行事。可是他本性难移，没过多久便旧态复萌，对曾国藩的命令总是不理不睬。曾国藩见状立刻上书朝廷，请求皇帝撤除陈国瑞的一切军职，连他因战功而得到的黄马褂也一并剥去，命令他戴罪立功。陈国瑞本想反抗，但曾国藩却告诉他：如果不能改头换面，就将他送去军台效力，让领军打仗惯了的陈国瑞过一过无酒无肉、无权无势的生活，这让陈国瑞立刻屈服了，从此再也不敢不听从曾国藩的命令。

要驾驭悍将，必须要抓住他的软肋，曾国藩对于这类人一方面使用软硬兼施的手段，一方面又外严内宽，让他们认识到只有听命于自己才能得到他们想要的东西。“智者多诈，勇者多怒”，要让人才能够真正发挥出他们的作用，就必须做到驾驭，怀之以德、严之以法，让他们扬长避短，各尽其用。

第八章

保持谦卑，有容乃大

不管在什么场合，竞争都是难免的，如果总是将目光放在别人身上，以别人的强弱来作为衡量自己的标准，到头来就会发现自己一直停留在原地没有丝毫的进步。争强好胜固然是一个人自强上进的表现，但只有摆好了自强的出发点，才能真正对自己有所帮助。容人所长，补己之短，对于成功路上所遇到的坎坷是一种补充，换一个角度，就可以让竞争变成帮助，又何乐而不为呢?

8.1 欲成大事先低头

在晚清时代，虽然官场凋零，很多人只是为了自身的利益而出仕，并没有把国家利益放在心上，但依然出现了几位名臣，其中左宗棠、李鸿章等人，都与曾国藩有密切的联系。

李鸿章和曾国藩之间渊源颇为深厚，李鸿章对曾国藩也非常敬重。因为李鸿章的父亲和曾国藩属于同年，两人同是戊戌年间的进士，而曾国藩最为看重同事关系，每到逢年过节，他都会亲自去拜访李鸿章的父亲，从而与李父结下了深厚的情谊。而李父对于曾国藩的才学也非常欣赏，在李鸿章入朝为官之后，便常教导他要多向曾国藩请教为官之道，并让他与哥哥一起投奔在曾国藩的门下，学习八股文和“义理经世之学”。在曾府学习期间，李鸿章得到了曾国藩的悉心教导。后来，他也参加了科举考试，虽然没有高中，但对曾国藩还是心怀感激。

在太平军大肆扩张的时候，李鸿章也曾经离开曾府，前往安徽参与镇压太平天国运动。通过参与战争，李鸿章认识到了战场和书本的大不同，在战场上，每一个抉择都有可能导致自己粉身碎骨。由于没有太多的经验，李鸿章在安徽总是被动挨打，他搞不清自己究竟错在什么地方，为什么总是遭遇失败。没有多久，李鸿章就放弃了安徽团练的职务，愤然离开了安徽。这一段时间，因为受到的打击过于频繁，致使他变得颓废潦倒，常常用“书剑飘零旧酒徒”来自嘲。在走投无路的情况下，他忽然想起了老师曾国藩，当时的曾国藩手握重兵，是朝廷的宠臣，如果可以得到他的提携，自己很有可能东山再起。于是，李鸿章决定投奔曾国藩。

李鸿章眼里的曾国藩是一个非常和蔼的长辈，他平易近人，总是耐心地教导大家，而且做事谦虚谨慎，说话也温文尔雅。这一印象是李鸿章当年在曾府学习时留存的。但此时来投奔曾府，却隐隐感觉曾国藩与当年有些不一样了。

到了曾府之后，李鸿章没能立刻见到曾国藩，而是被安排住下来，很长时间曾国藩都以公务繁忙为借口，不接见他。受到如此冷遇，李鸿章感到非常郁闷，但又无可奈何，只好一直等下去。好不容易等到曾国藩的近侍前来传唤，李鸿章急忙满怀期待地去参见。

到了曾国藩的内室，李鸿章见曾国藩正在洗脚，丝毫没有将他放在眼中。在深受传统儒家思想影响的士子们眼中，洗脚的时候是不能接见客人的，因为这是非常不礼貌的行为，其中充满了对客人的鄙夷。李鸿章眼见此情此景，深觉自己受到了侮辱，年少气盛的他脸色铁青，但碍于曾国藩的身份地位也不敢爆发出来，只好强忍着心头的怒气寒暄了几句，而曾国藩则一副冷冰冰的样子，爱答不理。最终李鸿章只好起身告辞了。

满腹怨恨的李鸿章回到自己的房中，本来想舒缓一下情绪，却看到下人正在收拾自己的行李，忙上前询问，才被告知：曾大人有令，不许再收留您了。此时李鸿章怒不可遏，他对于自己的出身、学问等向来自傲，从未有人如此对待过他。气愤的李鸿章看到曾国藩这么不留情面，便立刻牵起马要离开曾府。

落魄飘零的李鸿章其实并没有什么地方可以去，更何况此时已经入夜，他一面气恼曾国藩如此对待自己，一面感叹自己的失意，对前途也深感渺茫。当他牵马到了城门的时候，忽然看见曾国藩的近侍正在那里等着他，并一再延请他回去见曾国藩，向他辞行。尽管心中有百般不情愿，李鸿章还是想到他和自己毕竟有师生名分，不能就此不辞而别，于是跟着近侍又回到曾府。

这一次重回到曾府和上次大不相同，只见门口张灯结彩，大门洞开，曾国藩站在门口欢迎李鸿章的到来。大感诧异的李鸿章不知道这究竟是怎么回事，急忙向曾国藩请教，曾国藩告诉他：你自从做了官之后，就开始骄傲了，总是不把别人放在眼中，在安徽的时候一直兵败，据我看来也正是这个原因。一个人要想获得成功，就必须先要戒除自己的傲气，因为傲气不能帮你成就任何事，只会让你双眼蒙蔽看不到正确的道路。这一次你来投奔我，一定不是为了一餐一饭，而是为了更为长久的打算，但想要有好的前途，就必须先丢弃你的傲气，欲成大事先低头。所以我这么对待你，让你不断受到冷遇，就是为了杀一杀你的傲气，灭一灭你的威风，让你记得做人先要有气量，然后才能成功。

李鸿章听了这一番教诲，深受震动，而自己在遭受冷遇时的满腹埋怨也顿时烟消云散。他羞愧不已，心悦诚服地接受了恩师的教诲，从此也将欲成大事先低头记在心上。此后，在曾国藩的推荐之下，李鸿章又担任了湘军的重要职务，指挥湘军参与了多起反击太平军的战役，取得了不少功绩，为他后来得到清廷统治者的信任打下了基础，也为他日后成为清廷名臣做了铺垫。

后来曾国藩病逝，李鸿章非常悲痛地撰写了挽联：“师事近三十年，薪尽火传，筑室忝为门生长；威名震九万里，内安外攘，旷世难逢天下才。”从中可以看出他对曾国藩的敬重，把曾国藩的教诲时刻谨记在心。

的确，一个人光有才华是不足以成大事的，欲成大事还要学会低头。低头代表谦虚、谨慎，也代表随时向别人请教和学习，还代表着眼中要容得下别人，不能以自我为中心。如果一个人总是高傲地以为自己是正确的，听不进别人的劝告，就会做出一些伤害别人也伤害自己的事，时间久了，自然会导致失败。

8.2 穷不失志，达不忘本

曾国藩是一个出身于底层的显贵，这样的特例在以满族人为主的清廷统治阶层非常少见，人们一边感叹他的成就，一边也在观察着曾国藩的所作所为，那些达官显贵更是以挑剔的目光寻找着他的破绽。但令人赞叹的是，曾国藩对自己的言行要求非常苛刻，在道德方面更谨遵儒家教导，从未有任何失礼的地方。他也将自己“穷不失志，达不忘本”的座右铭传递给自己的子弟后辈，让他们纵然生于富足的家庭环境，也不忘记曾家以往穷苦的岁月，并以此磨砺他们的道德志向。

生长于湖南的曾国藩也和大多数的中国人一样，嗜好自己家乡的菜肴。人常说四川人喜辣，福建人爱甜，而湖南人则有其别具风味的腌菜。中了举人之后，曾国藩就离开家乡湘乡县，来到长沙办公，这里虽然也是湖南地界，但毕竟远离老家，很难再吃到家乡的腌菜了，每次想起家里制作的腌菜，曾国藩都感慨万分。因为老家的腌菜所代表的还有另外一层含义。

在曾家还未能起家之前，生活甚为贫苦，曾国藩的爷爷是靠着给大户人家打短工来维系一家人生存的。一亩薄田都没有的日子过久了，曾老太爷也觉得生活没有保障，便发奋努力，存钱购置了几分土地，虽说成了地主，每年也只能种一些菜养家糊口而已。

曾家是一个人口众多的家族，仅曾国藩的父亲便有九个孩子，为了养活这样的一大帮人，需要付出的努力也就更多了。曾老太爷总是将田里收来的菜腌起来，以便保存得久一些，供家人较长时间食用。但就算所有的菜都腌了，还是不足以让一家人长期吃饱。为了生计，老太爷又跑去将别人不要的菜捡来，去除了那些老皮和坏掉的菜叶，跟自家的菜腌在一起。后来经过艰苦的努力，曾家慢慢过上了吃饱饭的日子。

尽管后来日子逐渐过得好起来，曾老太爷还是惦念着过去的贫苦生活，每年都会收集很多菜叶，让下人制上十多缸腌菜，供全家人吃。别人看到曾国藩的官越做越大，便劝告他：现在日子已经过得很不错了，为什么还要吃那些腌菜呢？难道你还想过从前的苦日子？而曾老太爷却总是笑着说："你们不懂，这些腌菜才是真正的好东西。"

曾吃腌菜长大的曾国藩，对家中的这一独特风味一直不忘，只可惜为官之后一直吃不到。因为住在湖南会馆之中，而会馆又负责料理他的饮食起居，所供饮食自然没有那些家人才吃的腌菜了。

随着功绩的累积，曾国藩的官职一路上升，等他升到五品的时候便不能再住在会馆里了。搬离会馆之后，曾国藩立刻写信给家里，让他们送一些老家的腌菜来。经过了迫切的等待之后，腌菜送到了，曾国藩等不及菜坛子从车上卸下来，便伸手抓了一把，放在嘴里大嚼起来。吃着吃着，他又觉得似乎缺少点什么，虽然已经多年不吃腌菜，但曾国藩对于它的记忆还是非常清晰的。努力回想了一下，他才询问送菜的人：这些腌菜和以前的不一样，你们是不是忘记放一些苦菜了，将苦菜和腌菜一起吃，那才是正宗的腌菜味道啊。

听了他的一番话，送腌菜的人才从包裹里拿出准备好的苦菜，并说："在送菜来的时候，曾老太爷便交代过了，如果老爷吃了这些腌菜露出不喜欢的神色，说明您已经吃不惯它们了，既然不合胃口，那这些苦菜也就没有必要再交给您了。但如果您吃着喜欢，并没有忘记家乡腌菜的味道，那就让我将苦菜拿出来一并给您。"

曾国藩听了这一番话，感受到了老太爷的用意，沉思了一会儿才说："这是老太爷对我不放心啊，他担心我在外这么久，已经忘了本。其实这些年在外做官，我从没有忘记家乡的腌菜，只是以前住在会馆里，多有不便，弄不好让人误以为我嫌会馆的菜不合胃口。因此直到离开会馆，我才写信给家里，要求送这些腌菜来。我曾国藩是全家人节衣缩食才供出来的，在家里最穷苦的时候，老太爷还一直要求我们要努力读书，就算再苦也不能没有志向。现在虽有了一些小小的成就，我也不会忘记曾经吃过的苦，以及老太爷的教诲。既然是吃苦才有了今天，我又怎么能忘本呢？”

从此之后，曾国藩每餐总是放一碟腌菜在桌子上，时刻提醒自己“达不忘本”。

“穷且益坚，不坠青云之志”是儒家对于身处贫苦之中的士子的鼓励，是为了让他们在艰难的环境之中不要放弃追求，努力提升自己，进而改变自己，为国家作出贡献。而当一个人变得显达的时候，又不能忘记曾经所付出的艰辛，因为只有这样才能时刻激励自己。越是取得成就，越不能忘记自己的本分，就好像一棵树越是枝繁叶茂，就越不能忘记滋养它的土地一样。曾老太爷对于曾国藩提出了这样一番期望，而曾国藩也不负曾老太爷的期望，让达不忘本成为自己道德规范的一部分。

8.3 不敢心存侥幸

在清朝的官员之中，曾国藩的认真谨慎是出了名的。不得不承认，正是凭借谨慎之心他才能够走得如此远，成就如此大。他曾经说：“至军事之成败利钝，此关乎国家之福，吾惟力尽人事，不敢存丝毫侥幸之心，诸弟禀告堂上大人，不必悬念。”不存侥幸是曾国藩让堂上父母放心的做法，也是他的基本原则之一，不仅在军事上如此，在治家方面也是如此。

升任为刑部左侍郎之后，曾国藩的业务明显繁忙起来，因为刑部主理着各类案件，需要付出的精力也更多，而他刚刚到任没有多久，就遇到了一件棘手的事。

曾国藩在官场之中结交朋友的时候，非常注重同乡情谊，希望可以通过同乡的情感纽带将大家紧紧地团结起来。因此，一旦有同乡前来拜访他，他都会非常热情地接待。但是有一回，有一位不甚熟悉的同乡忽然登门，却让他深感不安。此人在某地担任知府，也算是一方的父母官，而他到来的时候却随身携带着一盒金银，作为送给曾国藩的见面礼。虽然此前交往不多，但刚见面就拿出这么贵重的礼物，让曾国藩隐隐觉得似乎有什么事。

果不其然，这位同乡还没寒暄几句，就向曾国藩说出了自己此行的目的。原来他的侄子自认为自己生在官宦之家便有几分特权，平时总做一些打架斗殴的勾当，但不过是小打小闹，家里的长辈也都不放在心上。孰料他最近为了与人争夺一个歌姬，失手将人杀死。死者的家属不依不饶，要将他告到官府，想要讨回一个公道。知府知道这件事后，急忙将他们的状纸给压了下来，但他知道纸里包不住火，事情迟早会暴露，想来想去只有来求曾国藩帮这个忙了。希望曾国藩念同乡之情，帮自己出个主意，保住侄子的性命。

听他说完，曾国藩沉吟了一会儿，便安慰知府说："既然你侄子是误杀了对方，那么官府一定会给他一个公道的说法的，你不必担心，不会有事的。"知府看曾国藩说"不会有事"，认为他的意思是肯帮忙，心里自然十分欢喜，便递上了带来的金银，对曾国藩说道："只要您说一句话，我侄子的性命就肯定可以保住了。"但是曾国藩却无论如何都不肯收下他的礼物，一味地推辞并让他放心等待结果。知府既然带了东西来，就自然不肯将东西带走，于是强行留下金银后自己迅速离开了。

曾国藩心里开始不安，他思前想后：既然是误杀，只要说明实情就可以了，也不至于判死罪，为什么还要这么匆忙地留下礼物呢？知府惶惶不安的样子一定是在隐瞒什么，虽然是同乡，但我也不能因此而不秉公办理。想到这些，曾国藩立刻派人去调查这个案子。

果然不出曾国藩所料，原来并不是误杀这么简单。这个知府的侄子在当地依靠着叔父的势力，一直为非作歹，平日里就横行乡里，无恶不作，早就成了当地的一霸。而其叔父也依靠手中的职权，不断保护侄子，为他掩盖罪行，此事早已激起民愤。了解实情之后，曾国藩非常愤怒，对方既已经违背了做官的基本原则，袒护侄子，还企图利用同乡之谊来蒙蔽自己的眼睛，心存侥幸地希望让自己成为他们的保护伞。最后，他严惩了杀人的恶贼，送回了同乡知府所遗留的金银，并在奏表之中弹劾了他。

这件事之后，曾国藩立刻想到了自家家中的那些子侄们，自己出身穷苦，所以从来没有仰仗过什么人的保护而为非作歹，更没有认为自己有什么特权就横行霸道。而出身官宦人家的子弟，却往往心存侥幸，认为自己可以做一些别人不敢做、不能做的事，所以会任意妄为，犯下错误，这样的结果不仅会害了自己，还会害了保护自己的人。可见心存侥幸就是靠近危险。

深思熟虑之后，曾国藩写信回家，叮嘱家人监督好子侄后辈，并告诫他们做事情一定要脚踏实地，千万不能因为侥幸心理而放任自己的行为。

侥幸虽然会带来一些惊喜，但更多的时候却会带来始料不及的失败，心存侥幸是对自己的不负责。将事情的成败寄托在运气上，本就是一件非常危险的事，如果没能达成自己的心愿又以运气不佳作为理由更是荒唐至极。远离侥幸的心理是曾国藩以一个文人的心态而自修的为人品格，当他作为武将战斗的时候，这种文人心态对其帮助也很大，帮助湘军无数次远离危险，一步一步走向成功。

8.4 跳过龙门钻狗洞

在封建社会，士子们将科举考试看做是“跳龙门”，一旦能够通过考试，就可以获得锦绣前程。但事实上，官场上的纷争远比科举考试要来得复杂和艰险，很多士子就算是通过科举获得了进入仕途的门票，也未必会在这个舞台上有一番作为，还常常因为不合时宜而受到排挤，落得一个凄惨的下场。曾国藩也同样是通过科举而进入官场的人，不同的是，他并没有认为进入仕途之后自己就会一帆风顺，相反地，他入仕后处处放低姿态，对官场荣誉也没有过多地寄予期望，有了这种平和心态，就算是遭遇到一时的坎坷也能重树信心。

咸丰二年（1852）接到皇帝谕旨在湖南组织团练之后，曾国藩憋足了劲儿想要有一番作为，乱世正为英雄创造了崛起的条件，而顺应着这样的条件，曾国藩觉得自己澄清天下的愿望也即将实现。他带领着招募的湘军一路挺进长沙，与当时清廷的正规部队绿营军驻扎在一起，孰料在这里，他却遭遇了无数坎坷磨难。

绿营军是清政府一支重要的部队，一直都受到清朝皇帝的优待，被当作保护江山不倒的最大保障。到咸丰皇帝时，绿营军的历史已经有二百余年，在这二百余年之中，他们固然建立了不少功勋，但也因为这些功劳而变得懈怠起来，甚至有些妄自尊大。因特殊的待遇，绿营军成为所有军队之中的高级编制，常看不起其他军队，士兵们平日里常喝酒取乐，甚至靠抽大烟来打发时光，更别提操练了。这些情况让刚刚开始执掌军权的曾国藩感到非常难办。

在长沙操练湘军的时候，驻扎在这里的绿营军也同样受曾国藩领导，操练自然也要在一起。因此问题就出来了，骄奢已久的绿营军根本吃不了在烈日炎炎之下操练的苦，自然不愿意参加训练，每天都吊儿郎当。曾国藩看在眼里，特意派遣以严厉闻名的湘军将领塔齐布来担任练兵总指挥，试图改变这种局面。塔齐布对两支队伍的训练采取了相同的方式，而这让绿营军的将官都有点吃不消，他们愤而挑起纷争，教唆手下的士兵和塔齐布对立，甚至把矛头指向曾国藩。

除了无法忍受操练之苦，绿营军还对湘军有些看不惯，因为当时湘军的军饷完全是由曾国藩自己来解决，他依靠着胡林翼、郭嵩焘等人的帮助，筹集了不少的款项。为了刺激湘军的战斗热情，给予每一个战士的军饷也颇为丰厚，几乎是绿营军的三倍。而曾国藩一味地想着湘军，忘记了这种情况会对绿营军产生刺激。绿营军的军饷是朝廷提供，自然不会轻易做出调整，这种待遇上的差别让绿营军更加看不惯湘军。

为了发泄自己的愤怒情绪，绿营军开始挑衅湘军将士，双方经常会发生摩擦，严重的时候还会发生械斗。曾国藩认为现在不过是刚刚起兵，如果内部出现不和，那么时间一长对军队的战斗力损伤就不可估算了。因此，他总是本着息事宁人的态度对绿营军一再忍让。对于那些参与械斗的湘军战士，曾国藩则秉持着严格治军的态度，给予严惩。而绿营军的将领本身就看不惯文人出身的曾国藩，所以当本营将士出现械斗湘军的情况时，不仅不闻不问，反而还有些洋洋自得。因此绿营军更加有恃无恐，挑衅事件发生的频率也越来越高。

练兵总指挥塔布齐一直都是绿营军挑衅的首要目标之一。有一次，在塔布齐和湘军几名战士吃饭的时候，恰逢了几位刚刚喝完酒的绿营兵。他们看到一向憎恶的塔布齐只带着几个人，自然不肯轻易放过这个好机会，便寻衅闹事，对塔布齐拳脚相加。气血方刚的湘军战士受到这种没有来由的挑战，一个个暴跳如雷，眼看自己的首领被人殴打，他们便奋力还击，冲上去教训了那些绿营兵。绿营兵虽然人数众多，但因为久不操练，体质早不如从前，和湘军对抗不一会儿就落到下风，最终被湘军一顿狠揍，仓皇地逃走了。

原本以为出了一口气的湘军兴高采烈地回营，没想到绿营兵并非善罢甘休之徒，他们回到营地，将事情渲染了一番，说是湘军故意挑衅并殴打了绿营兵，一时之间激起了很多绿营兵的复仇情绪，一众人都来围追塔布齐。回到营地的塔布齐被一群愤怒的绿营兵围住，眼看对方人多势众，知道大事不妙，虽然塔布齐个性倔强，但也知道此时不能盲目逞勇，便掉头逃跑。绿营兵不依不饶地一直追击塔布齐，一路杀到塔布齐住的参将府，而塔布齐却早已不知去向。绿营兵认为自己长了志气，便乘机一把火烧了参将府，扬长而去。

此事在湘军大营之中引起了轰动，湘军将士认为绿营兵欺人太甚，不仅打人，而且还火烧参将府，分明是没有将湘军放在眼里。长期积聚的矛盾在此时爆发，军营里人头攒动，要求严惩闹事的绿营兵。而绿营军的首领看到自己的部下闹事，并没有反思自己的错误，反而趁机煽风点火，把一切错误归咎于曾国藩，试图将士兵的愤怒引向曾国藩。

被激怒的绿营兵在烧了塔布齐的府邸之后，又迅速集结起来，向曾国藩的府邸直冲而去。绿营军将领更散布谣言，说曾国藩想要用湘军来取代绿营兵，此次只有杀掉他，才能一泄心头之恨。听闻这个消息，曾国藩胆战心惊，他一心为国，怎么会想到自己管辖的军队想要杀自己，一时间慌乱得手足无措。在部属的安慰下，曾国藩逐渐冷静下来，他进入巡抚衙门寻求保护，才躲过了这一劫。

当曾国藩慌忙逃命的时候，谁还会顾及到风度？他只能一味地寻求生路，只有先活下来，才能有日后的打算。只有活着才能打败敌人。当初跳龙门后，本以为此生就可以风光无限，怎料还会有今日之狼狈呢？经过了这一场闹剧之后，曾国藩也逐渐看清了自己的地位，在长沙这片土地上已经无立足之地，绿营军不能容他，作为新起势力的湘军也就不能在这里存活了。

有人看到曾国藩被逼得如此狼狈，愤愤不平地劝他上奏朝廷，以绿营军的将领不听指挥为由进行弹劾，为湘军和自己出这口恶气。然而，曾国藩却没有这么做，虽然这一次“钻狗洞”让他威风尽失，但他却认为能屈能伸才是真君子，自己要是因为要出恶气和绿营军对立起来，不仅对于当前的战局不利，更对自己的将来不利。绿营军之所以敢于这么挑衅湘军，全是因为湘军本身的实力不强，所以引来他们的妒恨。自己的弹劾也许可以换取一时的痛快，但如果没有湘军的实力作为支撑，他日，绿营军也必然会反扑而来。到时候，还未开战，便已起内讧，岂不是给敌人以可乘之机？当前最重要的是让湘军建立功勋，别人自然不敢小视。

曾国藩忍气吞声，率领湘军从长沙转移到衡州，在这里辛苦操练。在之后的几个月里，湘军迅速成长，不仅人数、武器增加，战术也得到提升，很快就成为一支有实力的军队，在战争中屡立奇功。

作为被朝廷委以重任的大臣，竟然遭受到这样的排挤和打击，甚至险些将自己的性命丢在这种无稽之争中。这对于大多数的为官之人来说，是绝对忍不了的。中国人向来以面子为最大，不管做什么事，都是面子第一。这种事伤及脸面，自然是大过于天，不论如何都要争这口气。但曾国藩却却忍了下来，他没有与别人钩心斗角去争取面子，而是将精力都放在了士兵操练上，终于以一支强大的军队证明了自己的实力，从而在根本上为自己争取了面子。

曾国藩曾经说："谚云：吃一堑，长一智，吾生平长进全在受挫受辱之时，务须明励志，蓄其气而长其智，切不可戳恭然自馁也。""跳得了龙门"是为了享受生命中的辉煌成就，而"钻狗洞"则是要忍受生活中的各种委屈。凡是那些有大志向的人，都能够忍受命运的不公，不求一时的痛快与人逞勇斗狠，而是从大局出发，从大处着眼，为了实现更为远大的目标忍辱负重。一时的低头，是为了以后将头昂得更高，只有将手先缩回，才能让拳头更有力地出击。

8.5 容人长，修己短

作为湘军的精神领袖，曾国藩平日里对自己要求最为严格，总是不苟言笑。但他对于子弟和后辈的教育又最为上心，时常寻找机会对弟子耳提面命。吃饭的时候是曾府幕僚人到得最齐的时候，此时曾国藩则会一改常态，和大家有说有笑。他时常在饭后休息时和幕僚们谈论时政，交流相互之间的学问。

在一次和幕僚同桌讨论的时候，有人向曾国藩提出一个问题："自从入仕以来，您的官运算是亨通，但官场不比平常，一定会有不少挫折坎坷。在强手如云之地，您怎么能够久立不败之地呢？"

曾国藩听了这个问题，笑着说："大家都羡慕我能够从一个乡绅变成现在的大员，而其中所经历的坎坷却是鲜为人知的。在官场之中生存，必然会与比你强的人相遇。而做官的人又往往具有一个特点：喜欢逞强，喜欢挑战，又不服输。人人都想证明自己是最强的，自然会出现很多竞争与摩擦，这本是人之常情，但如果一味地逞强，将自己的强大寄托在压垮别人的身上，希望踩着别人的失败作为阶梯，那么这样的强就没有意义了，肯定不能长久，因为必然会有更强的人来将你踩在脚底。”

对于那些比自己强的人，曾国藩有自己的处世原则，他告诉幕僚：“历史上著名的李斯和韩非之争，就是一个发人深省的例子。李斯因为妒忌韩非比自己本事大，便在秦王面前进谗言，诋毁韩非，试图让秦王不要重用他。当然他达到了目的，获得了秦王的信任，排挤了韩非。但在韩非死后，他也没有得到什么好下场，最终也因为别人的陷害引来了杀身之祸。所以真正的强者，不是通过不择手段来战胜别人获取胜利，而是从别人身上看到长处，取人之长补己之短，进而完善自身，让自己达到无可战胜的境界。”

这一番话影响深远，有多个幕僚曾经撰文对此表示感叹，深深折服于曾国藩的修为与胸襟。而曾国藩对这一原则也是忠实地执行，在镇压太平军的过程中，他就吸收和学习了别人的策略来完善自己。

与太平军在安庆附近交火的时候，曾国藩曾被太平军包围。为了摆脱困境，他将大营设立在祁门镇。此处三面环山，是一个狭长的盆形地带，出入都要从这里经过，是一个战略要塞，乃兵家必争之地。然而，当时任其部将的李鸿章却反对说：“将大营驻扎在这里，会将湘军陷入万难之地。”曾国藩却坚持认为自己的做法是对的，没有对他加以理会。

半个月之后，太平军攻下了徽州府，此时与湘军驻军的祁门镇只有六十里的距离。徽州府的失守让曾国藩非常焦灼，眼看太平军大军压近，而湘军的兵力还难以抵抗，如果太平军乘着破徽州的锐气直杀过来，自己处境将十分危险。恰在此时，湘军等待救援的粮草也被太平军截获，曾国藩的处境更加艰难。

左右为难的曾国藩还在驻地苦思破局之策，又忽然接到了咸丰皇帝的加急手谕，谕旨昭告英法联军已经攻占了北京，咸丰帝率领嫔妃逃到

了避暑山庄，让曾国藩立刻赶到热河去救驾。

曾国藩束手无策，只好招幕僚前来商议，很多人都认为救驾是最紧急的事情，必须立刻遵照谕旨前去热河。但李鸿章却反对救驾，他说：“英法联军侵占北京的目的不是为了推翻大清朝,他们只是为求财而来，所以不会轻易加害皇帝，只要给他们足够的钱财就能使其退兵。但如果我们此时贸然行动，就会给太平军可乘之机，他们的矛头是直指清朝皇帝的，定会让大清陷入万劫不复的境地。所以现在最好的办法，就是按兵不动，等皇帝再下谕旨。”

此前因为没有听李鸿章的建议，曾国藩已经深深懊悔，现在李鸿章的提议也颇为明智。因此他很快就采纳了李鸿章的建议，上奏朝廷安抚皇帝。拿到钱财的英法联军果然很快就退出了北京城，而太平军在攻占徽州府之后，也没有攻打祁门镇，只是一路南下，让曾国藩的湘军终于解除了危机。

本次祁门镇的危机，让曾国藩感悟颇多，在给曾国荃的信中他总结此事：“然事已至，无外悔字、硬字而已”，但非常庆幸自己听取了李鸿章的建议，没有轻举妄动，才保全湘军。如果在危急关头，一味地拒绝那些比自己明智的提议，只能是将自己推向更加危险的边缘。

不管是在任何场合，竞争都是难免的，如果总是将目光放在别人身上，以别人的强弱来作为衡量自己的标准，到头来就会发现自己只是原地踏步罢了。争强好胜固然是一个人自强上进的表现，但只有摆好了自强的出发点，才能真正对自己有所帮助。容人所长，补己之短，换一个角度，就可以让竞争变成帮助，又何乐而不为呢？

第九章 韬光养晦减锋芒

进退之智可以让人在束手无策的时候找到解决问题的稳妥办法，对于熟谙此道的人来说，暂时的退并不可怕，而下一次的进才是他们最终的目的。在前进之中，双方出现对峙，如果其中一方出现异常而后退，多半就是其为了打破当前的僵局，为自己找到更为有利的进攻点，积聚更强的冲击力而选择的策略。

9.1 显隐之间得生机

由于封建社会的政治体制特点，导致臣子与君主之间存在着微妙的平衡关系，一方面君主希望臣子可以拼尽全力为国尽忠，确保江山稳固；但另一方面，他又担心臣子“功高盖主”。因此，封建社会的君臣都在寻找着一个让彼此都可以保持信任的平衡点。要想在封建社会这种特殊环境之中建立功名，就必须时刻将这一规则谨记，在功成名就的同时也要避免让自己锋芒外露而引起别人的忌恨。不仅是对君王，在对同僚时，也要注意。

对于官场之中的各种关系要如何保持平衡的问题，曾国藩一向深有研究，尤其是在他凭借着湘军建立了不少的功绩之后，这个问题的考量便成为他的首要任务。熟读历史的曾国藩也希望从古人身上找到智慧的解决方法。可是纵观千年，他发现很多功高位显的人所采取的办法不外乎隐退，他们都试图通过这种方式让自己消失在别人的视野里。在曾国藩的眼中，这并非最佳办法，因为他的愿望是拯救苍生，一旦建立功业便隐退，岂不显得他为了功业而拼搏多年？有违初衷之举不是他该做的。随着职位的不断提升，以及所建立的功名越来越大，曾国藩手中的权力也逐渐威胁到了别人的利益，他明白自己应更加小心地收敛锋芒，含而不露，在显隐之间巧妙地找到平衡点。

1864年是曾国藩至为关键的一年，在这一年中他率领着由自己组建的湘军，势如破竹一路杀进太平天国的天京，一举剿灭了让清政府统治者坐立难安的太平军，成为大清的第一大功臣。在许多人眼中，迎接他的将会是目不暇接的荣华富贵，然而曾国藩却冷静地思考着自己将要面对的局面：功高固然会引来荣华，但更会引来别人的妒忌，同僚的妒忌已经需要他时刻警惕，而最可怕的是来自最高统治者皇帝的忌恨。

手中握有兵权的将帅向来都是君王非常忌讳的人，在借助他们力量稳固统治的同时也在时刻想着如何限制他们的力量。兵可以维护统治，也可以摧毁统治。曾国藩并没有一味地站在自己的角度幻想着美好的未来，而是以皇帝的角度考量自己的处境，平定太平军之后，他虽然是功臣，但在皇帝眼里也是威胁。湘军骁勇善战成为人人称颂的英雄，也同时成为皇帝背后的一根刺，必定让他寝食难安，时时提防。为了避免让皇帝起疑心，也为了避免同僚妒忌，曾国藩主动要求削减湘军部队。

功高震主对于臣子来说是最危险的，而手中没有一点权力，又会让曾国藩失去说话的底气，变得任人宰割。因此，在裁军的过程中，曾国藩也在努力寻找一个平衡点：既让自己有实力掌控话语权，又让皇帝对自己放心。当时的湘军虽然名声震天，但因为经历了长期的战争，已经到了强弩之末，战斗力遭遇到很大的伤害，正需要大力休整。而李鸿章所率领的淮军虽然人数不多，但军力强劲，更兼武器都是使用新式的洋枪洋炮，是一支不容小觑的队伍，正适合留为己用。思虑周全之后，曾国藩在天京写好奏折呈递给同治皇帝，主动申请“定议裁撤湘军”。在这本奏折中，曾国藩说：“臣统领湘军太多，即拨裁撤三四万人，以节开支。”用节省开支为名要求裁撤军队，让这一切看上去合情合理，同时也让大家面子上都非常好看，此计可谓智慧之举。

清政府查看了当时湘军的名册之后，发现曾国藩手中已经握有十几万人的部队，便立刻同意了曾国藩的申请，要求他从这十几万人中开始裁撤。按照筹划，曾国藩积极地将张诗曰等人率领的一万人留在金陵驻防，其余的部队都被遣回到安徽做巡防军队，助攻天京的一万两千人也被裁撤。此举大刀阔斧，让清廷看到了曾国藩果然是真心想要放弃军权，心中大感欣慰。不过，曾国藩的弟弟曾国荃所率领的嫡系部队和李鸿章的淮军在此次裁军中却丝毫未动，全部都保留了下来。

1865年5月，清政府又下达命令，让曾国藩率军北上剿匪，当时的江陵还驻扎着湘军没有撤防的八千余人部队，但其中只有张诗曰所带领的一千多人愿意追随曾国藩北上。见此情形，曾国藩果断地将那些不愿意北上的七千余人全部裁撤。即便如此，清政府看到张诗曰等人对曾国藩的忠诚追随后，还是不安起来，他们深怕曾国藩在军队如此有威信，万一他登高一呼，岂不是应者云集？因此，清廷立刻下达命令，让曾国藩离开军队回到朝廷中去，但不愿意给他浙江巡抚的职位。对此，曾国藩内心非常明白，自己的影响力就好比一把双刃剑，有时候可以成就自己，有时候又会伤及自己。为了让清廷统治者再次信任自己，曾国藩在裁撤掉军队的同时，也主动以身体需要调养为由将曾国荃从军队中调离出来，让他回到原籍，以此来消除朝廷的担忧。

在这场博弈之中，曾国藩因为摸透了朝廷的心思，将事态的发展掌控于手中。早在决定裁军之前，他就在给李鸿章的信中透露了自己的打算：“唯湘勇强弩之末，锐气全消，力不足以制捻，将来平定两淮，必须贵部淮勇任之。国藩早持此议，幸阁下为证此言。”在确定了将来的战斗计划之后，又对本部的军队进行裁撤，对未来的战役做好部署。他认为“兵端未熄，自须培养朝气，洗涤暮气。淮勇气方强盛，必不宜哉，而湘勇则宜多裁速裁”。

在消除清廷猜忌的过程中，曾国藩并没有用全力肃清自己的力量。

因为他深知，对于掌握着军事大权的湘军，朝廷极有可能欲杀之而后快，如果有一天真的出现这种变故，自己将会一点还手之力都没有。而保留淮军之后则会对清政府可能采取的杀之而后快起到牵制。

隐是为了显，屈是为了伸，曾国藩的智慧让他总是可以总揽全局，在与君王和同僚共事时，抓住要害掌握主动，这种谋略与其在战场上的智谋一样值得人钦佩。

9.2 顺境之中更要韬光

一个人最易失败的时候，并不是他势力弱的时候，因为此时处于逆境之中，精神会时刻保持戒备状态，一旦抓住机会，也许还会转败为胜。而当一个人处于顺境的时候，最易得意忘形，此时才是他最松懈最易被击败的时刻，历史上很多人正是因为在获得成功的时候忘形而导致惨败。曾国藩对自己的期许非常高，虽然获得了很多成功，但他却从未让自己有丝毫的松懈，即便是鼎盛时期，他也不让自己露出得意的神色，因为他知道得意便容易忘形，忘形就会导致毁灭。平日的曾国藩总是保持着一副威严的样子，只有遇到自己的子女，才会露出慈爱的神色，不苟言笑让他看上去更为低调严谨。

从咸丰年间接到皇命开始组织湘军，到同治年间这四年时间里，曾国藩的人生发生了重大的转变。1860 年的他，只不过是一个奔丧的京官，而 1864 年攻下太平军天京时，他手中已经握有五十万湘军的兵权。

湘军的发展速度之迅速，实为历史罕见，两三年之内便发展了四十多万人，此后还在陆续增加，同治三年时达到五十万，和绿营兵的数量形成抗衡，成为清政府军队中实力最强的部队。

在军事力量方面的发展已经足以令清廷对曾国藩刮目相看，而曾国藩也非常明智地要求削减自己的军力来换取清廷信任。但即便是削减军权后，曾国藩在政治上依然占据着很强的优势。

以曾国藩为主的湘军集团吸纳了很多人才，这些人不仅在军事上表现卓越，在政治上也表现突出，在朝廷之中担任重要职务者人数众多。根据当时的记载，同治三年时，湘军集团有二十三人担任督抚大帅，其中总督级别有曾国藩、左宗棠、刘长佑、毛鸿宾、骆秉章、杨再福等六人，而巡抚级别多达八人。在整个清政府版图上，包括江苏、安徽、浙江、江西、湖南、湖北、四川、福建、广东、广西、陕西、山东和直隶等多个省份都被湘军集团控制，由他们的人担任着省内重要领导职务。当时清政府还没有在东北、青海、西藏和新疆设立省，所以全国只有十八个省，而这十八省中有十三省是被湘军集团控制。

一个集团可以拥有如此强大的实力，在清政府历史上非常罕见，在我国古代的封建社会中也属罕有。清朝是一个以满清贵族为主要权力主体的统治机构，他们的王公权贵主要以满族人为主，对于汉人则较为排斥。而曾国藩作为一个汉人，能与满清贵族组成的权力集团分庭抗礼，实属难得。

封建时代家天下的政治制度让统治者对于异己的成长非常敏感，他们会全力打压对自己造成威胁的势力，以确保江山稳固。而咸丰、同治两位皇帝却都没能对曾国藩的发展采取有效的控制措施，其主要原因之一是湘军集团的发展速度实在过快，超出了他们的反应速度。

咸丰三年，曾国藩身边的朋友、同僚出任督抚职务的人还屈指可数，到同治元年，不过只有数人，而且都未能掌握实权。由曾国藩所推荐的江忠源，担任督抚的时间没能超过三个月，而罗遵殿也只做了五个月，骆秉章虽然当时担任湖南巡抚，但那时他并未与曾国藩交好，不能算在曾国藩的集团中。因此，能够稳坐督抚位置的人，只有曾国藩和胡林翼两个人而已。这样的实力自然不会引起统治者的在意。

在此后的三四年中，曾国藩集团迅速发展，他建立的湘军势力大增，在 1859 年时达十四万人，到 1864 年更达到五十万。随着军事实力的增长，政治势力也开始崛起，短短的几年中，由曾国藩举荐或出身湘军集团的督抚便有二十多位，相较于前几年增长的速度大大增加。

平定天京之后，湘军集团不管是军事实力还是政治实力都达到了鼎盛，此时的曾国藩足以傲视朝廷之中的任何人，包括同治皇帝在内。然而，随着鼎盛期的到来，更多的问题也接踵而至，人的欲望开始膨胀，湘军将领也如此。这种欲望将作为首领的曾国藩推向了危险的境地。

通过当时的史料记载，在太平军灭亡的时候，湘军集团的将领们有人提出效仿当年赵匡胤称帝之举，希望曾国藩举起反旗。

南京城破之后，到处是颓垣断壁，满目苍凉，让人不忍目睹。众将都认为自己功成名就，已经到了享受荣华富贵的时候，而有一些人则觉得应该乘胜追击，让湘军的繁盛达到另一个境界。在夜审太平军将领李秀成之后，曾国藩疲惫地回到卧室准备休息，可是却有人通报说，有三十余位将领正齐聚在大厅之中，请求见曾国藩。

听到这一消息，曾国藩眉头深锁，他明白众将想要做什么，在此前已经不断有人暗示过。但他没想到今天他们会齐聚一堂，显然要逼自己做出一个决定来。能够将事业和成就推向另外一个高度而青史留名，是每一个人都希望的，因此他非常理解这些冲锋陷阵的将士们为什么要这么做，他们无外乎想要追求更多的富贵荣华。然而曾国藩依旧保持着冷静，就算是湘军将他推到足以傲视天下的位置，他也没有因此而得意忘形。前思后想之后，曾国藩派人去找曾国荃，让他陪同自己一起会见热血沸腾的众将。

在攻破南京城的过程中，曾国荃表现英勇，但也因此负伤。接到曾国藩的命令之后，他从病榻上爬起来，随同哥哥来到大厅。众将原本充满了激动，认为只要曾国藩振臂一呼，今天就能改变天下版图。但谁料曾国藩出现的时候却一脸严肃，他凛冽地环视了一下兴奋不已的诸将，坐在那里一言不发。半晌才拿出纸笔，奋笔疾书写下一副对联，从容地退入后室，再也没有露面。

面面相觑的众将都不理解曾国藩是什么意思，因为他严肃的表情，也没有人敢上前直言。曾国荃见状，走到书案旁拿起曾国藩所写的对联，上面写着十四个大字：“倚天照海花无数，流水高山心自知。”

初读这副对联，曾国荃一阵激动，“倚天照海”的字句让他以为曾国藩也有心想要举旗反清，让天下改姓，让汉人重新夺回统治权力。但读到“流水高山”句，他的神情又变得黯然。深受儒家思想影响的曾国藩并不想通过这种方式让自己博取功名，而让天下百姓遭殃。他的“心自知”一句正是告诉曾国荃和众将，自己本无心于此，希望众将不要再用这种方式强迫他改变心意，而他的心意也不会因此而改变。

曾国荃读完对联，神态惶然，而诸将看到，有一些点头表示认同，有一些则摇头感到惋惜，更有一些热泪盈眶，不知道是有感于曾国藩的情怀，还是为自己的希望瞬间破灭而惋惜。最后，曾国荃黯然地宣布：“大家以后不要再讲什么，关于这件事以后也千万不能再提起。如果此事有任何的闪失，都让我曾九一个人承担。”

南京城破时湘军将领有意拥立曾国藩，一方面说明当时湘军实力足够强劲，才让他们有这种想法，但同时也反映出曾国藩的冷静，不得意忘形。在封建时代，通过非常之举来改朝换代的事时有发生，若能成功则会改写历史，而一旦失败所带来的灾难将不可预估。因此，就算众将都有此心，也不敢轻易说出口，而史料之中更是只字不提“拥立”等字样。曾国藩用十四个字作为自己的回答，彼此之间心照不宣，其谨慎、冷静让一切的危机都消失于无形之中。

9.3 荣华并非福分

曾国藩为官数十年，深知官场及人心之险恶，对于封建社会的士子而言，他们要想有所作为就只能寄希望于学而优则仕，期望可以通过获得权力来实现自己的人生目标。但权力的获得也需要付出代价，首当其冲便是自由，要为朝廷效力就必须拿出自己的身家性命作为筹码，否则也不能换取当权者的信任。韩非子有一篇《伏虎于匣》让曾国藩深有感触：原本野性十足的猛虎，在深山之中可以称王称霸过着自由的生活，

但他们一旦被装进笼子里，就只能摇尾乞怜，以期获得人类的同情来维生。自己通过读书成为权贵，其实也好似老虎进了笼子一样。

深谙官场规则的曾国藩对于荣华富贵向来看得非常淡薄，因为他觉得这些东西正是使人走向深渊的诱饵，多少人为了荣华富贵而丧命，又有多少人因为贪图享乐而前功尽弃。认定荣华富贵并不是福分，曾国藩将这一理念也传递给自己的子弟和兄弟，正是通过这一认识，也让他们可以保全性命。

曾国藩的弟弟曾国荃跟随着他南征北战，建立了不少战功，在剿灭太平军的战役中立下了汗马功劳。有一个这么突出的弟弟固然是一件可喜的事情，他可以帮助曾国藩做很多事，然而清廷政府眼看着曾氏兄弟逐渐发展壮大，却慢慢不安起来。在攻陷天京的战役中，曾国藩一家不仅出力而且出人，死伤数名骨肉。曾国荃看到自己的亲人战死，内心十分悲痛，他性格耿直，认为清政府一定会嘉奖曾家舍身为国的精神，在战争胜利之后对自己封官加爵。

然而清政府统治者所想的并不一样。与曾国藩的老练沉稳不同，曾国荃性格直率，因为并没有读多少书，做事非常鲁莽，从来不掩饰自己的内心想法，有些急功近利。这一特点在军中广为流传，大家都知道曾九是一个急脾气，加上其兄长曾国藩的地位权势，也没有多少人敢惹他。在李秀成被处死之后，曾国荃等着清廷加赏自己，谁料却接到一番谕旨，要求他立刻离开军营，到浙江担任巡抚一职。

在大功告成之日忽然抽身，让曾国荃很不能理解，而且他认为自己的功绩足以换取总督的职位，清廷却只让他任浙江巡抚，未免有些委屈。他对哥哥曾国藩大肆抱怨，认为朝廷亏待自己，原本应该属于自己的荣华富贵都变得不可企及。而曾国藩却告诉他："荣华并不是福分，我们冲锋陷阵只是为了保家国平安，并不是为博取那一点点的富贵，既然朝廷有这样的命令，你就应该遵守。"

曾国荃咽不下这口气，一直不愿意接受朝廷的任命。曾国藩只好捏造了一个病情申报给朝廷，声明是因为曾国荃身体染病所以不能到任，请求朝廷恩准他回家休养。在舆论和统治者都非常关注的时刻，曾国荃并没有跳出来公开反对，而是由曾国藩为其告病，这也正符合了朝廷的心思，于是很快就通过了这一奏折，还赏赐给曾国荃六两人参滋补身体，以示关怀。

在曾国藩的眼中，平安远比富贵要来得重要，他之所以如此忍让也是韬光养晦之计，暂时的退让是为了永久地保护他们的既得利益。在移师江宁的时候，曾国荃依旧不能理解曾国藩的做法，践行宴上大肆地抱怨哥哥不为自己出头做主，令曾国藩非常尴尬。为了安慰他，曾国藩于弟弟四十一岁生日的时候亲笔撰写了十二首绝句，让赵烈文送给他。当曾国荃看到"刮骨箭瘀天鉴否，可怜叔子独贤劳"一句时，忍不住放声大哭。原来曾国藩并不是不理解他的付出，在整场战役之中曾国荃出生入死的每一个举动每一个伤痕，曾国藩都铭记在心，而曾国荃也终于肯相信曾国藩这么做是为了自己好。没过几天，曾国荃带着满腹的委屈返回湖南，按照曾国藩的要求不再向朝廷提出任何异议。

在多年征战之后回乡，本是一个修身的大好机会，可曾国藩知道曾国荃个性不安寂寞，心中又怀有不甘，就算是回乡修养也肯定会不断流露对朝廷的怨恨，朝廷对于自己的牵制也一定会激怒曾国荃说出一些不合时宜的话。所以，他对曾国荃百般叮嘱，要求他不能轻易答应任何人关于出山的邀请，在时局还不是很明朗的时候，千万要注意自己的言行，不要引火上身。

1865 年 4 月，曾国荃已经回乡修养半年了，他逐渐有些耐不住，一心想重回京都辅助哥哥做一番事业。曾国藩了解到他的意愿之后，立刻修书给他，告诉曾国荃："我身边那些有见识的朋友以及那些爱护你的朋友，都认为弟弟此时应该暂时缓一缓，不要着急出山，而我的意见也希望弟弟可以借此机会好好休养身体，在家闭门三年，然后再寻找机会担当天下大任。"三年的时间并不短，当时才刚刚过四十岁的曾国荃正是年富力强的时候，自然不甘这么虚度三年时光，曾国藩便对他提出了一些具体的修身养性的要求，希望曾国荃可以在这段时间里充实自己，改变自己的脾性，为做大事业做好准备。

为了让曾国荃可以安心休养、不生事端，曾国藩为他指点了三个方向：其一要修身养性，其二要补充奏议之学，其三要增强自身素养，遍读文史。这三个要求具体针对了曾国荃本身的一些缺点，他认为曾国荃平时就喜欢打抱不平，对于大家都看不惯的事情喜欢站出来发声，同时又对朋友非常仗义，所以难免会在遇到不平之事时成为众矢之的。而现在回乡是为了在朝廷眼中淡出，让他们不再注意到曾氏一族，所以曾国藩要求弟弟控制自己的脾气，尽量不要插手湖南地方事务，影响地方政府做事。第二条中所提出的奏议之学也一直是曾国荃的不足之处，他时常向曾国藩抱怨自己不善于做文章，并以此为耻，曾国藩正好让他借此机会努力提升自己，加强用于奏议的文章的学习，并鼓励他将当年在战场上拼命的劲头拿出来，努力学习写文章。在后来的一些信件之中，曾国藩又不断提出新的要求，包括让曾国荃学习经典著作，遍读历史著作、了解朝廷兴替的规律，以期加强自身的学识修养。

在不断安抚曾国荃的同时，曾国藩还将自己历年所撰写的日记都寄回去，让曾国荃阅读了解自己在外所受到的压力，通过这种方式让曾国荃明白自己这么做的一番苦心。日记之中所描述的“衰惫之状”也刺激曾国荃可以更加安心地在家里教育子侄后代读书做人。

曾国藩这一番耐心的教导起到了很好的作用，曾国荃忍住了自己的火暴脾气，果然换得清政府的信任，对曾氏兄弟抛开了嫌疑。一年多的修养让曾国荃本身的学识也多有提高，在此期间朝廷曾经下发诏书请他出任山西巡抚，他也坚辞不受。

1866 年 2 月下旬，清政府颁布诏书要求曾国荃出任湖北巡抚，因当地捻军势大，所以命令曾国荃帮助剿灭捻军。直到此时，曾国藩才认为时机已经成熟，在经过了长时间的蛰伏之后，朝廷认识到曾国荃的重要性，这正是让曾国荃重新出山的大好机会。于是，曾国藩写信说：“惟决计出山，则不可再请续假，恐人讥为自装身份太重，余此信已为定论，下次不再商矣。”他认为在经历之前一次拒绝后，如果再次拒绝可能会伤及朝廷的颜面，而“君恩过厚，无令外人疑为装腔作势也”，因为有了皇命，也不用担心别的权贵会以此为把柄来攻击自己了。于是，曾国荃也终于不用再忍受寂寞的归隐日子，重新回到战场上了。

不管实力多么强劲，个人总是要适应环境才能生存，为了实现更为远大的目标，在必要的时刻以退为进也不失为良策。曾国藩为曾国荃所做的这一番安排让兄弟二人都避免了朝廷的猜忌，安稳地度过了敏感时期，而在朝廷需要他们的时候，又一跃而起，重新执掌军事大权。当时曾国荃所放弃的那些荣华，与他后来所建立的功业相比，又怎么能相提并论呢？

9.4 时刻谨记进退之智

在任何社会之中，进退之学都是一门重要的人生哲学，其中所隐含的为人处事之道，可以让一个人用最为得体的方式达到目的。人生之中总有令人迫不得已的时候，总需要做出一些进退选择，在分析遍各种因素之后依然没有头绪，无法做出正确的抉择时，往往就会突兀地走进歧途，让之前的努力化为乌有。但凡是一个人处于创业初始阶段，所面临的问题也都需要他奋勇前进才能解决，此时不可缺少的便是勇气，不能因为求平求稳而丧失机会，怀抱着勇往直前的精神方能获得成功。而当人到了功成名就已然得势的时候，也同样需要面临很多抉择，此时却需要保持淡定，一切以求退为原则。

曾国藩对进退之智进行了精炼的概述，用以教育子弟和后代，警示后人不要贸然地做出错误的选择。他认为，在适当的时候，“退”并不代表失败，也不代表懦弱，而是一门更为高深的人生哲学。在选择“退”的时候，最重要的是要清楚自己为什么要退，最简单的判断依据便是再前进就会遭遇麻烦，引来杀身之祸。用现代理念来说，即“撤退是为了更好地进攻”，曾国藩所认识到的“退”也是为“进”做准备。

如果仅此道理而言，大多数人都可以心领神会，但到了具体事务之中，又有多少人可以在适当的时机找准“退”的机会，让自己免予受难呢？大多数人都只知道一味地前进，就算此时已经获得了很好的回馈，也会想着去找寻更高的点，让自己的人生出现第二个高峰，一味地求进只能让事情适得其反。由此可见，曾国藩的后退哲学更加发人深省，足以令人反复玩味。

在安庆战役之后，曾国藩的湘军部将就曾经有劝进之意，其中与之相交甚好的胡林翼、左宗棠，都劝曾国藩突破自己。左宗棠甚至非常激烈地批评曾国藩总是畏首畏尾，认为他的过于谨慎只会耽误大事。而在劝进之人中，表现最为激烈的是王闽运、郭嵩焘和李元度等人。

在曾国藩寿诞时期，胡林翼、左宗棠等人都送上了自己拟写的对联，其词多为庆贺，而其中又隐含了一些言外之意。左宗棠用鹤顶格题联：“神所凭依，将在德矣；鼎之轻重，似可问焉！”这一副对联经由胡林翼之手转交给曾国藩，表示了他们对曾国藩的支持，其中“似可问焉”已经将意图表现得一目了然。胡林翼看后心照不宣，一字不改地将对联转送给曾国藩，而曾国藩看了之后只是将“似”改为“未”，然后原封不动地将其退还给胡林翼。看到被修改的“未可问焉”一句，胡林翼也明白了曾国藩并无“进”之心，只好叹气说：“我何词费！”

后来，李元度也曾经有类似的做法，撰写过“王侯无种，帝王有真”一联送给曾国藩，曾国藩立刻就将其撕毁，并严厉地斥责李元度。在曾国藩的日记之中，有许多处都写道劝诫李元度做事一定要审慎，虽然没有说明原因，但大概也可以看出是因此事而起。曾国藩去世之后，李元度异常悲痛并题诗一首，其中有一句“雷霆与雨露，一例是春风”正是暗指这一件事。

不肯稍有越雷池之举，对于曾国藩来说是一种智慧，更是一种操守。不愿意“进”是他对于时局的判断，也是他自身素养个性的体现。对于那些走向失败的人，他们无所顾忌、任意妄为，随时都准备着跨越雷池，事事都想要成人先。殊不知任何一种名利的诱惑之下所跨进的一步，都隐藏着深深的陷阱，稍微松懈就会落入万劫不复的深渊。对于想要成大事的人而言，越名位的"进"应该慎之又慎。

在如何掌控进与退的问题上，曾国藩掌握了很好的度，他并不愿意做一个只知道进而不知道退的人，在此事上，他所遵循的原则便是"退身可安身，进身可危身。"长期以来养成的谨慎个性让他总是去选择最为安稳的道路。

那些不善于掌控进退问题的，在发展的过程之中必然会遭遇失败。因为过于激进而只知道向前冲的人常常会认为自己非常聪明，甚至鄙视周围的人所提供的建议和警告，在某一天无可进的时候，他就会发现自己已经没有了退路。因此，不能冒失地前进，而要在摸准了别人的心态之后采取有效的行动。这在人际交往之中是基本的准则，在官场之中也是必须遵守的铁律。只有那些具备了进退之智的人，才能适时地找到进退的时间点，从而在掌握了对方的弱点之后，或前进、或以退为进。

在权利场中寻求生存之道，难免会遭遇到各种各样意想不到的危机，历史上不乏这样的典型人物和事件。李斯在秦朝得到了秦始皇的重用，成为开国元老，但是却因为不懂进退之智死在了秦二世的手中；同样，贾谊以其出众的才华而得到了汉文帝的赏识，一时之间风头无两，但是因为太过出众又遭到了一众老臣的排挤。拥有赤诚的忠肝义胆，却因为一味地尽忠而忘记后退之智，最终死于此者比比皆是，屈原、比干等人就是例子。而有些人用尽了手段，在官场之上呼风唤雨，一时得势而权倾天下，却终究因为不懂得适可而止为自己招来大祸，赵高、秦桧之流就属于此列。

进退之智可以让人在束手无策的时候找到解决问题的稳妥办法，对于熟谙此道的人来说，暂时的退并不可怕，而下一次的进才是他们最终的目的。在前进之中，双方出现对峙，如果其中一方出现异常而后退，多半就是其为了打破当前的僵局，为自己找到更为有利的进攻点，积聚更强的冲击力而选择的策略。

身处弱势时不可硬拼，要避开对方的锋芒；身处顶峰时，要适可而止避免引来不堪之忧，在各种较量之中如果忘记了退，就有可能掉进深渊。所谓屈伸有度，进退自如，才能畅行天下，渡过难关。

9.5 功成不居，全身而退

封建社会的官僚与君主之间有着微妙的关系，彼此既要亲近又需要保持敬畏，对君主来说，通过亲近可以获得臣子的忠诚，而对臣子来说，保持对君主的敬畏之心，才能维护自身安全。在湘军为清政府建立了卓越功勋之后，咸丰皇帝又高兴又忧虑，他感叹曾国藩以一介儒生的出身，居然可以做出这样一番大事来，令朝中的将帅都钦佩不已。而他身边却有心怀叵测之徒说：“曾国藩不过是以侍郎开缺的机会进入朝廷，说起来只能算是一个乡绅而已，自古英雄起于草莽之间，他的能力这么卓越，岂不是令人担忧吗？”听了这样的话，咸丰皇帝沉吟良久，慨叹道：“去一个洪秀全，来一个曾国藩！”

在听闻了皇帝对于自己的这一番感叹之后，曾国藩的心中已经非常明了自己的处境。虽然湘军当时正处于鼎盛时期，人人都盼着他建立更多功业，但既然当权者已经对自己有戒心，如果不急流勇退，那自己极有可能会遭遇“飞鸟尽，良弓藏，敌国破，谋臣亡”的结局。

早在咸丰帝时期，曾国藩就已经为自己的将来做好了打算，虽然他不是一个想通过退隐来寻求平安的人，但当时所完成的功业已足慰这一生了，因此他时刻都准备着脱身而退。咸丰帝薨后，叶赫那拉氏掌控了清政府的实权，她对于曾国藩的态度更为灵活，让他督办四省军务，相当于昔日五位钦差大臣的职权。这样的重用并不代表曾国藩要迎来自己人生的第二轮高峰期，只不过是为了消除朝廷与曾国藩之间彼此的嫌隙，做出一副重用的样子，调动他的积极性而已。但曾国藩也明确地感知到清政府对于自己的热情已经逐渐冷淡下来，在他和沈葆桢争夺军饷的时候，清廷有意偏袒沈葆桢足以说明一切。受到压制的曾国藩虽然后来也得以解决军饷问题，但他却明白自己在清廷统治者眼中的重要性已经被大大削减了。

为了让曾国藩强大的势力不至于威胁到清廷统治，朝廷采取了一系列的约束措施。在争饷之时偏袒沈葆桢只不过是这些措施的表现之一，通过这一做法，曾国藩和沈葆桢之间也出现了嫌隙，原本坚固的情谊也不见了，取而代之的是对立。清政府扶持沈葆桢以及那些和曾国藩职务地位相近的湘军将领，通过感情上的疏远，利益上的分化，让他们逐渐和曾国藩之间拉开距离，原本的从属关系也逐渐破裂。曾国藩曾经的部下和幕僚，如罗泽南、江忠源以及左宗棠、李鸿章、刘长佑等人，都受到清廷的拉拢和扶持，清廷使这些人开始和曾国藩分庭抗礼，甚至彼此不和，通过争斗来实现其控制和利用的目的。

在分化曾国藩湘军内部人员的同时，清廷对曾国藩的得力助手曾国荃采取了另外一种态度，1863 年 5 月，升为浙江巡抚的曾国荃已经有了直接递交奏折的权力，为了便于抢先报功，曾国藩也授意曾国荃自己来递交奏折。但当曾国荃递交奏折报功后，却遭到清廷的严词拒绝，理由则是身为浙江巡抚的曾国荃一直留在南京，没有去浙江赴任，因此不准他单折奏事，并申明如果有军务要事，曾国荃依旧要先呈报给曾国藩，让曾国藩来奏报。此举让曾国荃非常郁闷，难免会言辞不逊，为了避免他惹来祸端，曾国藩只好派自己的心腹赵烈文跟随曾国荃，替他草拟各类奏章。

在这些措施之后，清政府并没有因此对曾国藩放松警惕，在上谕之中用言辞敲山震虎："曾国藩以儒臣从戎，历年最久，战功最多，自能慎终如始，永葆勋名。惟所部大臣，自曾国荃以下，均应由该大臣随时申儆，勿使骤胜而骄，庶可长承恩眷。"这一道上谕之中对曾国藩赞誉有加，认为他资历和功绩都不计其数，但曾国藩却一点儿都高兴不起来，因为对曾国荃的点名批评就是在打他的耳光。在谕旨之中，曾国荃成为对上不敬、小胜而骄的代表，语言之间流露出的不满，表示如果想要"长承恩眷"就必须要小心谨慎，严加管教。在此寥寥数语之中，可谓杀机

暗藏。

熟谙历史知识而又具备丰富政治经验的曾国藩自然听出了朝廷的弦外之音，他能够掂量出这一份谕旨的分量。他时常忧谗畏讥，常怕盈满，而此时看来，恐怕已经到了盈满之时。但他并没有贸然地请求告老还乡，早在父母去世的时候，他就时常提及回籍服丧的事，而如今功成名就，这类请求反而不能提了。只因在太平天国之乱后，军功显赫的他被封为一等毅勇侯，他已经成为湘军领袖，凡是那些从湘军出身的将领，不管他们在朝廷执掌军权，还是出征在塞外疆场，都将他视为精神上的首领。在剿灭太平军后被遣散的数万湘军的心目中，亦是如此。此时如果请求告老回乡，即便他本身没有二心，也很可能被那些别有用心的人所利用，如果被图谋不轨之人所挟持，奉为精神领袖，对朝廷来讲也是个大威胁。

在考量各方面因素之后，曾国藩一边解除了自己的兵权，让朝廷放松对自己的猜度，另一方面主动表示自己不愿意归乡，愿意留在两江总督任上继续为朝廷效力，绝不轻言去留。这种做法无疑是让清政府感到放心的最好途径了，依旧在任曾国藩会一直处于朝廷的视线之内，同时也不会因为手握太多兵权而让朝廷时刻惦记。在此后，他还积极地奉旨剿灭捻军，不辞辛苦地奔波在战场之中。他立功之后不居功，而是将功劳分给其他的将士，一旦出现失误，便立刻承担起责任，并借机大力向朝廷推荐李鸿章等人。这些无非是为了远离权势而避嫌的常用做法，只是在曾国藩做来却显得那么自然而不留痕迹，因为功成不居也是他的一贯作风。

曾国藩曾说:“处大位大权而兼享大名，自古有几人能善其末路者？”这是封建社会帝王专制所带来的时代特点，曾国藩身处其中，只能无奈慨叹，然后为自己寻求一条最为安稳的退路。“可与共患难，不可共安乐”，在患难时能够任贤用能，意图恢复和发展自己的功业，然而安乐的时候却总是担心身边的人心怀叵测。所以对于无心夺位的曾国藩来说，急流勇退，也正是他可选择的上上之策。

第二部分

跟胡雪岩学做事

第一章

诚信为本，稳坐商界之首

从放牛郎到学徒工，再从学徒工到商界之首，胡雪岩一路走来都不曾忘记父母的教诲：读书要认真读，对得起老师；放牛要认真放，对得起雇主；做学徒要认真做，对得起老板。总之无论做什么事，都要诚实守信，既然答应了，就要做好。诚信为本，不管是在过去还是现在，都是成功的基石。如若缺少了这块基石，再雄伟的高楼也有倒塌的一天。

1.1 当第一次机会来临

机会总是留给有准备的人。所谓的准备并非是你怀揣着“我准备好了”的虚妄念头，等着机会从天而降，而是从知事时便获得的教育、技能以及自身的修养。如果不是这些准备，胡雪岩也不可能获得人生中第一次宝贵的机会。

第一次机会出现在胡雪岩十三岁的时候，当时他还只是一个放牛郎，靠着给别人放牛来赚取一些零碎钱补贴家用。在一个极为平常的下午，胡雪岩将牛赶到野外的草地吃草，自己则找了附近的一处凉亭坐下休息。就在凉亭里，胡雪岩发现了一个包袱，它的外表并没有什么特别，只是拿起来十分沉重。

在好奇心的驱使下，胡雪岩打开了包袱，想看个究竟。这一看着实

吓了他一跳，包袱里不是别的，而是成堆的金银。惊慌过后，胡雪岩决定守着这堆财宝，等失主来寻。或许路不拾遗并不是个值得炫耀的品质，很多人都可以坚守这样的原则，但对于一个家境窘迫的少年来说，那巨额的意外之财的确充满了诱惑。其实，难能可贵的不是路不拾遗，而是明知道自己最需要金银的情况下，依旧坚持原则。

确实，当时胡雪岩的家境十分糟糕。

胡雪岩，本名光墉，字雪岩，公元1823年出生在安徽绩溪胡里村。这个地方不仅有旖旎的风光，还有许多闻名史册的风流人物，比如南宋才子胡仔、明朝名臣胡松等。尽管绩溪盛产才子名臣，可胡雪岩家族却有条祖训：要读书，但不做官。因此，胡雪岩的父亲胡鹿泉虽然是位读书人，却不曾走入仕途，只是靠做些小生意来维持生计。同样地，胡鹿泉也要求胡雪岩不进宦海浮沉。

胡鹿泉的生意并不红火，而且又在长子、胡雪岩大哥胡光鉴出生后不久遭遇过重挫，收入更是微薄。但真正对胡鹿泉造成打击的并非生意的惨淡，而是次子、胡雪岩二哥胡光鼎的夭折。丧子之痛已让胡鹿泉的身体出现异常，再加上后来胡雪岩、胡光培、胡光椿的相继诞生，巨大的生活压力更是让胡鹿泉不堪重负。

终于，在胡雪岩十二岁那年，胡鹿泉撒手人寰。在他弥留之际，一再嘱咐胡雪岩，要好好做人，好好做事，承担起家庭重任。一个少年的天真烂漫，在贫困和死亡面前被统统粉碎，只剩下过早成熟的沧桑。

胡鹿泉去世后，家庭生计就靠胡雪岩的母亲——金太夫人维持。一个女人，要养家，还要教育孩子，艰难程度可想而知。不过令人欣慰的是，金太夫人并不是一个没有思想的女人，她总是教导胡雪岩：不管是读书还是放牛，都要认真专注、诚实守信。这种朴素的价值观和做事原则，深深根植在他的心中。也正是如此，他才能在最需要金钱的时候，依旧坚守原则。

再回到那个价值不菲的包袱，胡雪岩将它藏在了草丛里，若无其事地守在一边等候失主。之所以要先将包袱藏起来，是为了防止有人假以失主之名来骗取包袱。能想到这样的细节，也可见他的过人之处。

一直等到傍晚，才见一个人心急火燎地跑到他面前，问他有没有看到一个蓝色的包袱。此时的胡雪岩虽然年少，却十分机警，为了避免上当，还特地问了问失主包袱里都有些什么东西。那人一五一十说了出来，分毫不差，他这才从草丛里取出包袱还给了失主。

失物复归，那人自然欣喜若狂，可真正令他吃惊的是，一个看似穷苦的放牛郎能不受诱惑，路不拾遗。那人从包袱里掏出一些银两，递给胡雪岩，一方面以示感谢，一方面也是想再试试胡雪岩的人品。

如果不是有父母扎实的教育在前，胡雪岩可能就会期许从做好事中谋取些利益。幸运的是，他一口拒绝了失主的酬金，坚守了自己诚信的原则。

失主见胡雪岩小小年纪就如此懂事明理，心里十分喜欢，于是便告诉胡雪岩，他姓蒋，是大阜一家杂粮店的东家，希望能收胡雪岩为徒。胡雪岩自然十分乐意，但他却没有立即应承，只是告诉蒋老板，他要回家跟母亲商量，如果母亲允许，他一定前去。胡雪岩此举更加深了蒋老板对他的喜爱，一个心里装得父母之人，必定是一个懂得感恩的人；一个懂得感恩的人，才会珍惜出现在其生命里的每一次机会，才会认真做好每一件事情。

蒋老板开心地留下自己的地址，交代胡雪岩跟母亲谈妥后，一定要去找他，他会安排好所有事情等待胡雪岩的到来，并亲自教授胡雪岩做生意的本事。

对于一个穷人而言，能够跟人学做生意是最好的出路，也是换取未来幸福生活的最大希望。金太夫人自然不会阻拦，她比任何人都希望胡雪岩能从此摆脱困境，走出自己的幸福之路。

就这样，胡雪岩靠着诚信抓住了人生的第一次机会，在十三岁的时候成了杂粮行的学徒，开始了自力更生的生活，同时也开启了一段精彩的人生。

其实，这已经不是胡雪岩第一次表现他的优良品德了。早在六岁的时候，胡雪岩就搭救过一个掉进山沟的伙伴。当时同行的所有伙伴都吓得奔逃回家，只有胡雪岩留了下来，从山坡上慢慢摸索下去，救起伙伴。从那时起，胡雪岩的聪明、机敏、善良就已经得以彰显，他的与众不同也在此刻有所表现。

不得不承认，胡雪岩的第一次机会有赖于父母的教育。如果不是他的父母将品德教育作为重点，恐怕胡雪岩在第一次看到包袱的时候便会据为己有，留着这笔钱改善生活了。如若真是这样，也就不会有后来值得世人尊重的“红顶商人”了。

1.2 大阜与金华，进步的阶梯

胡雪岩顺利地从一个放牛郎变成了杂粮店学徒，在这个转变的过程中，他将自己的优良教育表现得几乎完美。当然，胡雪岩也在持续经营着这份完美，他十分清楚自己要想更上一层楼，就必须时刻准备好迎接下一次机会，这就要求他在杂粮店做每件事情，都要尽善尽美。

于是，杂粮店多了个聪明机灵、诚实守信的小伙计。他不仅会做好老板交代过的每一件事情，还会做好老板尚未交代的事情。恐怕大多人都认为，做好老板交代的事情，叫做尽职尽责；做好老板未交代的事情，那叫多管闲事。“尽职尽责”带来的自然是与付出相等的报酬，而“多管闲事”得到的报酬则远远少于付出。

一般人们所想到的报酬是工钱，是酬金，可胡雪岩想到的报酬却是更进一步的机会。要想抓住机会，就必须付出更多的努力，学到更多的技能，也更需要诚信。胡雪岩的母亲曾告诉过他，放牛要把牛照顾好，做学徒要让老板满意，答应了别人的事，就要做到最好。于是胡雪岩一直在努力。他越是努力，蒋老板就越是开心，也越发器重他。

转眼间，胡雪岩已在大阜杂粮店做了两年学徒。蒋老板将他视为自己的得意门生，毫不吝啬地向他传授做事经验。

这一天，胡雪岩遇到了改变他人生的第二次机会。一位来自金华的客商到杂粮店谈生意，可生意还没来得及谈，人就先病倒了。这位客商孤身一人来到这里，在大阜举目无亲，生病时更是归心似箭。这一着急回家，病情倒愈发严重。胡雪岩见他无人照顾，便生起同情之心，主动跑到他的病榻前为其熬药端饭，照顾周到。

不久之后，金华客商的病情痊愈，又恢复了往日的精神。这几日胡雪岩的精心照顾让他实为感动，于是便暗自打定主意要把胡雪岩带走，为自己干活。原来这位客商是金华一家火腿行的掌柜。

金华掌柜询问胡雪岩愿不愿意跟自己走，胡雪岩说必须得到蒋老板的同意，不然就不是个诚信之人。金华掌柜看着眼前的小学徒，不过十五岁的模样，做事却谨慎小心，考虑周全，心里更是喜欢。

胡雪岩转头把金华掌柜的意思告诉了蒋老板，蒋老板听后思索再三，虽然不舍得，但还是放他走了。因为蒋老板知道，金华火腿行远比自己的杂粮店大，有更多的东西可以学习，这对胡雪岩来说是次难得的机会。更何况，自己带出的徒弟受到了别人的称赞和欣赏，蒋老板心里也是颇具自豪感。

就这样，胡雪岩在离开家的第三年辗转到了金华。他的优良品德再一次改变了他的人生轨迹，朝着更有前途的方向奔去。

在金华的日子里，胡雪岩依旧十分勤奋，他知道既然答应了老板到这里，就必须竭尽所能做好每一件事，这是信用。事实上胡雪岩比任何人都清楚，自己讲信用不为别的，就是为了能获得更多的进步机会。

很快，新的机会就悄然降临。由于金华火腿行的业务广泛，资金流量大，所以跟杭州的很多钱庄有业务联系。在此之前，胡雪岩从来都不知道，钱庄里流进流出的不仅仅是真金白银，还有一种长方形的纸，上面写着金额，叫做银票。

在那个年代，钱庄有印刷和发行银票的权利，金额的大小也由钱庄人自己掌握。银票上一般都印着钱庄的名号，盖着钱庄的红色印泥图章，这是最初的防伪标志。至于银票上的金额，则是由专门负责银票的人用墨汁写上去的。

当胡雪岩看到一张张的银票时，十分惊奇，他怎么都想不通，一张纸，上面写上金额，就代表了成堆的金银，这样一来，开钱庄的岂不是都很富有，可以随便写上自己想要的金额，到市面上流通。那时的胡雪岩还不知道钱庄的具体运作流程和规则，只是觉得钱庄比官府还要厉害，从前的货币都由官府制定，现在却是钱庄自行打理。从此刻起，胡雪岩已经对钱庄萌生了极大的兴趣，他迫切希望知道钱庄究竟是个怎样的机构，怎么能随便制定金额。

对于一个穷人而言，对钱庄所产生的浓厚兴趣，实在是出于本能。胡雪岩在穷苦中长大，一直渴望通过自己的努力改变穷苦的现状，当他第一次面对钱庄的富有时，自然会心痒难耐，这也是人之常情。

有了兴趣，便有了不竭的动力促使胡雪岩靠近钱庄，他渴望通过钱庄来实现人生一次质的飞跃。尽管心里十分渴望了解进钱庄的条件，但胡雪岩表面上却不露声色。因为他知道，自己一旦开口询问，就会显露出自己进钱庄的意图，这样不仅会得罪金华掌柜，也会降低自己的品格。

不能问钱庄要不要伙计或学徒，但可以问钱庄有没有学徒，都学些什么。胡雪岩就这样不断从侧面得到自己想要的信息，很快他对钱庄学徒的要求就有了初步的了解：学徒算钱要快，打算盘要精，写字要漂亮。获取这些有利信息后，胡雪岩开始勤练珠心算和书法，很快便达到并远远超过了钱庄学徒的基本要求。

既然有了进步，就必须让钱庄的人看到，可是又不能过于明显。于是胡雪岩想了个办法，每次跟钱庄的人对账时，都总是尽量采用心算，而且十分精准。来回数次，钱庄的人便开始注意胡雪岩了，暗地里对他的心算称赞有佳。不仅是心算，胡雪岩还时不时展示出自己深厚的打算盘的功夫，这更让钱庄的人大为惊叹。

久而久之，钱庄的人终于按捺不住，开始向火腿行的掌柜打听有关胡雪岩的事情。金华掌柜一五一十地把胡雪岩如何拾金不昧，如何照顾生病的自己，又如何在火腿行做事的过程，全都说给了钱庄的人。钱庄的人听后不住地称赞，心想：这个小伙计年纪不大，却如此热心宽厚、诚实守信、勤奋努力，实在是难得的人才，正好适合钱庄的用人需求。于是，钱庄的人问金华掌柜能不能让胡雪岩到钱庄当学徒，掌柜也不好阻拦胡雪岩的前途，只好答应。

如此一来，十九岁的胡雪岩便成功进入了钱庄的大门，也开启了未来辉煌的人生。这一切都归功于他从小受到的品德教育，让他学会了诚实守信，学会了踏实求进，学会了勤奋努力，同时也学会了如何展示自己的优秀，这些都是他获得机会的前提条件。

除了小时候受到的家庭教育，胡雪岩的性格也是其成功的关键。他骨子里带着坚强和乐观，即使在贫苦的环境里，也不曾怨天尤人，更没有日夜期望神明的相助。他在逼仄的环境里不断努力，不管是放牛也好，给人做伙计、学徒也罢，都能从中看到积极向上的一面。这种性格决定了他不甘于寂寞，也不甘于现状的心态，注定了要在自己的人生路上做出些不同寻常的举动。

跟性格密切相关的就是心态，乐观坚强的性格塑造了胡雪岩沉稳、冷静的心态。他在机会到来的时候并没有显得过于张扬和兴奋，对于一切好的变化都平淡对待，同时也总是能清楚地知道下一步该如何做。如果不是这种心态的掩护，恐怕胡雪岩早就被戴上了急功近利、贪多求快的枷锁。

于是，在机会来临时的冷静和沉稳，比抓住机会更加重要。想要成功就一定要清楚，并不是每个机会都有立竿见影的效果，不是一个机会就能瞬间成就一个人。所以人需要一步一个脚印往前走，这就是胡雪岩成功的基本心态。

实际上归根到底，如果没有最初的诚实守信，也就没有后边一连串的机会降临。对胡雪岩而言，诚信做事是一块金字招牌，可以让他在茫茫人海里被人一眼看到。

1.3 成功的第一步

胡雪岩进阜康钱庄的第一天，就被安排在金库当学徒，每天的工作就是学着如何计算银票、如何整理铜钱和银元，一坐就是一天，门都不能出。这是钱庄的规定。在当时，所有钱庄的学徒首要学习的就是“坐”，每天坐在金库里，晚上就睡在店里，哪里都不许去，一个月后方能自由行动。如果学徒在这一个月内，违背了钱庄的规定，那就永不录用。

钱庄之所以有这样的规定，无非是想考验学徒是否诚信，是否有耐心，是否肯吃苦。不难想象，如果一个没有诚信的人整日对着如山的金银财宝，难免不会生出偷窃之心。这种考验的手段，后来被胡雪岩沿用了下来。他在开设胡庆余堂的时候，常常会故意在地上丢些银元，看徒弟在捡到后是否能如数归还。凭着他的经验和阅历，认为诚信是一个人能否委以重任的先决条件。

当时跟胡雪岩一起当学徒的，还有两个人，其中一个年纪稍大，已经过了一个月的考验期，成为他们的直属领导，负责指导他们在金库的所有学习和工作，被他们称为师兄。胡雪岩始终记得父母的教导，不管做什么事都要诚心对待，既然答应人家的事，就一定要做好，跟朋友相处也一样。于是，胡雪岩在一个月考验期间，工作和学习都十分刻苦，待人接物也都诚心诚意，很快就得到了师兄的认可和称赞。

阜康钱庄坐落于风景秀美的杭州，出门行之不远便是如画的西湖。对于初到“人间天堂”的胡雪岩来说，本该四处游玩一番，领略一下“接天莲叶无穷碧，映日荷花别样红”的醉人风景。可是他始终不敢怠慢自己的工作，即便是已经顺利通过了考验期，依旧是小心翼翼，哪里都不敢去，终日坐在金库里。

不得不承认，胡雪岩是个听话、讨人喜欢的学徒。他在诚信做事的同时，也不忘做些令老板高兴的事情，比如每天早上给老板打洗脸水、倒夜壶、买早点。开门营业的时候，就乖乖站在一旁，从不插手别人负责的事情，也从不漏掉任何一件可以展示自己的事情。

时间一长，钱庄的于老板就慢慢对胡雪岩有所重视，同时采取了很多手段来考验胡雪岩的品格。幸运的是，胡雪岩面对所有苛刻的考验，都能顺利过关。这样一来，于老板便有心将胡雪岩栽培成自己的左膀右臂。

按照钱庄的规定，所有学徒在学满五年之后，方能正式参加工作，变成真正的钱庄伙计。不过胡雪岩只学了四年，便被于老板破格录用，从学徒直接升为“跑街”，负责账单文书的往来。

其实在学徒期间，胡雪岩已经掌握了“跑街”需要的所有技能，因此在刚刚上任后就表现得十分娴熟。对于胡雪岩来说，在外边跑业务更适合自己，他有足够的亲和力，也懂得随机应变，更知道如何让自己的言谈举止更加成熟。不过半年的时间，胡雪岩就靠着自己优异的表现被升为“出店”，不仅可以管理业务，甚至可以参与整个钱庄的经营。

可以说，胡雪岩已经迈出了成功的第一步，他得到了最想得到的经验，接触到了最想接触的环节——经营。一旦自己的意见对钱庄的经营产生影响，就意味着离更高一级的管理职务不远了。不过胡雪岩从不曾表现得张狂和骄傲，他依旧在踏实做事，诚信待人，并帮助钱庄收回了许多死账。

千万不要小看这项技能，死账是所有钱庄最头疼的问题。一些大客户因为遇到意外而破产，或者搬迁，导致账务纠缠不清，钱财收不回来。特别是遇到一些职务调动的官员，更是难以收回账款。当死账累积到一定程度，钱庄的现金就不足以支持运转，整个经营就会面临困境。

自从胡雪岩成为出店后，解决了许多死账问题。说白了，胡雪岩是个讨要债务的好手。这要归功于他的灵敏机智，说话办事都懂得投其所好。

于老板将这一切都看在眼里，对胡雪岩更是器重。有一日，于老板将胡雪岩叫到跟前，说想擢升他为掌盘。掌盘是钱庄仅次于老板的职务，是所有伙计的最高理想，很多人做到掌盘的时候，都已经年过半百。满以为胡雪岩会愉快的答应，可没想到他却一口拒绝。于老板十分惊奇，凡是进得钱庄的人，都眼巴巴盼着当上掌盘，这是多少人可望而不可即的梦想，可胡雪岩却不想当。

不当掌盘，胡雪岩自有他的一番道理。他认为自己刚刚在出店的位置上做出些成效，如果现在就当上掌盘，放弃外边的业务工作，那对钱庄来说是种损失。做事就要守信用，不管对外边的客户，还是对老板，答应做好的事情就一定要做到最好。他希望等自己再做出些成效，使钱庄营运更加稳定，老掌盘也退休之后，再考虑当掌盘。于老板听了胡雪岩一番解释，甚是感动，从没有一个伙计能对钱庄的效益和发展如此上心过。就从此刻起，胡雪岩在于老板心里已经不再是单纯的伙计，而是可以将钱庄托付给他的最佳继承人。

当然，此时胡雪岩并不知道于老板心里的决定，依旧按部就班，踏实工作。其实胡雪岩不当掌盘除了诚信之外，还有一点自己的想法。要知道，他的终极目标并不是当掌盘，而是开一家属于自己的钱庄。对开办钱庄最有益的帮助，就是在外边的业务关系，可掌盘整日待在店里，根本无法接触外边的业务，这并不利于胡雪岩未来的宏伟计划。

无论如何，胡雪岩的第一步都已经扎实迈出，尽管他还不知道自己很快就是阜康钱庄的新主人，但起码已经为自己的未来夯实了根基。

1.4 信义交挚友

在当出店的日子里，除了业务日趋熟练之外，胡雪岩还遇到了自己一生中十分重要的一个人——王有龄。

王有龄本是福建人，祖上两代人都是在朝的大官，也算是名门之后，只是到了父亲这辈仕途坎坷，每次考试都名落孙山。王有龄似乎跟父亲有着一样的命运，不管如何努力，都无济于事，每次科考都在榜外。古时的读书人，除了做官就没有别的出路。他们从懂事起就背负着整个家族的希望，做官就可以光耀门楣，做不了官就只能一世落魄。如此说来，胡雪岩倒算是幸运的，他的祖上也都是读书人出身，却从不曾有人逼迫他在仕途上打拼。

王有龄的父亲不甘心丢掉从前家族的荣耀，便变卖了所有家当，给王有龄捐了一个盐大使的官职。这个官职有名无实，只是个虚衔，最多只能穿着官服出入官场而已，至于地位、权势和财富，统统属于镜中花、水中月。不过如能出再多的钱，这个虚职就能变成实缺。为了延续王家的荣耀，王有龄和父亲打算从福建到京城，希望有机会把官职将虚变实。可是才到杭州，父子二人便囊中羞涩，再也没有盘缠北上了。

面对这没有希望的未来，王有龄的父亲十分沮丧，终于积郁成疾，一病不起，死在了杭州。王有龄前途未卜，又突遭父亲病故，再加上身无分文，精神一下子垮塌下来，整个人变得憔悴不堪。为了埋葬父亲，王有龄只能到福建会馆四处磕头借钱。有同乡见他可怜，便像打发乞丐一样给他些钱财。不管怎样，最后总算是筹到了父亲下葬的钱。

这就是现实，你落魄的时候，周围人恨不得再踩上两脚。何为“锦上添花易，雪中送炭难”，王有龄算是体会了个通透。

这一日，王有龄在茶馆里一筹莫展，想到前程渺渺，止不住长吁短叹。这时身边突然多了一人，跟自己年纪相仿，都是二十五岁左右，穿着打扮还算体面。那人主动与王有龄搭话，问他何故一脸愁容。经过一番介绍，王有龄才知道，身边的年轻人叫胡雪岩，是阜康钱庄的出店。

王有龄看胡雪岩态度诚恳，面露和善，他此时恰好想找个倾吐对象，便将自己的遭遇全都说给了胡雪岩听。胡雪岩听罢，十分同情他的遭遇，勉励他一定要把虚职变成实缺，完成父亲的遗愿。可是王有龄哪来的钱补缺，也只能徒呼奈何。

面对一个落魄的读书人，胡雪岩十分想伸出援手，可无奈自己也只是个出店，没有什么钱财能帮助王有龄。不过他却悄然把此事放在了心上，期待有一天能帮助王有龄渡过难关。虽然没有说什么“一定帮助”之类的言语，可胡雪岩恳切的关怀已经让王有龄十分感激，两人的友谊开始慢慢发芽。

既然把王有龄当作了朋友，胡雪岩就守着信义，期盼能做出些实际的帮助。大概也是宿命的注定，王、胡二人的相识成了他们各自人生的大转折，似乎上天特意安排让这二人心想事成，钱的问题很快得到了解决。

原先阜康钱庄有笔死账，欠账的是一家饭馆的老板娘，由于丈夫去世，饭馆生意一落千丈，根本没有钱财偿还。阜康钱庄的掌盘曾将老板娘告上公堂，希望借助官府的力量强迫她还钱。可无奈老板娘实在没钱偿还，官府建议两家私下解决。因为即使将她抓起来也无济于事，而且还徒增了许多烦琐的手续，官府总是想能少些麻烦就少些麻烦，最好是全天下的麻烦都能自行解决。这大概也是中国人的一种特质。

官府发了话，阜康钱庄只能私下解决，可这事如果能私下解决，也就不必闹上公堂了。一来二去，这账就彻底成了无力回天的死账。胡雪岩对这件事也很关注，每次路过那家饭馆，都会逗留一会，看看生意如何。这段时间，这间饭馆生意突然红火起来，胡雪岩便想，机会来了，是该把死账转活的时候了。

一天，胡雪岩到了这家饭馆。老板娘一见是阜康钱庄的人，脸色立马阴沉了下来，口气也十分生硬，询问胡雪岩是不是来讨账的。胡雪岩急忙解释，说自己不是来讨账的，是掌盘的派他来为上次的事情道歉的。胡雪岩十分会讲话，他告诉老板娘，掌盘的十分后悔，觉得不该逼迫一个妇人家，而且老板娘又不是赖账之人，当时实在是生意惨淡，没有能力还账。这三言两语，说得老板娘很是窝心，立马换了副柔和的表情。

胡雪岩见有所转机，便趁热打铁说于老板特别交代过，老板娘是老客户，不能因为一点欠账就坏了关系，如果老板娘还需要钱来周转，阜康依旧会鼎力相助，而且利息也算到最低。老板娘一听，觉得很不好意思，两天后便把所有欠款——一共五百两银子，都交给了胡雪岩。

胡雪岩拿到这五百两银子，没有还回钱庄，而是直接拿给了王有龄。在此之前，他也有过思想斗争，这笔钱私下借给王有龄，会不会破了自己诚信的守则。不过转念一想，既然当王有龄是朋友，那这点信义应该是有的。更何况，这笔钱不是私吞，而是挪用，等王有龄有了实权后，自然会还给钱庄。

王有龄接到这笔钱，第一反应就是对方是不是有所图谋。心里这样想，嘴上说出来却是“你为何对我这样好？”胡雪岩只说了一句“朋友有难，不能不帮”。

就这样，王有龄拿着钱去开辟自己的新天地，而胡雪岩则暗自祈祷此举有所价值。事实上，胡雪岩做每件事都有自己的打算，他知道落难时候的帮助最令人难忘，倘若有一天王有龄捐到了实缺，那无论是对他还是对阜康钱庄，都是有益无害。说到底，他是希望有朝一日能有官府做后台，扩展钱庄的业务范畴。

至于背着老板把钱挪用，后果怎样，胡雪岩也自有一番思量。他很有把握这件事不会被老板知道，因为他对自己的人际关系十分自信。即使其他伙计从老板娘哪里得知了胡雪岩拿到欠款的事实，也不会直接告到老板那里，肯定会先来问他究竟怎么回事。只要有了解释的机会，一切问题就能迎刃而解。

即便很不幸，这件事被老板知道了，胡雪岩也可凭着老板的信任，直接说明捐助王有龄的用意，料想老板也不会拒绝对自己钱庄有益的事情。更重要的是，胡雪岩觉得捐助王有龄没有触犯自己任何一条原则，反而是件有益于所有人的好事，可以说问心无愧。

后来的事实也证明，胡雪岩的选择没有错，他的帮助让王有龄获得了实权，也让钱庄有了更光明的未来。

1.5 钱庄老板和“坐办”

就在王有龄北上捐官期间，胡雪岩开始了真正的蜕变。

阜康钱庄于老板的身体状况越来越差，终于有一天病重不起，他自知命不久矣，膝下无子，偌大的钱庄总要找个人来继承。其实继承人选他早已心中有数，除了胡雪岩之外没有第二个人更加适合。

一天，于老板将胡雪岩叫到床头，询问他关于钱庄的一切琐事。令他欣慰的是，胡雪岩对钱庄的关切程度远远超过了掌盘和自己，他不仅熟知这几年阜康钱庄所有分号的事务，而且许多连于老板自己都忽视的杂务，他都一清二楚，并说得头头是道。于老板听后已经完全放心，决定把名下所有财产都赠送给胡雪岩。

1850年，二十七岁的胡雪岩正式成为阜康钱庄的新任老板，并获得于老板五千两银子的遗产。在于老板临终之时曾嘱咐他，要多行善事，多积阴德，勤奋努力，千万不能因为有钱就欺行霸市，更不能祸害他人，不要成为第二个石崇。

众所周知，石崇是晋代首富，非常会赚钱，也非常会挥霍。他生活极度奢华，奢华到如厕都要十几人伺候，而且穿到厕所的衣服都一律要扔掉，出来再换新的；奢华到招揽天下美女就为了给来客斟酒，如果哪个客人不喝，就下令把美女杀掉。这般张扬的生活，惹恼了许多人，特别是当朝皇帝。到最后，千万珍宝都没能保住石崇的性命，皇帝一声令下就让他家破人亡。

于老板是想让胡雪岩记住，越是富有，越是要低调，越是要有仁心，否则坏的不是自己的名声，而是自己的人生。所谓“积善之家，必有余庆”，做好事表面上是四处散财，实则是保护自己财富的一种方式。只有仁义之商，才能得到人们的喜爱，才不会招来他人的嫉妒和痛恨，才能守住财富，并不断积累。

可惜的是，胡雪岩并没有认真思考过于老板的嘱咐。他从不曾想，为何于老板要对自己讲这番道理，是不是自己已经存在了某些不良的念头？如果他能仔细考虑，最后也不会以悲剧收场。

不管胡雪岩当时作何感想，他的辉煌才初露头角，人生的第一次蜕变才刚刚完成。

就在胡雪岩当上钱庄老板后不久，王有龄也找了若干关系补了个实缺——海运局衙门“坐办”，办公地点就在杭州。不过这“坐办”的位置并不好坐，王有龄一上任就遇到了最难解决的一伙人——漕帮。

海运的前身是漕运，专门负责从苏杭通过运河往京都运送粮食。负责漕运的一干人等，被称为“漕帮”。咸丰年间，内战四起，漕运之路常常受阻，粮食也因此无法按时运往京城。为了能让皇帝和京城百姓有粮食，朝廷颁旨将漕运改为海运。负责海运相关事务的就是海运局衙门，最高职务是“总办”，其次就是“坐办”。总办是监管大局的人，坐办则是负责具体操作的人。也就是说，海运的具体事务，都是由王有龄来打理，好坏自然也是由他承担。

漕运改成了海运，最受损失的自然是漕帮。这些人本来靠着运河送粮飞黄腾达，在杭州呼风唤雨，可偏偏被朝廷一纸令下断了财路。他们最恨的自然是朝廷，可最直接的发泄对象，却是海运局衙门，再具体一点，就是王有龄。

漕帮的势力说大不大，说小也不小，发起威来连官府都得退避三舍。因为他们手上掌握着整个杭州粮商的关系网，后库里还有不少囤粮。对于海运局衙门来说，如果他们肯相助就是如虎添翼，如果他们逆反就是寸步难行。

王有龄新官上任，面对着海运的完善和漕运的安抚，一时间无从入手，只好找胡雪岩帮忙。要达到目的很简单，只要漕帮能动用他们的粮食供应商的关系，将后库囤粮先借给朝廷完善上海、松江等地的海运，就万事大吉了。胡雪岩思前想后，决定亲自去见一见漕帮的领头人物——魏老爷子。

见到魏老爷子，胡雪岩开门见山说明来意，希望漕帮能借出点粮食帮助王有龄完成任务。漕帮痛恨海运局衙门，胡雪岩是知道的，于是他急忙解释，说朝廷自始至终都没有忘记漕帮的功劳，将漕运改为海运也不过是权宜之计，现在朝廷正在想一个维系漕帮生计的办法。而更为重要的是，漕运之路时常受阻，漕帮难辞其咎，与其埋怨朝廷，倒不如先想个办法维持眼下的生计。

这番话算是说到了魏老爷子的心里，他立即叫来了掌管帮务的大弟子尤五，让他跟胡雪岩做进一步洽谈。尤五得知胡雪岩的来意，面露难色，要知道时局紧张，战火四起，粮价一定看涨，到那时漕帮再出售囤米，那赚的钱可能会翻上十几倍。可如果现在借给朝廷，即使到时候朝廷归还，那也是等价交易，肯定不划算。

胡雪岩也知道尤五难在何处，于是便加高了筹码，说漕帮只要先把米粮借出，将来阜康钱庄可以贷款给漕帮，而且按最高价计算，一定不会让漕帮吃亏。尤五脑子里飞快地计算了一下，这笔买卖还算可行，于是便答应了此事。

胡雪岩总算是松了口气，回身便把好消息告诉了王有龄。哪知王有龄一听，便改了主意，怂恿胡雪岩将“借”改为“买”。这个用意再明显不过了，王有龄和胡雪岩打着海运局的幌子购买漕帮的粮食，最后却落入自己库里，等到战事一起，便高价出售米粮，二人自能从中大赚一笔。

王有龄之所以如此肯定得要将“借”改为“买”，也是因为他刚刚得知了一个消息：太平天国成立了，洪秀全占了江宁一带，自立为王，跟朝廷分庭抗礼。时下其一员大将李开芳正率领一支部队，大举攻往幽云十六州，途中已经夺取了许多要塞。朝廷为了对付太平军，已派出两支大军，分别开往江宁和幽云十六州，一方面对江宁造成围困之势，一方面迎头痛击李开芳。

这个消息给王有龄的第一回馈就是：买下漕帮的粮食，趁乱起价，赚一笔国难财。如果胡雪岩此时一口答应，并从钱庄借出些银两给王有龄，那他不仅是背信弃义，而且还是祸国殃民。

尽管胡雪岩不曾想过于老板临终时“行善积德”的嘱咐，但他本人从小受的教育也是要诚信做事。既然答应漕帮，就要对漕帮诚信；既然接管阜康钱庄，就要对已故的老板诚信；既然此事关系民生，就要对百姓诚信。无论从哪一方面，买下漕帮粮食，趁乱起价这种事都不能做。

胡雪岩当机立断拒绝了王有龄，他说既然已经定好的事情，就不能反悔，否则对不起漕帮，更重要的是，有朝一日不管是朝廷还是漕帮发现了此事，两人都不会有好结果。无论如何，诚信做事终归是安全的。

王有龄一听十分在理，便打消了念头。

诚信做事是胡雪岩一生不改的原则，这不仅关乎名誉，更关乎性命。像他这种活在风口浪尖的人物，一个不留神就可能倾家荡产，甚至赔上性命。因此，无论是出于哪种顾虑，诚信做事都是最牢靠的保障。

1.6 回馈社会也是诚信

胡雪岩的事业慢慢做大，财富也越来越多，从前的放牛郎转眼间就成了富甲一方的巨贾。不过胡雪岩从来没有忘记过曾经困苦的生活，那样的记忆对他来说是种警戒，让他时刻铭记帮助过自己的人，并珍惜现在的生活。正是有了一颗感恩的心，才让胡雪岩更具社会责任感，更乐于帮助有需要的人。

事实上，忧国忧民，兼济天下，也是商人一种特殊的社会诚信。他们得益于社会，得益于黎民苍生，便希望能以一己之力来回馈社会。诚然，这种回馈是建立在力所能及和对自身利益不构成损害的基础上。不过作为一个商人来说，能够舍得钱财，为国家和百姓效力，已然不是普通人能做到的事情。

中国自古便有“上报国家，下安黎庶”“穷则独善其身，达则兼济天下”的教诲。许多心怀天下的人即使不是非富即贵，也都能名垂青史。对于胡雪岩来说，为国为民，是信义，是承诺，更为重要的是，这是一种自我保护的方式。历代朝政、官府，不管为灾民筹款，还是为战争募捐，只要是需要钱的时候，第一个想到的自然是地方首富。胡雪岩深谙其理，于是也很自觉，不是协办洋务，就是为西征出资，总之能想到的地方都要有所贡献。

胡雪岩一直认为，为官为商都要心存一份对天下苍生的承诺，在自身利益得到满足的情况下，也要让黎民百姓得到实惠。否则为官必贪，为商必奸。在这种情愫的簇拥下，胡雪岩开始将自己的关怀投入到更具慈善性质的行业中，比如开办药店。

就当时的情况而言，开办药店并不是个有利于累积财富的举措。大清王朝行将腐朽，内有农民起义为忧，外有外敌侵略为患，烽火连年，战乱不断。将士们血流四野，百姓们民不聊生。战争带来的永远只有痛苦和悲伤，亲人生离，爱人死别，人生的悲欢离合似乎全都浓缩在了一场战争里。

伴随着死亡而来的，是可怖的瘟疫，它在短时间内就可以遍布五湖四海，伤及无数人的性命。除了瘟疫，大清朝还面临着严重的自然灾害，有天灾所致，也有人为破坏，总之颗粒难收。

在这样的情况下开办药店，无疑是个冒险的举措。按照一般商人的逻辑，此时的药店有两大隐患：一是可能会被官府征用，无偿为战争中的伤员提供药物；二是可能销售受阻，因为黎民百姓在战乱中吃饭都成问题，谁还有钱寻医问药。更重要的是，这两种隐患会同时出现，药店不仅无法盈利，还面临着破产的危险。

胡雪岩十分清楚此刻开办药店的风险，却义无反顾宣布胡庆余堂的开张。关于“胡庆余堂”这个药店名称，其中还有一段不得不提的往事。为了给新药店取名，胡雪岩翻遍了古书典籍，最后终于在《易经》中找到了“积善之家，必有余庆；积不善之家，必有余殃”的卦文。“余庆”二字深得胡雪岩之心，他便把新药店的名称定为“余庆堂”。可不巧的是，遗臭万年的秦桧的堂名也叫余庆堂，胡雪岩只好将店名更为“庆余堂”。于是胡庆余堂正式挂牌营业，成为药材行新生却实力雄厚的店铺。

其实浙江的自然环境非常适合药材生长。像闻名世界的元胡、白术、白芍、麦冬、玄参、郁金、菊花、浙贝，都是产自浙江，被称为“浙八味”，历来是皇家入药的精品。

正是因为天时地利，浙江的中医学十分发达，其中尤以杭州最为突出。在南宋年间，杭州中医和药物的发展就已经在全国名列前茅。那里盛产七十多种中药材，是朝廷最为器重的中药制地，著名的“惠民和剂药局”也坐落在杭州。该局专门负责搜集民间药方，将其制成丸药，销售各处，并把所有药方都罗列在一起，即《太平惠民和剂局方》。

杭州是个适合药店生存的地方，同时也是中药生意竞争最惨烈的地方。多少药店开了倒，倒了再开，再加上咸丰、光绪两朝时期，战火连天，药材生意更是难做。胡雪岩的选择的确让很多人大跌眼镜，他们不理解一个机敏的商人，为何会在这个不恰当的时候开间药店。

后来人们很快就明白了胡雪岩的良苦用心，因为他药店的药材几乎都半卖半送，有钱的少收，没钱的白医白治。除了给百姓制造实惠，胡雪岩也给湘军、绿营军提供了许多便利。军队只需要出一些本钱，胡雪岩便负责购买药材，并将药材由名医配制成中成药，然后送到军中。这样的举动，无疑将胡雪岩的诚信招牌擦得雪亮，一个敢于在乱世担负社会责任的商人，势必要受到众人的爱戴。

当然，胡雪岩所做的不仅仅是这些。在攻打太平天国的战争结束后，科考恢复，学子们开始聚集到京都备考。在这期间，很多学子因为压力大，营养不良，卫生条件差等出现了痢疾等疾病。为了恢复学子们的身体状况，胡雪岩特地派人送去许多具有治疗性和滋补性的药品。

不得不承认，胡雪岩此举不单单出于社会责任感，他也希望借此机会来为自己博得美名，因为没有比学子们更会称赞和宣扬的群体，也没有比学子们更容易感动的群体。结果不难猜想，受过恩惠的学子们都对胡雪岩歌功颂德，感激不尽。

对于胡雪岩来说，真诚和信义是发家致富的基础，任何时候都不能丢弃。不管是当学徒的时候，还是成为商圣的时候，“诚信”二字都是做事的前提，更是成功的基础。

第二章

做事圆融，给自己多条路走

圆融是胡雪岩一生都在坚持的做事方针，这条方针帮他三番五次化险为夷，让他取得了名誉与利益的双丰收。所谓圆融，是做事时对他人颜面的顾及，是低调，是不唯利是图，是懂得分享，是知道如何投其所好。对上取信于官僚，对下取义于黎民百姓，中间不与同行朋友结怨。正如胡雪岩所说，“行事圆融，结局圆满”。

2.1 圆融的红顶商人

胡雪岩曾说“行事圆融，结局自然圆满”。圆融不同于圆滑，前者更似于中庸之道，后者则是为了过度的自我满足。中庸之道历来被中国人视为最佳的做事原则，积极争取，却不锋芒毕露；维护自我，却不推卸责任；追求利益，却不妄自尊大。要知道，一个人圆融常被认为是会做事，一个人圆滑则常被认为是会投机。于是胡雪岩才说，行事圆融，结局圆满。倘若是圆滑，那结局未必如人所愿。

在胡雪岩的做事观念里，自己和他人的利益都要顾及，任何事都要尽量做到完美，不让他人利益受损。如果没有这点圆融的做事之道，恐怕胡雪岩会在激烈的商场战争中早早败下阵来，不是被其他商家淘汰，就是被官府掣肘，中国也就不会有名垂千古的“红顶商人”。

当年太平军势强之时，胡雪岩曾从上海购买了一批洋枪，用来支持政府军的镇压行动。从上海运到浙江，自然是走水路，负责运输的是松江漕帮。而这批洋枪尚未起运，便有人想从中劫取这批军火，这人叫俞武成，是镇江漕帮的头领，跟松江漕帮的魏老爷子颇有渊源，算是有同门之谊。

俞武成所带领的镇江漕帮生意惨淡。这也难怪，自从漕运改为海运，大多漕帮就处于失业状态，而且也没能结识一个像胡雪岩这样的“财神式人物”用以支撑生计。人一没了生存空间，歹意就会相继而生，只要能活下去，做什么都可以，哪怕是穷凶极恶的勾当。更让人头疼的是，生意惨淡的镇江漕帮遇上了没有活路的太平军残部，两个失去生存空间的组织，一见面便有“同是天涯沦落人”的感慨，迅速站到了同一个战壕，准备联手打劫这批军火。

值得注意的是，从头至尾没人知道这批军火的真正购买者是胡雪岩，就连负责运输的魏老爷子也不知道，大家都以为那是清政府的军火。于是，当俞武成带着打劫军火的计划找到魏老爷子，希望得他相助的时候，魏老爷子很爽快的就答应了。

俞武成前脚刚走，胡雪岩便到了松江漕帮。在闲聊之时，魏老爷子把打劫清政府军火的计划透露给了胡雪岩。胡雪岩一听大惊失色，他急忙告诉魏老爷子，那军火的真正买主是他，万万劫不得。魏老爷子这才追悔莫及。伴随着悔意而生的就是左右为难，一边是同门师兄弟，一边是莫逆之交，这要如何取舍。

思索再三后，魏老爷子决定留住胡雪岩这条人脉，出手阻止俞武成，同时做好跟师兄弟决裂的准备。这种选择也是人之常情，毕竟胡雪岩是可以给松江漕帮带来利益的财神。魏老爷子跟胡雪岩说了自己的想法，这倒是让胡雪岩有些不舒服。他当然希望事情得到解决，可又不希望看到同门断交的事情发生。于是，他决定帮助魏老爷子解决难题。

我们不得不佩服胡雪岩此时的圆融，这不仅有助于他减少一个具有威胁性的敌人，同时还获得魏老爷子更大的好感，可谓一举两得。

要想既保住军火，又保住魏老爷子和俞武成的关系，并不是件容易的事情。首先，胡雪岩跟俞武成素不相识，要想在短时间内成为朋友，然后劝他罢手，恐怕难以做到。其次，如果不想让魏老爷子和俞武成发生正面冲突，只能用官兵替代松江漕帮来运送这批军火。可这样一来，就算俞武成有幸逃过官兵的围追堵截，也逃不过朝廷的通缉。无论是打劫政府军火，还是勾结太平军，任何一桩罪都足以将俞武成满门抄斩。

胡雪岩左思右想找不到一个妥帖的办法，正当他一筹莫展的时候，魏老爷子的一番话提醒了他。原来俞武成虽然蛮横凶狠，可是对家中老母却极为顺从，从不会忤逆母亲的意愿。没有比俞母更好的突破口了，只要说服俞母管教儿子，事情就会峰回路转、柳暗花明。

告别了魏老爷子，胡雪岩马不停蹄找到了住在苏州的俞母，说明了自己的身份和来意。起初俞母并不表态，只是沉默不语。大概在俞母的心里，儿子所做的一切都是有理可循，更何况镇江漕帮还有一大群人要养。这笔发财的生意，虽然危险，却不失为一个良策。胡雪岩见俞母三缄其口，方知俞母也是一个见惯了江湖风雨的人，对于打家劫舍这样的事情根本不以为然。

要想用“打劫非正道”的情理来说服俞母，恐怕说上三天三夜也未必成事。胡雪岩转念一想，既然情理不通，那只好动用法理。法理是什么？法理就是俞武成如果执意要打劫军火，那胡雪岩只好请官兵帮忙运送。当然，以胡雪岩做事的圆融，不可能直接拿“官兵”来威胁俞母。他说得十分委婉，“我不想让魏老爷子左右为难，可又不想请官兵护送军火，怕跟俞大哥发生冲突，只能靠俞老太太从中做个和事老，大事化小，小事化了”。

俞母虽然年迈，却也听得出胡雪岩话里的机锋。她知道这是胡雪岩给了她一把“软刀子”，看似没有筋骨，但却锋利无比，满是杀机。面对可能临头的大祸，俞母除了退让没有别的办法。她气急败坏地派人去找俞武成，告诉他别做傻事。

胡雪岩见事有转机，也不忘替俞武成说两句开脱的话，说什么“俞大哥是不是真的有打劫的意图，还没有定论”“俞大哥不会不分敌友，没有轻重”，总之字字句句都体现出了“你好，我好，大家好”的圆融之道。

事情本该到此结束，可江湖之事原本就没有终点。参与抢劫军火计划的并非只有俞武成及其势力，还有太平军残部以及一些小刀会的门徒。俞武成尚有俞母可以管教，其他人则都是一群亡命之徒，要想说服他们并不容易。

为了彻底解决这件事，胡雪岩出面邀请了俞武成以及太平军、小刀会混合势力的领头人物。此时的俞武成已经心生退意，只是不好跟其他人交代，胡雪岩的邀请无疑给了他一个可下的台阶。

面对混合势力的头领，胡雪岩晓之以理、动之以情并不奏效，唯一的有效方式就是给对方想要的利益。经过一番争讨，双方最终达成协定，胡雪岩赠送给对方一万两白银，还替他们报请官府招安，将这群人纳入驻防正规军，并一次性拨给他们三个月的粮饷。

生计问题解决了，非分之想自然也随之消失，一场风波就此平息。此事使胡雪岩获得了松江、镇江两大漕帮的信任，并因为朝廷解决了一大安全隐患，而得到了当地官府的赞许。这就是胡雪岩所谓的圆满，这圆满正是得益于他做事有原则却不乏变通的圆融之道。

2.2 做事低调，树大招风

树大招风，胡雪岩对这点深信不疑，于是他时常告诫自己“低调做事，不自招嫉妒”。胡雪岩一向认为，他人的嫉妒往往不可控制，但是又跟自身有着莫大的关系，倘若自己做事低调、为人谦虚一些，就会降低招致嫉妒的几率。换句话说，人要在得意的时候不张扬，在得势的时候不疯狂，时刻学会收敛自己，用平常心做事，低姿态做人。

不管是商场还是官场，低调做事都有益于明哲保身。胡雪岩深谙其道，于是不管在春风得意之时，还是落魄窘困之日，都非常注意自己的一言一行。低调是一种保护色，不至于让胡雪岩成为众人忌妒的耀眼目标，这有助于他在商场和官场中来去自如。

在王有龄还是“坐办”的时候，胡雪岩想借助他的力量再开办一家钱庄。官商结合，这本不是什么值得诧异的事情，古往今来，所有商人都希望能得到政策的支持和优惠，而最佳方法就是找个官员当靠山。不过以王有龄当时的实力和势力，要当胡雪岩的靠山并不容易，他手上虽然有了海运的实权，可是还不足以帮助胡雪岩打点县库、道库的银两。简单来说，王有龄还没有资格用公款办实业。而胡雪岩所需的，恰好就是官府银两的借贷。

所幸的是，王有龄的“坐办”一职没坐多久，就受到了抚台黄宗汉的提携，有了升任湖州知府的机会。胡雪岩见时机成熟，便向王有龄提出了自己开设钱庄的想法。王有龄倒也痛快，表示一旦自己坐上知府的位子，就有足够的能力调集县库的银两，让胡雪岩的新钱庄进行代理。

如果等到王有龄升任知府再开设新钱庄，那胡雪岩无疑是在风口浪尖上捕捉机会，到时候所有人都知道他跟新任知府的关系，难免会招人忌妒。既然能低调办事，又何苦如此张扬。

于是，当王有龄向他保证说自己当了知府，就出本钱让胡雪岩开钱庄时，胡雪岩连忙拒绝。他将担忧告诉王有龄，说现在别人还不知道未来知府是胡雪岩的至交，任何事情都好办，倘若他日人人知道了王知府有个经商的朋友，那到时再办钱庄，就会招人话柄。别人会说新知府滥用职权，私用公款，如果有人因忌妒而上告，那王有龄不仅乌纱不保，甚至会丢掉性命。那才是“树大招风风撼树，人为名高名丧人”。王有龄恍然大悟，不住称赞胡雪岩考虑周详。

说到考虑周详，王有龄的确逊色于胡雪岩。在他知道自己即将被委任为湖州知府的时候，已经忘乎所以，全然沉浸在当下的喜悦中。可胡雪岩听到这个消息后却是一脸的愁容，他想的是王有龄升任知府后，谁来接手海运的事务。更准确地说是：王有龄以官府的身份借调漕帮米粮，后来又用公款填补亏空的事情，会被谁知道。这关乎着王有龄的官运，也关乎着胡雪岩的未来。一旦新人接手海运事务，难保以前的烂账不会被人翻出。

胡雪岩所想到的，王有龄完全没有顾及到，他只是知道自己有了升迁的机会，将来可以联合胡雪岩叱咤官商二界，不管是官运，还是财运，都是畅通无阻。可是当胡雪岩提出自己的忧虑时，王有龄登时傻眼了，根本不知道该如何是好。

最终还是胡雪岩为他出了一策，让他跟黄宗汉大人要求兼职海运。王有龄依计行事，黄宗汉只问了一句，“你兼顾得来吗？”王有龄立即回答“兼顾得来，一定兼顾得来”。这种坚定的回答不是重点，后边的原因阐述才是重点：

“我有个朋友叫胡雪岩，自己有家钱庄，是个人才，办事体面又周全。我有他的帮助，一定能够兼顾”。这段话的精华全在“钱庄”二字上。黄宗汉一听到这两个字，立马有了精神。他告诉王有龄，现在国库空虚，朝廷正号召各督抚捐饷，不妨请胡雪岩来商议一下，看看他的实力。这话的意思再明显不过了，只要胡雪岩肯替黄宗汉捐一笔银子，那兼差的事情就成了。

第二天，胡雪岩果真前来，并替黄宗汉捐了不少银两，这事情算是水到渠成了。王有龄顺利当上了湖州知府兼职海运事务，胡雪岩也顺利在湖州开办了钱庄，并利用湖州产丝的地利，做起了蚕丝生意，日进斗金。

尽管人们都知道胡雪岩和新任知府的关系，但胡雪岩却从不曾拿这段关系高调发展自己的事业，这种有意的回避，就是避免招惹忌妒的一剂良方。

不仅胡雪岩本人做事低调，就连他身边的人也都深知低调做事的重要性，他的四夫人罗氏就是其中一个。胡雪岩在嫁三女儿的时候，让罗氏帮忙到上海筹办嫁妆。罗氏在一家德国首饰行，订购了一批珍贵的钻石首饰。

这家首饰行的经理一听说是胡雪岩为女儿挑选的嫁妆，就十分重视，而且希望能将胡雪岩购买的首饰在店里展览七天。经理无非是想借胡雪

岩的名声来为自己招揽顾客。按照一般妇人所见，自然是高高兴兴将首饰展览出来，这对其虚荣心是一种极大的满足。不过罗氏不是普通人的妻子，她的丈夫是胡雪岩，是两江总督兼南洋大臣左宗棠的左膀右臂，是个名声响亮的富翁。她的任何一个举动，都将被联系到胡雪岩的身上。

胡雪岩做事低调，罗氏十分清楚。更为重要的是，左宗棠和直隶总督兼北洋大臣李鸿章，素来不和，双方千方百计要削弱对方的势力。胡雪岩既然是左宗棠身边的红人，自然也是李鸿章对付的目标。如果在这个时候，罗氏答应首饰行经理的要求，高调展出胡雪岩嫁女的嫁妆，一定会招来李鸿章派系的抨击。但如果不答应展出，罗氏又担心会使胡雪岩的名气受损，外界会说胡雪岩连份像样的嫁妆都出不起，财力一定大不如前。这直接影响了客户对胡雪岩的信心，会对胡雪岩的生意造成不良影响。

罗氏思前想后，终于想到了一个折中之策。她告诉经理，展览可以，但是展览名目上不能写汉字，要写英文和德文。这样既不张扬，又能让上流人士知道胡雪岩的财力依旧不减从前。

胡雪岩逐渐建立起一种低调的做事信念，将自己置身于这种信念之中，抵御外界因嫉妒而产生的祸害和麻烦。正如于老板临终前告诉胡雪岩的那样，不要做石崇，要勤奋，但不能过分张扬，否则最后将招致杀身之祸。

2.3 不赚不安心的钱

子曰：“富与贵，是人之所欲也，不以其道得之，不处也……”孔子所说的“道”，是指一定的道德规范和律法约束，更是仁道，是让自己心安理得享受的富贵。用一句俗话说，就是君子爱财，取之有道。不管是怎样的财富，如果取得的方式受人唾弃，且不说终将会失去，就是在得到的时候也无法安心。

胡雪岩一直都在赚能令自己安心的钱，一不触犯律法，二不损人利己，三不与人结怨。这也是为人做事的圆融之道，为自己多留几条路走。

对于一个商人来说，不赚触犯律法的钱是生意能长久的基本要求，这点倒很容易理解。但要做到不损人利己，不与人结怨，似乎有些困难，否则商人在百姓眼里也不会有“无商不奸，无奸不商”的形象。

利益最大化是商人追逐的终极目标，这就是问题的症结。商人并非在商业圈子里单打独斗，有竞争对手，有合作伙伴，而且对手可能变成伙伴，伙伴也可能变成对手，一切以利益的需求为基准。这点就决定了商人所处的圈子是一个有联系的整体，没有吃独食的可能。不管是损人利己，还是与人结怨，都在破坏圈子的关联性。如同一个受损的生物链条，自然平衡很快就被打破，最后面临灭种的灾难。

胡雪岩懂得这些游戏规则，因此不管是自我行事，还是劝导他人，都以这些规则为前提。破坏一个圈子的链条对任何一个身在其中的人而言，都是自取灭亡。于是当王有龄升任湖州知府，要受人节敬的时候，胡雪岩便告诉他，损人利己的钱不能拿，官场上同僚之间的某些仇怨，就是有人拿了不该拿的钱财所致。

什么是不该拿的钱财？胡雪岩在这方面总是有很强的判断力，拿了会被别人怨恨的钱，拿了会影响长远计划的钱，都是不该拿的钱财，也是让自己不安心的钱财。

王有龄在上任之前，就有很多人劝他，最好赶在五月初五前接手知府工作。原来清朝官场有个不成文的制度，每到过年过节，地方乡绅耆老、下层官员、名门望族、富翁巨贾都会给时任主官送礼，被称为“节敬”。王有龄贵为湖州知府，自然也会受到同样的礼遇。

其实节敬就是被雅化的贿赂，清朝官员为了使收受贿赂更加正当化，便巧立名目来遮掩自己的贪心。就像夏天送礼，被称为“冰敬”；冬天送礼，叫做“炭敬”；离任时送礼叫“别敬”；过年送礼叫“年敬”；其他节日送礼就是“节敬”。除此之外，还有一些非特别日子送礼的雅称，比如送西瓜，叫“瓜敬”；送书画、古玩等高雅艺术品，叫做“笔

帕敬”。总之是在肮脏的交易外裹上一层合理又炫目的外衣。

当时需要花费在这些贿赂上的钱财，每次最少也要一万两雪花银。因此，很多地方父母官在离任的时候，带走的不是政绩，而是几万、十几万的银两，正是“三年清知府，十万雪花银”。而事实上，清政府明文规定的知府年俸为一百两左右，养廉银为四千两左右，三年的收入不超过一万三千两。这便不难明白，当年王有龄的父亲为何要拼死为儿子捐个实缺，而王有龄在得知升任湖州知府后又是怎样的欢欣雀跃。

也正是如此丰厚的利润在眼前，才让王有龄不知所措。所幸的是，胡雪岩终归是个冷静沉稳的人，他总能想到王有龄想不到的细枝末节。所以当王有龄拿不定主意，前去向胡雪岩征询意见的时候，胡雪岩才说不该拿的钱万万拿不得。

王有龄始终有些不明白，这笔钱到底为何拿不得，它看上去天经地义，所有官僚都收受过节敬，怎么偏偏到他这有了问题。胡雪岩的真正想法是，节敬不是拿不得，而是此次端午节的节敬拿不得。要知道在王有龄正式走马上任之前，前任湖州知府依然可以享受下边给的“孝敬”。可一旦王有龄在端午节前上任，前任知府就无端少了一笔进项，一定会忌恨王有龄。

胡雪岩虽然不熟悉官场，却也是个常年跟官僚打交道的商人，多多少少明白一些官僚之间的利害关系。只要是贪官，就一定是睚眦必报。王有龄还没上任就先得罪一个贪官，对他的前途有害无益。被得罪的同僚就像颗定时炸弹，放在王有龄的某段前程上，不知何时就是一场惊天动地的大爆炸。

听了胡雪岩的担忧，王有龄才回过神来，少了的钱可以从其他地方补，坏了的同僚关系却难以修补。于是当即决定，过了端午节再去上任。

胡雪岩的圆融，就连王有龄都望尘莫及，他总是能考虑到别人想不到的细节，而这些细节又恰恰是关系重大。不拿不安心的钱，这就是个关系重大，却总被人忽视的原则。

做个有钱的商人并不难，难的是做一个长久有钱的商人。要满足“长久”，就要赚让别人心服口服的财富。胡雪岩常说：“做事要前半夜想想自己，后半夜想想别人。这样才能广结善缘，四通八达。”不损坏他人利益，不让他人埋怨记恨，这才是长久之道。

因此，胡雪岩一生都没有拿过不安心的钱财。他曾告诉自己钱庄的伙计，一个借贷款额高的客户，要弄清他拿这笔钱到底去干什么，要是做些作奸犯科之事，利息再高也借不得。要是做些有益苍生的好事，利息再低也要借。

胡雪岩黑白两道朋友众多，生意店铺遍布全国，却从不曾做过违法生意，也从不曾做过亏待朋友的事情，更不曾做过巧取豪夺他人之利的事情。也正是胡雪岩不赚令自己不安心的钱，才会获得身边人的信任和诚意，才会在逼仄的时候得到帮助，而不是幸灾乐祸；在峰巅时得到祝福，而不是忌妒和算计。

2.4 敌人也可以是朋友

胡雪岩坚信，在商场里没有真正的朋友，但也没有永远的敌人。商人重利，只要利益分配妥当，敌人也可以是朋友。多个朋友不是重点，重点是少个敌人。少个敌人就意味着少了一份威胁，少了一次羁绊，事情处理起来也自然一帆风顺。于是胡雪岩不止一次跟王有龄说，不管为商还是为官，化敌为友，才是制胜之道。

化敌为友，对于常年经历着宦海浮沉的王有龄来说，并不容易做到。太多的利益关系和太多的得失计较，让王有龄不得不排除异己，斩草除根。但决绝的手段，并不能根治同僚之间的钩心斗角、尔虞我诈。直到胡雪岩帮他摆平了周道台，他才彻底认识到，原来利益之下，皆能化敌为友。

周道台是浙江巡抚黄宗汉的一个表亲，当时对湖州知府一职也是垂涎三尺，曾进行过无数次尝试，希望得到黄宗汉的提携，坐上湖州知府的位子。可无奈王有龄背后有个胡雪岩，出了大笔的钱财收买了黄宗汉，最终王有龄占得先机。事实上，黄宗汉本人对周道台的品行也十分了解，此人仗着是巡抚的表亲，飞扬跋扈、贪得无厌，名声极差。即使王有龄没有出钱捐知府的实缺，黄宗汉也未必会把机会让给周道台。

不管黄宗汉当初是怎样想的，周道台一心认为是王有龄害得自己失去了湖州知府这个肥缺，于是心怀妒恨，时不时就在黄宗汉耳边吹些小风，数落些王有龄的不是。这一天，周道台到了黄宗汉府上，突然问王有龄今年给了巡抚多少“孝敬”。黄宗汉说跟往年一样。周道台立马反问，今年湖州大丰收，王有龄本人一定捞了不少，怎么给巡抚的“孝敬”不见涨呢？

黄宗汉听罢心里十分不快，觉得王有龄越来越不把他这个巡抚当回事了。于是，当王有龄回到杭州求见巡抚的时候，黄宗汉随便给了借口，将他打发走了。此时的王有龄还不知背后有小人作祟，对黄巡抚的冷漠十分不解。他思量了许久，认为自己每年该打点的都打点了，黄巡抚的态度怎么突然起了变化。

无奈之下，王有龄又找到了胡雪岩，跟他商量对策。胡雪岩找到了巡抚手下的何师爷，向他打听原委。何师爷跟胡雪岩是旧交，也曾受过胡雪岩的恩惠，所以他总是对胡雪岩知无不言，言无不尽。一番了解后，王、胡二人总算是知道了事情的来龙去脉。

事实上，湖州当年的收成并没有好过往年，王有龄给上级的银两也都跟往年持平。让他再多拿出些银两孝敬黄宗汉，也实在有些为难。胡雪岩不做声，拿出自己钱庄的空头银票，在栏目里写上了两万两，交给了王有龄，并嘱咐他给黄宗汉送去，就说这笔钱早就存进了钱庄，只是一直没机会送去。果然，钱一到，事自成，巡抚又换回了从前的热情，对王有龄笑脸相迎。

巡抚是摆平了，可王有龄对周道台的恨却没有平息，他想向巡抚揭发周道台伙同浙江藩司，私自跟洋人进行军火交易的事情。至于王有龄怎么抓住周道台如此致命的把柄，也要归功于胡雪岩的旧交——何师爷。

当时清政府忙着对付太平军，需要大量的武器做后盾。为了响应朝廷，沿海各省也纷纷制造战舰、大炮，兴办洋务。浙江自然也在尽力，可无奈没有实力建造船厂，只能从洋人那里购买。买武器是假，从中牟利是真。只要跟洋人谈妥了一桩军火生意，负责的官员就可以从中谋取高额的回扣。

浙江藩司是负责跟洋人谈生意的主要官员，也是拿回扣最多的人。其实藩司跟洋人买军火，并不是什么大事。可问题是，在这件事上，藩司没有跟上级——巡抚黄宗汉透露过半点风声，只因为藩司与黄宗汉一向不和。这桩生意价值几十万，藩司可从中取得十几万两白银的回扣，数目相当可观。

其实不向巡抚汇报此事，藩司心里也七上八下，尽管他有个强硬的后台——军机大臣文煜，可毕竟事情一旦败露，远水难解近渴。为了安全起见，藩司找到了周道台，希望跟他一起操作这批军火，回扣也自然会分他几成。藩司的用意十分明显，周道台是黄宗汉的表亲，即使东窗事发,也有个迂回的地步,而且周道台一向能言善辩,很适合跟洋人交涉。

周道台一听有回扣拿，便不假思索地答应了。这两人的秘密，却偏偏被何师爷听到了。就这样，王有龄抓住了周道台的把柄，想在黄宗汉面前告他一状。胡雪岩的想法却不同，他认为断别人财路已经不妥，最后说不定还会落个告密小人的卑鄙名声，实在不是个可行的计划。还不如化干戈为玉帛，趁机把周道台变成朋友，日后即便他不在黄宗汉面前说王有龄的好话，起码也不会再从中作梗。

王有龄一听倒也在理，便答应胡雪岩拉拢周道台。两人商量着写了两封匿名信，把周道台如何勾结藩司私自跟洋人做交易，以及其他劣迹一一陈列于上。胡雪岩把信交给了何师爷，让他转交给周道台，就说有人将这两封信扔进了巡抚衙门，被守卫的士兵给捡到了，交到了师爷的手上。总之要让周道台明白两件事：一是事情皆已败露；二是何师爷看过信，知道了所有事情。

当天入夜之后，何师爷便拿着信找到了周道台。周道台看了信的内容，登时脸色大变，吓得语无伦次，拉着何师爷帮自己出谋划策。何师爷也装着诚心为周道台设想的模样，为他出了个主意：把这件事告诉黄宗汉，就说要跟洋人做一笔军火生意。但重点是要让黄宗汉知道，出钱的不是巡抚衙门，是一位富商。

周道台听罢依旧是一副愁容，他在杭州人生地不熟，哪里识得什么富商。何师爷告诉他，湖州知府王有龄跟黄大人素来交好，他有个结拜兄弟叫胡雪岩，是杭州的一名富商，请王大人搭个线，一定事半功倍。

这话再明显不过了，就是让周道台去求王有龄。周道台思前想后，尽管二人积怨已深，可却没有比这再好的方法。于是，周道台带着信，带了些礼金，亲自敲开了王有龄府邸的大门。王有龄听了周道台的来意，装着满腔的义气，口口声声说要鼎力相助，而且不收礼金。周道台一听，心里又是感激，又是惭愧。

第二天，王有龄到巡抚衙门见到了黄宗汉，告诉他胡雪岩愿意借钱给衙门买军火。这当然是件好事，从中能拿多少好处，黄宗汉比任何人都清楚，于是爽快答应。

事情总算有了阶段性的了结。经过这番有惊无险的劫难后，周道台彻底改变了对王有龄的态度，不仅为自己从前所做的一切向王有龄道歉，还坚称以后要跟王有龄共进退。两人从敌人变成了朋友。

不管是商场还是官场，做事都要给自己留后路，树敌太多只会使自己置身于四面楚歌的险境中。即使不能把所有敌人都变成朋友，也要尽力争取可以变成朋友的机会。胡雪岩这种圆融的做事之道，绝对值得后人称颂和学习。

2.5 有钱大家赚

自私是人的一种本能，中国自古便有“人不为己天诛地灭”的说法，于是大多数人在面对利益的时候都想尽可能将其据为己有，极少能顾及他人的需求。越是急于全部占有，路越是狭窄，因为不知不觉间已经占据本属于他人的利益，得到的除了财富还有记恨和埋怨，以及越来越多的敌人。

对于一个商人而言，行业内树敌的多少，直接关系着生意寿命的长短。朋友越多，选择越多，不但在峰巅时可以得到最真诚的祝福，低谷时也可以得到最诚恳的帮助。胡雪岩对这一点看得很透彻，所以从来不占取他人之利，有钱也要大家赚。这大概跟他从前凄苦的生活有关，吃过苦的人总是能理解别人难过的心情。

当初胡雪岩接手阜康钱庄之时，给杭州另一家首屈一指的信和钱庄造成了很大的竞争压力。信和老板表面上祝福胡雪岩日进斗金，心里却直敲小鼓，生怕生意全被阜康抢了去。胡雪岩的能力有目共睹，作为竞争对手，担惊受怕也是理所当然的事情，更何况信和并不了解胡雪岩的做事方式。

幸好胡雪岩是个机敏聪慧的商人，他能了解客户的需求，同样也能揣摩同行的心理。他决定跟信和掌柜好好谈一次，把自己“有钱大家赚”的想法告知对方。其实胡雪岩这样做，也是为了阜康的长远利益做打算。信和的势力在杭州不容小觑，如果跟它成为对手，迟早会对阜康造成打击，即使不致命，也一定伤筋动骨。倘若跟信和成为合作伙伴，那么阜康可以借助信和的力量迅速提升自己的实力。

于是，胡雪岩找到信和掌柜，告诉他阜康不会跟信和抢生意，原先在信和的生意依旧属于信和，包括浙江海运局衙门的钱款。而阜康将会开辟新的领域，并尽可能跟信和达成合作。信和掌柜一听，心头大石顿然落下。信和的掌柜不仅称赞胡雪岩精明能干，而且还主动要求为阜康提供必要的帮助。

不夺人之美，利益均沾，胡雪岩充分表现出商场上人性的色彩。同行之间的倾轧、算计，在胡雪岩的视野里也许存在，却不是重点，重点是如何让自己的买卖长久。他坚信只有保证了别人的利益，自己的利益才能得到同样的保护。在必要时，甚至可以牺牲自我利益，成全别人的

利益。这种舍弃眼前利益的做法，并不是所有人都能做到。更重要的是，不是所有人都具有这样长远的眼光。

军火交易是胡雪岩生意中的重头戏，这种生意虽然有风险，但是利润极高，是当时很多生意人赚钱的首选。有一次，胡雪岩跟洋人定了一批新式武器，购入价格较低，一转手就能赚十几倍甚至几十倍，可谓利市三倍。正当胡雪岩等着大赚一笔的时候，却听到行业里的一些风言风语，说胡雪岩欺行霸市，做生意不讲规矩。

胡雪岩十分疑惑，自己到底哪里做错了，会惹来这些闲言碎语。经过一番打听他才知道，原来倒卖这批军火的洋人早已跟另一家钱庄老板达成了协议，只是后来看到胡雪岩出的价比另一位同行高，才改变了主意要卖给胡雪岩。胡雪岩无缘无故成了洋人谋利的替罪羊，不仅得罪了同行，还坏了名声。

为了弥补自己的“过失”，胡雪岩找到了那位同行，除了道歉之外，还提出了一个公平合理的解决方案。他跟洋人取消合约，让那位同行依旧以更低的价格购入，然后再以胡雪岩跟洋人定的价格转手给胡雪岩。同行一听，倒是笔划算的买卖，不仅赚了差价，而且还非常安全。

事实上，胡雪岩完全可以独占这笔生意，根本不必理会别人是否吃了亏。可如果胡雪岩真的这么做，那他的名声将以极快的速度毁灭。别人虽然忌惮于他的势力，不敢跟他明争，但是暗地里一定大放冷箭，即使不足以令他破产，也会让他筋疲力尽。商人一旦把大部分心思都用在跟同行斗法上，生意自然会一落千丈。

这笔军火生意，最终让两个商人得了利。可胡雪岩除了钱财之外还得到了同行的感激，还有更多业内人士的赞赏和肯定。

毫不夸张地说，胡雪岩是个道德感极重的商人，这得益于他童年所受到的教育，也得益于一路走来给过他帮助的两位老板。蒋老板的慧眼识人，于老板的临危重托，都在用行动告诉胡雪岩一个道理：一个有德之人，必成大器。

不占他人之利，有钱大家赚，这本身就是一种德行，也是一种圆融的智慧。对于胡雪岩来说，自己有德，在生意场上才能受到他人尊重，才能四处结交好友，才会有更多的出路。做事圆融一些，多顾虑他人，生意自然会长长久久。

2.6 说话也要投其所好

1861 年，咸丰在位第十一个年头，胡雪岩迎来人生中一次较大的变故，同时也是一次全新的转折。

这一年，太平军一路过关斩将，攻到了杭州。在此之前久，王有龄刚刚升任浙江巡抚。此时的杭州粮库空虚，外边又被太平军包围，无法从外地调配粮食。无奈之下，王有龄只好找来胡雪岩，拿出两万两银票和两封救援信，希望胡雪岩能亲自往城外跑一趟，将银票用来在上海办粮，书信要送到江苏巡抚和闽浙总督两位大人的手上。交托完后，王有龄生平第一次跪在了胡雪岩的面前，替所有杭州百姓谢谢胡雪岩的大义之举。

胡雪岩扶起了王有龄，对他来说，不管是帮助朋友，还是拯救黎民，都义不容辞。告别了王有龄，胡雪岩混出杭州城。途中曾被太平军砍伤，所幸并不致命。到了松江，胡雪岩找到了漕帮的尤五，向他说明事态的严重性，表示无论如何要凑够米粮，运回杭州。无奈太平军将杭州围了个水泄不通，粮食根本无法运进城内。胡雪岩望着近在咫尺的杭州城，内心百感交集。

可最糟糕的不是粮食，而是太平军不久后就破城而入，王有龄因自感无力回天、愧对百姓自杀殉职。当王有龄的死讯传出，胡雪岩顿感天昏地暗，悲恸不已，在船头向着王有龄所在的方向下跪拜别。

杭州是回不去了，胡雪岩只能掉转船头驶向宁波。到了宁波后，众人建议胡雪岩将米粮售出。胡雪岩却执意不肯，认为卖了米粮就是出卖了他对王有龄的最后一份承诺。直到宁波的粮库也日渐空虚，胡雪岩才将米粮平价售出。

在宁波停留了几日之后，胡雪岩辗转到了上海，那里毕竟有阜康钱庄的分号，办起事来也比较方便。他要再买一批米粮，无论如何也要运回杭州，完成王有龄生前的心愿。

不久之后，有消息传来，说左宗棠的军队已经打入浙江，杭州很快就会光复。胡雪岩做了个打算，希望能接近左宗棠，一来是要把粮食运进杭州，二来是找个替代王有龄的政府后台。

左宗棠是个耿直的湖南人，平生不大喜欢跟商人来往，因为他素来不喜欢商人身上的奸猾之气。而且在打进浙江的时候，他又听到了一些传闻，说胡雪岩私吞了王有龄给他买米粮的资金，去了上海。这样一来，左宗棠对胡雪岩的印象更是糟糕至极。如果没有王德榜将军的引见，左宗棠恐怕早把胡雪岩五花大绑了。

王德榜跟胡雪岩也是故交，当然少不了一些金钱利益上的往来。而且当时胡雪岩也有个虚衔，浙江候补道，是王有龄生前为胡雪岩捐得的。不管是以商人的身份，还是以官员的身份，跟王德榜都比较好接触。

有了王德榜的引见，胡雪岩顺利见到了左宗棠。左宗棠见到来者是胡雪岩，而且还带着大批的米粮和当初王有龄给他的两万两银票，顿时觉得胡雪岩定是心虚，还有讨好之嫌，便不冷不热地问胡雪岩，既然归还了王大人的银票，何必还如此破费自带米粮。

无论是语气，还是话里的机锋，都让胡雪岩瞬间感到了左宗棠对自己的态度，并不友好。他深知接下来的一言一语，定要动番脑筋。但不管怎样，说话一定要投其所好，称赞却不露痕迹，无论听者是谁，心里一定受用。

于是胡雪岩先解释了自己送米的行为，称一是为了王有龄，二是为了杭州百姓，三是为了左大人。左宗棠在官场听惯了这些虚伪的言辞，并不认为胡雪岩的话有多真诚。他只扔了句“会向朝廷奏请褒奖”。胡雪岩立马接过话头，说自己所做的一切不是为了要朝廷的奖赏，他只懂得如何做事，不懂得怎么为官。

这番话倒是让左宗棠有些感触，因为他也是个会做事，不会做官的人。他顿时觉得胡雪岩是个与众不同的商人，态度稍微有所缓和。胡雪岩之所以一句话就能触动左宗棠，自然是之前做过功课的。说话也需要投其所好，他知道听话人的品性、习惯、喜好和阅历，所以说话会投其所好，这不仅有助于谈话的顺利成功，也是做事的一个技巧。

胡雪岩见左宗棠收起了先前的冷漠和愤怒，心里便踏实了许多，接着说“大人也是个会做事却不贪图荣华富贵的人，跟李大人有所不同。”这里所说的李大人，就是左宗棠的死对头李鸿章。左宗棠立即来了精神，问他跟李鸿章有何不同。胡雪岩立即把左宗棠如何保家卫国不图回报，而李鸿章如何会做官说了一番，最后还补了一句至关重要的话“左大人不是不会做官，而是不屑于做官”。

左宗棠彻底被胡雪岩征服了，当即面露喜悦，留胡雪岩一起用晚饭。从这一刻开始，左宗棠正式取代了王有龄，成为胡雪岩的新靠山。两人也开始了长达十几年的合作。

喜欢听合心意的、奉承的或是赞美的话是人之共性，左宗棠也不例外。但如果胡雪岩没有任何技巧，一见面就说左大人英明神武、威震八方、在世关羽之类的话，左宗棠定会认为对方在溜须拍马，商人奸猾的形象会永远定格在胡雪岩的身上。

不管是历代官员皇帝，还是普通百姓，都说自己痛恨溜须拍马之人。事实上，人们讨厌的是不加掩饰的、夸张的称赞，而不是含蓄而有力的赞美。这就需要我们掌握说话的技巧，最好能像胡雪岩一样，在正式谈话前了解听话者的性格爱好，投其所好，才能事半功倍。这也是做事圆融的一种体现。

第三章

学会变通，做事更轻松

在通往成功的路上，总是有不可预计的风险和坎坷，同样也蕴含了无限机会，这就需要一个人懂得如何变通。看准时机，下对筹码，创造机遇，做事留条后路，终归能让成功来得更快些，也能延长成功的寿命。

3.1 变通才是方法

不管是把握机会，还是创造机遇，都需要人随机应变。身为一个管理者，需要多角度思考，多方面看问题，才能保证在某条路走不通时能够及时转身。

市场的环境瞬息万变，一成不变的做事方法并不适合在这样的市场环境下生存。只有掌握了不断变化的规则，做出适时的反应，才能在市场中找到自己的位置。

胡雪岩正是在这一点上做得十分出色，否则也不会成就几十年的商业辉煌。他的变通，是在面对不同人、不同环境、不同问题时，采用不同的做事方式、态度，以及解决方法。这是中国哲学思想中的“顺变”，顺应变化，在变化中找到利于自己发展的机会。

当然，“顺变”需要一定的胆量和头脑，正如胡雪岩大胆接受太平军的存款一样。

当太平天国被镇压之后，残余的太平军处境艰难。他们除了担心官府的抓捕外，最大的问题就是兜里的钱财不知道该往哪里安放。如果不是一个乱世，恐怕所有钱庄都会像上宾一样接待他们，可偏偏他们是清廷眼中的落水狗，是所有人避之不及的瘟疫，哪里还有钱庄敢做他们的生意。

大笔的银两无法带在身边，一是目标太大，一是不利于颠沛流离的逃亡生涯。胡雪岩早早意识到了太平军的问题，他认为如果接受太平军的存款，将是一笔不错的生意，但是太平军的银子跟他们本人一样都是朝廷追拿的对象，存在哪里都有风险。不过高风险往往联系着高利益，胡雪岩决定一试运气。

跟几个化名的太平军接触一番后，胡雪岩产生了些许顾虑，因为对方提出了一个几近刻薄的条件：这批银两存为定期，三年或五年为一期，到期后，钱庄要如数给付，不必支付利息。这本身是个正常的存款要求，甚至是个低三下四的要求，但是用在太平军身上却不太正常。这些银两随时会被官府发现，也随时会被查封，倘若如此，按规矩钱庄根本不负责到期后的如数给付。也正是有着这样的风险，太平军才对钱庄的要求更为苛刻。

胡雪岩思前想后，觉得这笔买卖可做。于是他找到钱庄的张掌柜，希望得到他的同意。按照当时的商场规矩，钱庄的一切大小事务由掌柜处理，即使是大老板，在做重大决定时，也必须征得掌柜的同意。

张掌柜一听，心里"咯噔"一下，他知道胡雪岩大胆，却没想到他大胆到跟朝廷作对。更重要的是，胡雪岩一向都奉公守法，对朝廷说一不二，怎么能在此时倒戈相向，站在了朝廷的对立面，而且还接受了如此高风险的存款条件。他告诉胡雪岩，太平军的银子属于赃银，被查出来是要受株连的，即使他们都化名而来，我们可以装作不知，可总归是对不起天地良心。

对于胡雪岩而言，生意人的良心是对客户而言的。不欺瞒、不诈取、公平交易、乐善好施，这就是良心。对于朝廷而言，讲良心是官僚的事。

廉政清明、公正不阿、鞠躬尽瘁，这是官僚的良心。可是如果官僚都不对朝廷讲良心，那商人跟朝廷又有什么良心可言。太平军被抄底的时候，多少银两都被贪官污吏据为己有，朝廷真正得到的不过是九牛一毛。于是胡雪岩认为，倘若这笔银子存在钱庄，他们可以将其贷给那些不讲良心的官员，去赚他们的利息钱。这远远好过让一笔笔白花花的银子都进入赃官的口袋。

张掌柜一听，茅塞顿开，普天之下，最不讲良心的就是官僚。与其把银子白送给他们，还不如从他们身上大赚一笔。而且那些负责追缴太平军的官僚，在自己捞够后，根本不再去想如何消灭“余孽”，更别说会追查赃银的下落。如若真的一查到底，恐怕最先吃官司的就是自己。

如此一来，这笔生意倒是无本万利，不需要支付给太平军利息，而放贷时又可以收取高额利息，当真划算。就这样，胡雪岩从变化的时局中又找到一条生财之路。他变通的不是原则，而是思维方式。

其实早在太平军攻破杭州的时候，胡雪岩就跟太平军有过牵扯，只不过不关乎钱财，而关乎性命。如果不是他懂得应变，恐怕一家老小不是被太平军杀了，就是已被朝廷诛灭。

当时胡雪岩受了王有龄的嘱托在外筹集粮食，以及寻找援军。没想到太平军很快就破城而入，王有龄也以身殉职。太平军入驻杭州之后，首要任务就是找寻当地的富商来为自己的军需提供资助，胡雪岩自然是他们想到的第一个人物。那时候胡雪岩不在家，他的家眷自然成了太平军要挟的筹码。

这时又有流言四起，说胡雪岩无奈投靠了太平军，这对胡雪岩而言无疑是一个致命的打击。此时如果硬是找官府澄清，那家眷的生命就会受到太平军的威胁。可如果顺应太平军，为太平军出钱出力，胡雪岩一家又会面临朝廷的压力。

所谓变通，一变则通。胡雪岩灵机一动，变了个思路，终于找到了求生的法门。他发现制造和传播流言的人，大多已归属了太平天国，之所以造谣，无疑是要逼胡雪岩就范。于是胡雪岩给闽浙总督偷偷去了封信，说杭州的传言都是污蔑自己，这些制造和传播谣言的人，都已归顺太平军，无非是想借用这种方式断了自己跟朝廷的关系。不过这些人都是假意归顺，其实是在为朝廷做内应。希望跟官兵里应外合，将太平军一网打尽。

这封信的厉害之处不在为自己的开脱，而在于为制造谣言的人开脱。胡雪岩这一招，看似是在为自己以及所有污蔑他的人洗脱罪责，实则是在钳制这些人的势力。如果这些人依旧在传播谣言，那么他只能将这封信的副本交给太平军。不难想象，太平军知道这些人是官府的内应后，会有怎样血腥的举动。胡雪岩想，与其被冤枉而死，不如挣扎个鱼死网破。

这招果然奏效，在左宗棠收复杭州的时候，关于胡雪岩归附太平军的谣言已经消失殆尽，只剩下一些他夹带私逃的不利传闻。后者总比前者更容易解释清楚。就这样，胡雪岩从变通中拯救了家人的性命。

不管是做事，还是自保，都要学会变通。墨守成规和因循守旧，即使不把自己逼入死胡同，也会切断其他退路。

3.2 开办分号

懂得变通，做事轻松。生意越大，越难理出头绪。倘若抱残守缺，遵守一个不完善的体系，那只会增加做事的难度。而一个思维的变化，一个大胆的尝试，或许就可以将一盘散沙拢聚成高楼大厦。胡雪岩正是一个会变通的人，所以他的生意才遍布天下，才能为自己扫清成功之路上的障碍。

在创业伊始，胡雪岩只是守着阜康钱庄，想将其发展下去，却没有想过该怎样让其具有一定的规模，直到一桩特殊存款生意的到来，才让胡雪岩下定决心开拓更广的财路。

一天，阜康钱庄挡手刘庆生慌慌张张找到胡雪岩，说外边有个军爷要来存银子，可是银子的成色有问题，本来已经拒绝接收，可是对方执意要见大老板，军爷不好得罪，只好来请胡雪岩处理。

胡雪岩倒是好奇，什么银子，一定要见到他本人才能定夺。谁知一看，那些银子满是污泥，像是刚从地下挖出来一般。不过虽然有污渍，却遮不住纹银的上好成色。胡雪岩看过之后，爽快地答应了军爷的存款要求。

其实胡雪岩知道，不是银子成色有问题，而是银子的来路有问题，这才是刘庆生还有其他钱庄都不敢受理的真正原因。

在胡雪岩受理那位军爷银子的第二天，阜康钱庄突然涌进了大批官兵，都捧着若干银子，希望能存在阜康钱庄里。对这样的场面，胡雪岩一点都不感到惊奇，一副泰然自若的样子，似乎对此早有预料。

其实此事一点都不出人意料，这些官兵搜刮了大量太平天国的银子，想据为己有，可却没有钱庄敢受理。头一天那位军爷在阜康存了钱，其他官兵自然也都闻讯而至。不久后胡雪岩也知道，那位军爷姓敖，是个营官，在搜刮太平天国财产的时候得了不少便宜。后来敖营官一直在阜康存钱，成了胡雪岩一个十分重要的客户。

但是没过多久，敖营官在前线阵亡。他同帐的兄弟们受他生前之托，到阜康钱庄取出所有存款还有利息，要一起带回他的武汉老家。不仅是敖营官，所有在阜康存钱的官兵们都要求一次性提完所有本息，因为他们即将开拔到外地打仗。

刘庆生仔细一算，这笔现银有十一万两。不管是对钱庄，还是对存款的官兵来说，都是一笔不小的数目。钱庄少了这笔钱，将会在周转方面遇到困难。官兵取了这笔钱，随身携带也十分不便。于是官兵们想了一个办法，他们的钱只提利息，本金不动，至于敖营官的大笔数额，希望胡雪岩通过汇划的方式，划到武汉的阜康钱庄。

这个主意倒是不错，可是胡雪岩一时却难以办到，因为那时的阜康钱庄只此一家，别无分号，根本无法实现汇划。不过胡雪岩转念一想，只要开办分号不就可以了，这样变通一下，生意既不会丢，也能达成敖营官的遗愿。于是当即答应众官兵，实现汇划。

当时最有名的票号，就是山西乔致庸所创办的票号，遍布了山西、京城、西安、武汉等多个地方。山西票号的出现，实现了只需拿着银票和银折，便可以就近或就地取银的目的，便利且安全。既然已经有了先例，那这种模式定然有可取之处，而且稳定。胡雪岩决定尝试一下。

不过就阜康钱庄当下的状况而言，资金的数量并不具备开办分号的条件。但是胡雪岩认为，只要信誉好，一定会吸引越来越多的存款。

为了落实开办分号的计划，胡雪岩特地带了一些礼物到了京城，找到了在京为翰林编修的夏同善，希望通过他的关系得到一些关于在京办分号的便利。夏同善是浙江人，曾受邀参加过黄宗汉的宴席，在那里跟胡雪岩相识。胡雪岩给夏同善的第一印象是聪明、机灵、会做事。而夏同善本人又是个乐于跟聪明人打交道的人，所以当胡雪岩突然登门造访的时候，夏同善并没有表现出拒人千里的冷漠和官威。

按说翰林编修，是个文职，没有多大权力。但是夏同善经常出入皇宫，上至皇帝，下至恭亲王、文煜等高官，都有来往，人脉极广，是个可以依靠的人物。

当夏同善听了胡雪岩的来意后，便十分积极地鼓励他在京城开设分号。夏同善认为，胡雪岩在杭州有官府的靠山，而且黄宗汉不止一次在朝廷表扬胡雪岩兼济天下的功德，博得朝廷的很大好感，因此他要在京城开办分号，不是没有可能。

但是令胡雪岩担心的是，山西票号已经在京城扎稳根基，而且背后靠着的是手握实权的高官，自然财源滚滚，阜康要靠什么来跟它竞争。更重要的是，阜康钱庄现在缺一笔可以开办钱庄的银子入注。

夏同善当然理解胡雪岩的顾虑，不过既然他能表现出支持的态度，就说明时机正好。所谓时机，是指包括夏同善在内的许多京官，都有一些不能存入山西票号这样显眼的钱庄的银子。这些银子来路不正，见不得光。如果有一家票号，可以消除这些京官的顾虑，那么这家票号一定可以发展壮大。夏同善的意思再明白不过，他希望胡雪岩的分号能够解决京官的这些问题。

胡雪岩是个聪明的人，自然懂得里边的一些门道。他告诉夏同善，做生意，特别是票号生意，最要紧的就是信用，而满足客户要求就是讲信用。只要分开多个账户，只流动利息，不动本金，一般不会被发现问题。夏同善心里大喜，觉得胡雪岩当真是聪明，一点就透，不用把话挑明，就已道破话里的真意。不过夏同善并没有立即对胡雪岩作出鼎力相助的承诺，只是在一番闲聊后送走了胡雪岩。

几天之后，胡雪岩二次来到夏同善府上，这次他见到了真正手握实权的高官——文煜。文煜是军机大臣，也是统领重兵的将军，为人圆滑，处事谨慎，从来不轻易表明立场。夏同善向文煜引荐了胡雪岩，两人开始天南海北，四处闲扯。

事实上，文煜感兴趣的不是什么南方的风土人情，而是南方的钱庄。他问胡雪岩，南方的钱庄是不是藏了不少太平军的银子。胡雪岩一时语塞，不知如何回答。他不能告诉文煜，自己钱庄里就有大批的太平军的银子，只好硬着头皮说，太平军迟早灭亡，商人岂能贪那一时之利。

这是谎话，文煜和夏同善心里都清清楚楚。但有时就是这样，明知道对方在说谎，却不能戳破；明知对方知道自己在说谎，却还要继续说下去。就像江湖暗语一样，大人物听话听的从来都是弦外之音。

文煜继续问胡雪岩，如果有太平军到他那里存款，他会不会接收。胡雪岩这次算明白了，这些人在试探他是否是个可靠的商人。他回答“会”，理由是“做生意的要讲信用，客户是什么身份，银子来路为何，那是官府要查的事，作为一个生意人不能随便过问。而且太平军的钱，可能是祖上积累下来的，也可能是做买卖赚的，如果见到是太平军存钱，商人就去报官，那就是失信于客户”。

文煜和夏同善听罢，嘴上说胡雪岩讲得都是歪理，但却发自内心的欢喜。胡雪岩知道，自己的一番话得到了认可，在京城开办分号的事情，基本上有了着落。果然，片刻之后夏同善直入主题，问胡雪岩在京城办分号的事情。文煜则当即表示，他希望在胡雪岩的分号开办一个账户。

胡雪岩知道，自己钱庄的开设资金有了，文煜手上的银子，绝对不是个小数目，这样一来，自己开设钱庄的资金便得到了解决。他没有猜错，文煜一出手就是六十多万两银子，这些银子没法存在山西票号，因为那里实在有太多同僚存款，而文煜跟部分同僚又有过节，担心自己的款子外露。

不过有件事胡雪岩没有猜到，文煜带到钱庄的钱，除了自己的六十多万两，还有另外一位大人物的二十多万两。这位大人物就是恭亲王。文煜一再嘱咐胡雪岩，千万不能透露恭亲王的身份。

有了这笔资金，胡雪岩的京城分号顺利成立，而且在不久后又在武汉开办了分号，完成了敖营官的遗愿。

做事的随机应变，因势利导，为通向成功多开辟了几条路。多些路走，做事也相对轻松，事半功倍。

3.3 从蚕丝到地产

“做生意顶要紧的是眼光。一个生意人的眼光，看得到一省，就能做一省的生意；看得到天下，就能做天下的生意……”胡雪岩的眼光就很长远，所以他常常以这样的道理来教导周边的人。

做生意的眼光，算是一种天赋，有人天生就慧眼如炬，总是能发掘出商机。不过更多人靠的是从商的经验和阅历，还有许多复杂的外界条件。对胡雪岩而言，他骨子里流着商人的血液，即使祖上没有特别成功的生意人，但他从小的耳濡目染也有了对商业的懵懂热爱。更何况胡家祖训就是为商不为官。

是天赋也好，是潜力也罢，胡雪岩做生意的眼光都堪称一绝。哪怕是在与别人闲聊时，他也能听出赚钱的信息。他之所以在蚕丝生意上有所涉足，就是从一次闲聊中得到的灵感。

那时王有龄还在世，而且刚刚升任湖州知府。胡雪岩亲自送王有龄走水路到湖州上任，路上便跟姓张的船家聊些闲话。他得知船家是湖州人，擅长养蚕、织丝，家里也曾做过蚕丝生意，算是对这一行颇有了解。

众所周知，湖州是中国著名的蚕丝基地，大多蚕丝都能出口国外，号称“天下第一丝”。

胡雪岩当即就生出一个念头，做蚕丝生意，不管是出口还是内销，都有利可图。于是胡雪岩告诉张姓船家，他想出资在湖州开间丝行，但自己不做主人，而是让张姓夫妇做主，自己则做客人从丝行买丝。

之所以不以自己的名义开设丝行，胡雪岩有一番打算。以他跟王有龄的关系，在湖州开设一家胡姓店铺，虽不是难事，但必定会招致非议。不管是说王有龄以权谋私，还是说胡雪岩借关系敛财，都会影响两人的前途。除此之外，胡雪岩打算用阜康钱庄代理的湖州公款购丝，在杭州脱手后，再将银两如数补回。这算是无本万利的生意，胡雪岩的眼光不仅独到，而且犀利。

开设丝行之后，胡雪岩将买卖对象定为上海“洋庄”，也就是洋人做生意的聚集地。上海“洋庄”是晚清时重要的外贸机构，大多上等丝绸都是经过这里远销海外。一般而言，江南的丝绸一旦出售到日本、欧美等地，每年的进项就是数百万两，这还仅仅是江苏、镇江一带的销售额。当时西方的纺织工业已经成熟，需要从中国进口大量的生丝和丝绸，而且晚清在战争中被迫开放了一些通商口岸，更是促进了沿海地区丝绸贸易的发展。

这无疑是一块肥肉，有眼光的商人都猛扑上来，胡雪岩自然也不例外。但是跟其他商人不同的是，他的生丝并不是产一批卖一批，而是囤够万两丝的时候，才以当时更高的市价出售给洋人。这样赚的多，可风险也大。洋人跟中国人做生意，常常是谈一家，暗访若干家，也就是表面跟一家丝行谈得投机，可就是不表态，不说买，也不说不买，然后暗地里比较其他丝行的价格，一旦遇到更低的，自然是转投他家。

以胡雪岩的商业眼光，自然能看到这点，如果他囤积的丝被洋人这么把玩，可能最后所有丝都败在了自己手里。要想降低风险，就必须在市面上统一生丝价格，让洋人的比较失去意义。

要想做到同行同价，难如登天。胡雪岩的实力自然是鹤立鸡群，其他丝行很难与其竞争，因此只能靠降低价格来维持生计。倘若所有价格都一致，那迟早会被胡雪岩挤破产。只有在大家都有利可图的情况下，才能真正实现同行同价。这就需要胡雪岩做出些让步和牺牲。

经过多番调研和尝试，胡雪岩最终决定，拉拢那些因为资金亏空而急需售出手上生丝的商行。他将以同等价格收购这些商行的生丝，万一遇到不同意的，就允许对方抵押其货物，从阜康钱庄贷款，缓解资金压力。总之是要阻止这些商行跟洋人的交易。这样一来，洋人不得不按照一个更高的价格购买生丝，不管是亏本的商行，还是胡雪岩的丝行，都可以获利。

在跟这些商行商议时，胡雪岩不断提出一个说法“与其将货物卖给洋人，不如卖给自己人”。这其实是一种舆论压力，在爱国和生意之间，前者总是受人热捧，后者总是遭人鄙夷。一个宁愿冒天下之大不韪、专将丝货卖给洋人的商行，日后定然受业内人唾弃，声誉和生意都将江河日下。

这并不难理解，在一个战乱四起的时代，爱国情怀总是跟英雄主义联系在一起。一个爱国的商人会被民众视为英雄，这将有助于他在行业内地位的跃升。就像胡雪岩在太平天国攻破杭州的时候，自掏腰包为黎民百姓买米粮一样，除了那份济世之怀，更多的是在为自己的前程做铺垫。

胡雪岩不断强调爱国之情，给其他商行造成了巨大的压力，即使有心低价卖给洋人，也不敢落实在行动上。更何况，胡雪岩并没有独吞利益，而是顾及了同行的各种需求。同行们为了活下去，也不得不答应。

经过了一年的努力，湖州大多有问题的丝行都跟胡雪岩站在了同一条战线上。与此同时，胡雪岩已经通过各种关系跟上海的丝商大户签订了协议，而且跟洋人的谈判也日渐成效。第二年初，洋人对湖州丝行的价格做出了让步，同时也希望胡雪岩将价格降低一些。但胡雪岩并不妥协，他依旧坚持原先的高价，并联合其他商行一起向洋人施压。

几个月后，新丝即将上市，清政府为了增加税收，在内地设立了海

关。此时洋人只能按胡雪岩所定的价格购买生丝，因为如果再晚一些，价格可能随时会因为税收而又有所提升。

就这样，胡雪岩凭借着精准而长远的眼光，赢得了他在生丝行业的第一桶金，大约十八万两白银。若干年后，胡雪岩的丝行已经发展为湖州，乃至整个江南丝绸外贸中的龙头。

不得不承认，胡雪岩是个天生的生意人，他有一种神奇之术可以使死灰复燃，使粪土变为黄金。他的眼光和胆略，堪比官场里的曾国藩。

在蚕丝生意发展趋于稳定的时候，胡雪岩又在一次偶然的机会看到了新的商机——买卖房地产。他在上海处理蚕丝业务时，无意中听到两个人在谈论上海开路吸引投资的事情。当时上海开发和建立城市的方式深受西方的影响，先拓展道路，然后吸引商人来开市，自然形成繁华的城市。而中国自古以来都是先有市后开路，只有人们先聚集成一定规模，才会有商人想到在此地做生意。这种形式的缺点是，当城市形成后再需要拓宽道路、扩大集市的时候，已经无从下手，因为所有占据天时地利的地方，都被商铺、摊贩所占。

这些信息不是最重要的，最重要的是谈到了上海未来几年的发展。他们认为上海遵循西方建立城市的方式，很快就会开辟近郊之地，也就是城市周围的偏僻地带。南北两地将在不久后繁荣起来，而西边则更具有开辟的潜力。如果有些闲钱，不如赶快买下这些地段的地产，不管是荒郊野岭，还是美水肥田，都要快点下手，以免落在洋人的后边。

胡雪岩一听，大喜过望。他当即决定购买一些有发展潜力的地产，部分用来赚差价，部分用来修建商铺，一举两得。于是，在上海朋友的探听下，胡雪岩在洋人准备开市铺路的近郊购置了若干地产。后来的事实证明，胡雪岩当初的眼光十分精准，而且足够长远。

如果说诚信是稳固财富的基础，那么敏锐的眼光就是累积财富的基础。在生意场上，谁的眼光精准长远，谁就有能力拔得头筹。不仅仅是做生意，任何一个想成功的人，都需要具备一双能看到机会的慧眼。

3.4 把握机会

胡雪岩在机会面前的表现，堪称完美。从跟随蒋老板，到最后成为阜康钱庄的主人，他无时无刻不在体现着把握机会的重要性。正如他告诫身边人那样："一个人如果要有成就，一半靠本事，一半靠机会"。但是发现机会和把握机会，也是一种本事。

左宗棠收复杭州，于朝廷有功，于百姓有恩，在官场扶摇直上。胡雪岩有心背靠这棵大树，这就需要他一定程度的付出。左宗棠跟王有龄不同，王有龄是胡雪岩的莫逆之交，二人从年轻时就相识，王有龄将胡雪岩视为知己和得力助手，而胡雪岩对王有龄的帮助也更多是出自朋友之情。但左宗棠是个耿直而又敏感的人，且位高权重，胡雪岩的一言一行都要谨慎，付出也要比从前更多，代价自然也要更大。

在辅佐左宗棠的岁月里，胡雪岩要竭尽全力博得其信任，同时也要满足自己的利益，这就需要他在机会面前表现得更为敏捷。

太平军是清政府的一块恶疾，也是左宗棠的一块心病。尽管收复了杭州，但太平军依旧活跃在其他地区，要想将太平军完全镇压，除了千军万马，还必须有大量的钱财做后盾。不管是兴办船厂，还是发放军饷，都需要真金白银的堆砌。可对于千疮百孔的杭州而言，钱库空虚，只剩下一个空壳。

要钱，只能借助当地富商的力量。于是左宗棠第一时间找到了胡雪岩，问他能不能解决财务问题。胡雪岩先是一个商人，而后是一个爱国的人，他并不能解决所有跟钱有关的事情，只是他善于发掘和把握机会。修造船厂，发放军饷，听起来更像是一个无底深渊。胡雪岩也有心帮助左宗棠，可是如果将自己置身于深渊之中，很快就会被拖垮。他想了很久，终于想到了一个解决方法——向洋人贷款。

就当时的大清律例而言，不允许个人以政府的名义向洋人贷款。左宗棠当然知道这点，因此在胡雪岩提出这个设想的时候，他第一个反应就是"朝廷不会批准"。

不过好在胡雪岩是个善于发掘机会的人，或者说他是个能找准时机的人。他认为此时的清政府一切以军事为主，镇压太平军无疑是眼下最重要的军事。以军事要求为理由，朝廷一定会慎重考虑。更何况申请向洋人贷款的是左宗棠，一个手握重兵的功臣，朝廷对他的信任溢于言表。以左宗棠在朝廷的位置，他的要求多半会引起重视。

还有一点至关重要，那就是洋人的态度。太平天国占据着物产丰富的东南一带，严重影响了洋人在那里的利益。如今清政府决心镇压，洋人自然愿意出手相助。只要说服洋人主动帮助，料想朝廷也不会轻易拒绝。

在这些前提下，向洋人贷款，成功率几乎是百分之百，这就是胡雪岩看到的时机。左宗棠听了胡雪岩的一番解释，心里也多了几成把握。结果正如胡雪岩所料，朝廷批准了左宗棠的申请，由他代表政府向洋人贷款，所贷款项皆要用在军需、军务上。

能看到并抓住一个机会，就可以扭转乾坤。如果不是胡雪岩看到了一个能向洋人贷款的时机，那么左宗棠将会把财务压力转嫁到他的身上。如若真是如此，那胡雪岩就会面临着更大的难题。这正像柏拉图所说“一个人不论干什么事，失掉恰当的时节、有利的时机就会前功尽弃。”

3.5 创造机遇

由左宗棠办理的船厂在同治五年，也就是 1866 年正式获得朝廷批示。但就在筹建船厂的重要时期，朝廷任命左宗棠为陕甘总督，去镇压那里的太平军。在离开之前，左宗棠向朝廷奏请胡雪岩协助船厂的具体运作。在奏折里，左宗棠将胡雪岩如何为杭州政府捐助粮食和武器，如何在杭州沦陷的时候冒死出去寻求援助，又是如何在船厂的问题上劳心劳力，全都罗列出来，并说胡雪岩是“深明大义不可多得之员”。

就这样，胡雪岩正式成为左宗棠的左膀右臂，也成为著名的福州船局的总经理，上至经营方向，下至造船用料，他都躬亲操作。胡雪岩此时的势力不可同日而语，他已经一脚稳稳扎在了政治的世界里，身兼官与商两种身份。这是胡雪岩为自己创造的机遇，从接近左宗棠，到为左宗棠解决具体财务问题，一路走来，他无不在为自己的将来创造机遇。

在胡雪岩看来，机遇不是要遇到，而是要创造，用他的话讲叫“机遇是靠双手捧、靠脑子想出来的”。

1868 年，中国第一家新式造船厂——福建船局，在胡雪岩的精心管理下正式成立。次年秋天，船厂第一艘轮船出厂，被命名为“万年清”。“万年清”从福建港口出发，试航到天津港口，一路上吸引了无数百姓的围观、欢呼和呐喊。

1871 年，船厂造出了第一艘战舰，并试水成功。福建船局让整个西方对清政府刮目相看，一个被视为落后腐朽的国家，竟然有了自己的轮船和战舰。朝廷自然少不了对左宗棠的奖赏，胡雪岩也从中得到了应得的一切荣耀和利益。

不过可惜的是，福建船局最终没有保住。它在生长了十六年后，在法国人的偷袭下宣告结束。这无关于胡雪岩的经营，只关乎朝廷意识的落后和思想的自大。

在船厂经营的日子里，胡雪岩也在不断创造机遇。船厂的首席制造师是一个法国人，胡雪岩知道这个法国人不单单是他自己，其背后还有法国领事馆。于是胡雪岩早早便有了打算，暗中告诉中国学徒工和造船师，要好好看着法国人工作，尽快学会造船的本领。时隔不久，法国制造师便宣布拒绝主持试航，试图以此来威胁船厂，要求以后让法国领事馆介入船厂事宜。船厂另一名负责人一怒之下辞退了法国制造师。

幸好胡雪岩为船厂暗中培养了不少可造之材，才得以支撑船厂的制造工程。胡雪岩这种创造机遇的能力和先见之明，连左宗棠都十分钦佩，他给胡雪岩写了一封信，说“局各事日见精进，轮船无须外国匠师，此是好消息……阁下创议之功伟矣”。

胡雪岩创造机遇的能力不仅为自己带来了利益，也为很多人带来福音。曾经有一年，胡雪岩的老家发生严重的水灾。一位老农刚刚种好的水稻，就被这场突如其来的水灾摧毁。就在这一年，整个安徽的水稻产量大减，米粮价格狂增。

无奈之下，这位老农找到了胡雪岩，希望听听他的建议和处理办法。胡雪岩告诉老农，不要气馁，继续种水稻，三年之后必能凭此赚钱。老农并不知道胡雪岩的道理，只知道听胡雪岩的话一定不会错。岂料第二年，水患依旧袭来，水稻再一次歉收。老农虽然有些质疑，但坚持种植水稻，可是水灾在第三年又如期而至。老农身边的人都在劝他，赶快停止种植，那胡雪岩经商是一把好手，可是对种田根本一窍不通。但老农执意相信胡雪岩，继续种植水稻。

转眼就是第四年，水灾消除，可全国大旱。旱地作物几乎都枯竭而死，整年颗粒无收，只有水稻获得大丰收。旱情持续了三年，水稻丰收了三年。全国各地的米商纷纷出高价购买水稻，老农成为灾情的受益者。这三年的丰收不仅弥补了前三年因水灾造成的损失，还使老农一家有所盈利。

直到丰收那刻的到来，人们才不得不佩服胡雪岩对机遇的把握，但同时也很好奇，他究竟凭什么认定三年水灾之后的水稻一定丰收。

其实胡雪岩没有三头六臂，更不懂得神机妙算，只是掌握了一定的自然规律。他知道旱涝灾害、丰收歉收，都有一定的更替规律。范蠡曾说“六年干旱，六年丰收，十二年一大饥”。这里的六年和十二年，并不是一个确数，而是指一种规律现象。

对于胡雪岩来说，他并不确定水灾会在几年后退却，但却可以肯定灾情之后必有丰收。三年的期限，算是胡雪岩一个大胆的推测。他不是要告诉老农一个确切的日子，而是在增加老农坚守下去的信心，帮助他等到丰收之日。如此看来，在机遇面前不仅要有创造力，还要有一定的魄力，敢于用自己的常识和经验做赌注，才能赢得成功的机会。

事实上，种田和市场一样，都有高潮和低谷，用中国最朴素的哲学思想表达，就是物极必反。连续的败绩过后，必然会迎来一次全胜。同样，在胜利时也要做好迎接失败的心理准备。胡雪岩将这种理念运用在各种情况里，因此他能看到机遇，更能创造机遇。

当然，创造机遇需要具备一些条件，首先是掌握事物发展的规律，其次要有充足的经验和敏锐的观察力。在某种程度上，经验和常识胜过教条的理论知识。最后要惯于思考和总结，能够将从前经历过的事情都作为未来的经验基础。能够具备这些条件，就可以做到高瞻远瞩，并因此创造机遇。

不管是在船厂的表现，还是对水灾的推测，胡雪岩都在用实际行动告诉人们：只要将经验与客观现实联系起来，掌握一定的事物发展规律，人人都可以主动创造机遇，人人都可以是机遇的主人。

3.6 给自己留条后路

胡雪岩说，“无论做事还是经商，都应学会掌握与运用机变与权变之理，在任何时候、任何情况下都应该注意给自己留下退路”。没人可以预知未来会有怎样的变化，今日的风光，说不定明日就颓丧；今日将别人逼上绝路，他日自己也可能走进死胡同。在做事之前，应多做一些准备，多思考一些方向，多留一些后备，防止在变化中走上不归路。

给自己留条后路，即使是无法回到以往的风光，起码也能保住实力。胡雪岩很注意处处留后路，对排挤过自己的人总是报以宽容，对要着手的事情总是报以周全。胡雪岩最得力的助手——张掌柜，就是他当年为自己留出的一条后路。

张掌柜是胡雪岩的旧相识，两人一起做过钱庄的学徒。但是在当学徒的日子里，他受尽了老张的排挤。后来胡雪岩偷着将钱庄的钱借给了王有龄补缺，老张知道后没少拿这事挤对他。待到王有龄补缺归来，风光无限，老张这才不敢对胡雪岩说三道四。

本来王有龄有心替胡雪岩教训教训老张，可是胡雪岩却说“得饶人处且饶人，给别人留条路走，也是为自己留条后路”。如果说胡雪岩不记恨，不生气，也不可能，他毕竟不是圣人。但他胜在足够理智，眼光也足够长远。他知道老张虽然刻薄，但做生意却是一把好手。给他留条路，将来可以为己所用。

自从王有龄回来，老张就一直战战兢兢，生怕胡雪岩趁机报复自己。可出乎他意料的是，胡雪岩不仅没有报复他，反而对他更加友好。这件事对老张触动很大，他决心在以后的日子里对胡雪岩竭诚相助。于是，当胡雪岩成为钱庄老板的时候，老张被擢升为掌柜，一直兢兢业业为胡雪岩工作，为他解决了许多麻烦事。

不过胡雪岩终究是个凡人，是凡人就有考虑不周全的时候。在为左宗棠向洋人贷款，支持西征这件事上，胡雪岩非但没有给自己留好退路，反而埋下祸根。

西征，绝对不是单纯的军事行动，牵涉到了政治、经济，甚至一方土地的文化与习俗，其中尤以经济最为重要。左宗棠对西征志在必得，但是对军饷和粮饷却束手无策。不过他信任胡雪岩，认为只要跟钱有关的事情，胡雪岩一定可以做到。

对于胡雪岩而言，资助战争所需的钱财绝对不是个人所能承担的，但出于日后的发展，他又不能不帮左宗棠。无奈之下，胡雪岩以个人名义向英国汇丰银行申请贷款，同时邀请其他富商出资捐股。这样一来，胡雪岩为左宗棠筹到了六百五十万两银子。

左宗棠很有信心在七年内还清这笔钱，但是分批还款的日期不能确定，因为战争中存在太多的不确定因素。

洋人只管赚钱，不管左宗棠什么特殊情况，于是要求每半年还一次款，六年还清。左宗棠不是个生意人，他在做计算的时候高估了朝廷的还款能力。更为重要的是，他根本没有考虑到，如果朝廷无力还款，胡雪岩将一人承担起所有的还款责任。正是因为左宗棠不是生意人，所以在六百五十万两的基础上又追加贷款四百万两，作为后备资金。

此事左宗棠考虑不够周详，可胡雪岩照样没有想到不可预计的因素。朝廷还贷的款子都是从各省调集的协饷，每批协饷的到款时间都不一样。

这就意味着朝廷并不能保证如期还款。还有一个致命的因素，胡雪岩没有想到：如果这几年时局巨变，自己的生意一落千丈，而朝廷又无力还款，他要拿什么出来还给洋人。

后来的事实证明，胡雪岩的一时疏忽完全堵死了自己的后路。几十年的事业在自己的“一时糊涂”之下滑向深渊。倘若在着手之前，胡雪岩多考虑一些负面因素，也不至于将自己推进一个无底洞。

做事之前多做些假设，做好应对最坏结果的计划，给自己多留条可以回头的路，是力挽狂澜、转危为安的前提。成功自然是一种骄傲，但能在危急关头转身回头，更加重要。

第四章

以智取胜，事业需要点小心计

胡雪岩读书不多，但是悟性很高。他从平时生活的经验中领悟到许多经商的道理和赚钱的机会。他从别人的闲谈中，就能得到借助外力的灵感；从报纸广告中得到经商的点子。他善于动脑，善于在事业中总结前人的智慧，并将其灵活运动到实际之中。在商业竞争中，拼的就是经营方式、经营理念和经营手段。而这些都需要经营者善于观察和总结，将积累的经验和阅历，变成源源不断的智慧与灵感。

4.1 巧借外力

人的认知和能力都具有局限性，很多事情无法单凭一己之力达成。在这个时候，外力的介入就显得至关重要。于是，如何借助外力，也成为一种做事的技巧。胡雪岩绝对是个会借外力的人，从帮助王有龄捐官，到为左宗棠效力，一路走来都有外力的援助。

胡雪岩是个懂得如何将朝廷政策和生意经联系起来的商人，于是他主动结识了一批官场大员，甚至也为自己捐了个虚职。不得不承认，官场势力是外力中的中流砥柱，一度让胡雪岩风光无限。王有龄的庇护，黄宗汉的推荐，左宗棠的信任，文煜的支持，都是一股股可将胡雪岩推到峰巅的力量。同样的，胡雪岩回馈给他们的利润也足够强大。

除了官场的力量，胡雪岩最得力的还是江湖力量。黑白不分道，正邪不分家，胡雪岩就在黑与白、正与邪之间来回奔波。倘若没有这股江湖力量，胡雪岩在米粮、军火、药材方面的运输，就会遭遇许多阻碍。因此，不管是漕帮也好，土匪也罢，都是胡雪岩极力拉拢和利用的外力。

如果说官场势力是胡雪岩的护身符，那江湖势力就绝对是保证胡雪岩路路畅通的执照。当然，胡雪岩一生借助的力量不止这两种，还有生意场上同行的力量，甚至还有洋人的力量。

对于同行而言，胡雪岩无疑是个可怕的竞争对手。他们面对日益壮大的胡雪岩，除了担惊受怕之外，还会想方设法削弱胡雪岩的力量。如果胡雪岩是个做事决绝、狂妄自大的人，恐怕早被同行的怒火烧得体无完肤。可事实上，胡雪岩一直在收敛自己的锋芒，跟同行利益均沾，他所表现出的真诚和实在，博得了许多同行的好感。

至于洋人的力量，或许是最容易让胡雪岩发财的外力，因为外贸的收益一般是成倍增长的。不过洋人跟胡雪岩来往，也是看中了他与左宗棠的关系。左宗棠在晚清政府的力量是洋人想攀附的，可偏偏左大人是个喜欢在洋人面前趾高气扬的人，从不买洋人的账。洋人无计可施，便把希望寄托在胡雪岩的身上，希望能达到曲线“救国”的效果。

胡雪岩不傻，他知道洋人对自己看似友好的背后，藏着怎样的动机。不过这样的势力不借白不借，胡雪岩乐于先接受别人的友好，再剔除掉别人的不良动机。不可否认，这股“洋势力”给胡雪岩的外贸之路提供了许多便利。在最顺利的时候，胡雪岩可以从洋人那里拿到最低价的军火。而几乎所有合作的洋人，都会给胡雪岩保留折扣的选择权。这在当时而言，是许多商人的梦想。

官场、江湖、同行、洋人，这四支外力构筑成一堵铜墙铁壁，为胡雪岩的生意遮风挡雨。

会借用外力，其实是一种智慧。胡雪岩在一生中借助了无数人的外力，就连开典当行的资金，也是借他人之力得到的，自己没有出任何本钱。

胡雪岩在苏州办对外贸易的时候，结识了几个有钱的公子哥。当时苏州受太平军的影响，十分动荡，致使这几个公子哥生出了躲到上海避难的想法。不过自己能走，苏州的地产、田产，以及大量的现银，却没办法带走。如果这些财产留在苏州，即使不被太平军夺去，也会被当地的官兵强行征用。这些公子哥商量了许久，决定地产、田产不变卖，继续留在苏州，希望有幸逃过此劫再回来继续生活，大笔的现银则找个可靠的、在上海有分号的钱庄存着。这才找到了正在苏州办事的胡雪岩。

这笔现银数目不小，有二十多万两。胡雪岩当即给他们算了一笔账，这笔钱入钱庄，最好分为两部分：一部分存长期，就等着收利息；另一部分存活期，活取活用，可以用来做生意。

胡雪岩知道这些公子哥平日里养尊处优，不知民间疾苦，更没有社会经验，做事想问题都有些不切实际。不过好在他们都不是急功近利的人，钱存在钱庄里，也不急着收利息，更不急着拿钱出来挥霍。这一点也是对胡雪岩而言是最有利用价值的，只要他们不急着收息，不急着取钱，那这二十万两就是钱庄一笔可观的周转资金。没多久，典当行就在这二十万两的帮助下顺利开张。

用别人的钱，做自己的生意，胡雪岩这种借力使力的方式其实是受了他人的启发。有一次胡雪岩在常去的茶馆喝茶，闲聊中听说了一件有趣的事情：金店的老板竟然把女儿嫁给了一个家徒四壁的穷小子。门当户对是所有婚姻的基础，富人总是要跟富人结亲，这是人之常情。可这两家显然在生活条件、出身背景上有着天壤之别，怎么会结成姻亲。

要说那穷小子也有几分聪明劲，他早已跟金店千金有了感情，可无奈金店老板极力反对。为了能跟心爱的人在一起，他想了个办法：先东拼西凑一笔钱，定期去那家金店买首饰，而且一次买许多，看起来十分阔绰。然后找其他金店，把这些首饰卖了，用所得的钱财再去那家金店买首饰。也就是说，穷小子只有一笔钱来回用，但是金店老板却以为他是个出手大方的有钱人。就这样，金店老板同意了女儿与穷小子的婚事，有情人也终成眷属。

胡雪岩从这个故事里看到了借力使力的窍门，只要将手里的资金灵活运用，就可以总有钱用。正如同他使用苏州公子哥的资金一样，将他人的钱，变为自己的流动资金，用来开店也好，买货物也罢，都是无本万利的生意。

在此后的日子里，胡雪岩不止一次使用这种方式来达成心愿。开设药铺的资金，也是靠这种方式得来的。

开药铺所需要的资金，大约十万两白银，不管对谁而言都是个不小的数目。不过胡雪岩借用外力的本领已经练到炉火纯青的地步，他十分清楚该用哪种途径来筹措资金。这笔钱对于个人而言，是不少，但是对于官府而言，却不多。于是，胡雪岩将开店资金的筹集对象定为了官府。

胡雪岩想到的第一个人自然是黄宗汉。他认为在兵荒马乱之际经营药店生意，既有爱国情怀的体现，又有利可图，黄宗汉应该不会拒绝。有了黄宗汉的支持，剩下的资金就可以靠军队来出，当然，他不会直接向军队推销自己的方案，而是用些小计策，让军队心甘情愿掏出一笔费用。

当时胡雪岩手上握着一张专治瘟疫的药方，名叫诸葛行军散，是他小老婆的叔叔刘不才祖传的秘方。对于因为伤亡而爆发瘟疫的军队而言，诸葛行军散是一把及时的救命稻草。于是，在胡雪岩跟军营负责后勤的“粮台”说起这剂良药的时候，粮台很乐意试一试。

最初，胡雪岩以成本价将药卖给军营。除此之外，他还联系了许多要捐饷的富商，让他们将银子变成诸葛行军散，反正捐出的饷钱大部分要用来买药，还不如直接捐药来得实际。上报的时候，只需要注明捐出多少银子的药物即可。

除了诸葛行军散，胡雪岩还弄到了许多治疗外伤的上等药品。他告诉粮台，只要军营的官兵们用了有效，可以先出部分银子进行订购，不需一下子全额付款，而且出售给他的价格绝对低于市价。粮台一听，自然高兴，不用多费银两，就能解决军需，这绝对是一件好事。于是跟胡雪岩达成协议，先出订购费将所需药品运回军营，余款日后定期结清。

很快，胡雪岩就筹集到了开药店的资金。他借助外力帮助自己渡过了一个又一个难关，使他在成功的道路上走得比别人快，也比别人扎实。

4.2 活广告

胡雪岩的智慧并不局限于如何做无本万利的生意，而在于如何做长久的生意。他比任何人都清楚，商人的财富积累不在一时，应为一世甚至世世代代。生意也应该是可持续发展，具有延续性的，这就需要商人为未来打下良好的基础。

1875年，光绪登基的第一年。胡雪岩趁着新帝登基的气象，为自己的药店胡庆余堂做起了宣传。他的宣传方式不只是在报纸上刊登广告，更多是通过营造口碑来吸引更多的客户。他先是在出入杭州的码头安排了几个药店伙计，身上穿着印有胡庆余堂字样的衣服，免费为出入杭州的外地人赠药。所赠之药，皆是胡庆余堂的招牌药，像用来防止瘟气入体的避瘟丹等药物。

这样一来，不光是杭州人知道了“胡大善人”的名号，来往的外地人也都知道了杭州的胡庆余堂是个有信誉、讲诚信的药店。久而久之，胡庆余堂在外地人的口耳相传下，冲出了杭州，走向了全国。再加上报纸广告的力量，胡庆余堂真正做到了名扬四海。

这就是胡雪岩的经商智慧，他知道自己把自己的药店吹得天花乱坠无济于事，只有客户将亲眼看到和亲身经历的事情奔走相告于身边的人，才会起到一传十、十传百的宣传效果。在短短三年的时间里，胡雪岩药店的名声已经传到千里之外，所得的盈利也完全弥补了初期施医赠药的宣传费用。

1880年，胡庆余堂的累计资金已达两百八十万两，并获得了“江南药王”的称号。当时有一句顺口溜，叫“北有同仁堂，南有庆余堂”，形象地体现了胡庆余堂的地位和势力。

这种口碑式宣传的活广告，不单纯包括在市场上的努力，还包括胡雪岩在官场上的努力。对于胡雪岩而言，得到朝廷的褒奖，也是一种口碑式的宣传。于是他为战争提供了许多资助，向洋人贷款、购买武器等。而且为甘肃、山西、山东、山西、河南等地因战争而饱受伤害的灾民，捐助了十几万两白银。

这些投资终究没有白费。1878年，左宗棠向朝廷递交了一份名为《道员胡光墉请破格奖附片》的奏折，里边罗列了胡雪岩为朝廷所做的贡献，并大肆渲染了胡雪岩为人的忠肝义胆和对朝廷的一片赤诚。

果然，左宗棠的力举，为胡雪岩赢得了朝廷的厚爱。皇帝钦赐胡雪岩黄马褂，而且准他在紫禁城骑马。按照清廷制度，只有立下过汗马功劳的文臣武将和皇帝的贴身侍卫，才有资格获得这样的荣誉。就连左宗棠，都是在收复杭州后，才被赏赐了一件黄马褂。

胡雪岩名声已通天，在民间更是备受关注。获此殊荣后，他的宅院前多了一座门楼，代表着皇威浩荡，也标志着胡雪岩不可同日而语的尊贵身份。在这座门楼前，所有达官贵人都要下轿步行。毫不夸张地说，这座门楼在某种意义上就是胡雪岩的广告牌，是他最想看到的生意的保证。

要说想借助朝廷的力量来为自己赚名声，胡雪岩很早就开始行动。1860年，胡雪岩的钱庄稳定后，他就捐了个道员的虚职，当然这其中少不了王有龄的规劝和引导。几年之后，胡雪岩被擢升为江西试用道。1866年，左宗棠为了提拔胡雪岩，向朝廷递交《克复严州等县城及援皖援江原保名清单》，建议朝廷将胡雪岩升为福建补用道兼按察使，获得批准。

西征结束之后，胡雪岩又因支持西征而获得朝廷给予的布政司衔，以及“三代封典”。胡雪岩亦官亦商的身份，让他的财富源源不断流进门来。

不可否认，胡雪岩在官场的步步高升，也是为了满足自己的虚荣心。但作为一个商人，他所有的努力都是为了使自己的生意长久发展下去。事实也证明，他的努力没有白费，有了朝廷给的荣誉在身，他做生意的信誉就得到了更多人的认可和肯定。

4.3 顺势，取势与作势

埋头苦干固然是一种创业精神，但没有一些智慧的融入，生意只会成为一种单纯的体力劳动。胡雪岩拥有他人难以企及的经商智慧，所以能在如同战场的商业较量中屹立不倒。他的智慧包罗万象，其中尤以对形势、态势、趋势的判断和掌握最为出色。用胡雪岩自己的话说，“顺势是眼光，取势是目的，作势就是行动”。

在太平军起义的日子里，朝廷为了平乱，几乎倾囊而出，再加上洋人的不断挑衅，国库是外强中干，赤字连年。既然国库空虚，朝廷要平定战乱，只能向较为安定的地方筹集军饷，而地方官员则把这份压力转嫁到了当地百姓的头上，这被称之为“协饷”，协助军饷之意。

按照朝廷的要求，浙江也在协饷之列。浙江协饷的对象主要是江南大营，所筹集的现银，都要直接送到营区。但就当时的情况而言，江南大营和江北大营正忙着收复金陵和扬州，周边没有一条安全的道路可供输送现银。为了保证协饷的安全，浙江藩司和江南大营的粮台商榷，先将现银存入钱庄，借助钱庄的汇划功能汇到上海或苏州，然后再往江南大营转，这样更为安全。

一旦涉及钱庄，当地官僚第一个想到的就是胡雪岩的阜康钱庄。但是就当时阜康钱庄的实力，很难完成这次大金额的汇划。不过胡雪岩认为这并不是问题，阜康钱庄可以跟其他钱庄联手，共同完成这次代理，这就是作势。接到浙江藩司的请求后不久，胡雪岩便到了湖州，去那里寻找可靠的合作伙伴。

其实在杭州，胡雪岩有个十分可靠的合作对象——信和钱庄。信和跟阜康素来交好，而且它是杭州数一数二的实力派。曾经帮过王有龄，助过胡雪岩，算是阜康钱庄的生死之交。可胡雪岩这次却偏偏绕过了信和，到湖州找了大源钱庄合作。要知道，替官府代理这笔协饷的去向，是一个肥差，不仅能赚得多，而且还能博得官府的嘉奖。按照常理，好事应该多关照朋友一些，可胡雪岩却做了个令人咋舌的决定。

胡雪岩所做的每个决定，都有个深思熟虑的过程。在他的认知中，生意伙伴不能局限于一两家，应该以利益去结交更多的朋友。当时信和与阜康的关系已经根深蒂固，两者之间的利益关系已渗入到了彼此的骨髓之中。既然这段关系有了稳固的发展，那就要积极开拓下一段稳固的合作关系，这是就取势。

这次选中了大源，下一次选中的就是其他钱庄。尽可能多的跟一些钱庄建立利益关系，制造一个庞大的势力群体，编织一张强大的关系网，这更有助于阜康在同行中位置的跃升，以及胡雪岩在商场上的便利。

取势与作势，胡雪岩都能为自己设想到，并快速付诸行动。经过他的努力，阜康钱庄周围很快成长起一批强有力的合作伙伴，一个共赢的圈子覆盖了整个江南。

至于顺势，胡雪岩做得一向很好，他总是能精准地看到当下的势态，并做出一系列的相应举动，比如他替左宗棠跟洋人贷款造武器。

所谓的势，其实就是一种趋势。顺势是看准趋势，取势是为了迎合趋势，作势则是引导一种趋势。对于商人而言，对趋势的把握是一种难能可贵的智慧，也是决胜于商场的必备武器。在对趋势的把握中，天时地利人和，又显得尤为重要。上天赐予人们一个时机，需要人们在对的时间，与对的人进行合作。于是选“人”，即合作对象，就成了重中之重。

就像胡雪岩在官、商两界摸爬滚打一样，他之所以被人信赖和倚重，就是找对了合作的对象。从王有龄、黄宗汉、左宗棠到信和钱庄、大源钱庄，胡雪岩总是能够清醒地认识到，哪个对象是自己事业的助推器。

不管是哪个领域，只要向往成功，就要用自己的经验来判断时下的趋势，然后用自己的关系迎合趋势的发展，最后用自己的能力来引导趋势的方向。只有站在趋势之上，才能看到更长久的未来。

4.4 当铺风波

胡雪岩如愿开了一间典当行。他之所以有了开当铺的念头，有两方面的原因：一是在战火连年的岁月里，靠放贷取息风险太大，谁知道这笔钱贷出去，能不能按时收回。倘若贷给的是官府，那就要承担无限延长还贷日期的风险；二是世道不公，有钱人不断把钱存进钱庄，没钱只能典当自己的家产。钱庄见了存钱的都是笑脸相迎，当铺见了典当的都是恶语相向。胡雪岩想改变一些穷人的生活现状，想让他们拿典当的钱去做些小生意，于是他给当铺的伙计定了条规矩，凡是来典当的穷人，不能杀价，东西市值多少钱，就典当给多少钱，不能乘人之危。

当铺的生意在胡雪岩名声的影响下，以及宽容的制度下，越来越红火。生意好，自然有人想用些旁门左道的功夫从当铺里捞些好处。

一日，当铺里来了位趾高气扬的人，口口声声说自己有件出自商朝的稀世珍宝，要寄存在当铺，要求找个有本事的人掌掌眼。这东西是不是真品暂且不论，单是这张牙舞爪的气势，就让当铺的掌柜有些警惕。

掌柜的将古董拿在手里，仔细看了看，既看不出是否出自商朝，也看不出这古董究竟好在何处。那人见掌柜的眉头深锁，便得意起来，说这东西不是一般人能认识的，得找个识货的人来看才稳妥。掌柜的放下古董，询问对方要典当的价格。那人一开口便是三百两，而且少一文钱都不当。掌柜的有些犹豫，跟那人说这东西是不是出自商朝不知道，单说这实用价值就没有多高，怕是当不了三百两。

那人一听，顿时吵嚷起来，说他是冲着这家当铺的名声来的，可一见并非像外边传得那么厉害，根本不识货，这东西有的是人要，要到别处找个识货的当铺去，看来这里也没什么了不起的。

掌柜的听那人不断攻击当铺的信誉，便有些担心。他知道胡雪岩把信誉看得比什么都重要，万一这个人出去胡乱造谣，那对当铺的信誉有害无利，于是出了三百两，买下了所谓的商朝古董。

那人走后，掌柜的越想越不对劲，到底是不是商朝古董，总得弄个清楚。他找了一些古董专家来鉴定，结果证明此物是赝品，根本不是古董，更不值三百两。掌柜的连忙把这件事告诉了胡雪岩，并请胡雪岩责罚自己。

对于胡雪岩而言，损失三百两不是件大事情，而且他也有足够的度量容忍下属的错误。但他偏偏不能忍受的就是欺诈和瞒哄，对于这种人就要以特殊的手段对其小惩大诫。

第二天，胡雪岩府邸摆了十桌宴席，邀请了当地的达官贵人前来赴宴，主题是鉴赏商朝的古董。大家在一番推杯交盏后，有了些许兴奋。胡雪岩见时机成熟，便吩咐贴身的学徒把古董拿出来。掌柜的有些迷惑，胡老板明明知道那是赝品，怎么还拿出来现眼、唬人。

众人见稀世珍宝要露面，都打起十二分精神，准备欣赏一下这价值连城的商朝古物。学徒拿着古董，颤颤巍巍从二楼往下走，突然一个趔趄，学徒抱着古董从楼上滚了下来。稀世珍宝登时摔了个粉碎，所有人都张口结舌，心里大喊可惜。胡雪岩急忙向大家道歉，说珍宝碎了没关系，扫了大家的兴致才是罪过。既然东西也没了，大家也只能继续喝酒。

没过多久，商朝古董被摔碎的消息就不胫而走。街头巷尾都有人议论，有人说胡老板真是大度，学徒摔了那么贵重的东西，都不加责罚。也有人说胡雪岩财大气粗，摔个几百两的古董根本不屑一顾。

不管人们议论的内容是什么，这消息最终还是传到了典当古董的人的耳朵里。此人一想，原来胡雪岩也不过如此，连个赝品都看不出来，看来这家当铺的银子当真是好骗。于是脑子一转，又想出个骗人的主意。

这一天，这个人拿着三百两银子又到了当铺，说要赎回自己的商朝古董。他心想当铺毁了当品，一定会加倍赔偿，到时候又可以赚一笔。而胡雪岩看见他后，只大声嘱咐当铺伙计，看清楚这位兄弟手里的银子是真是假。

典当人一听此言，便有些心虚。但依旧装着理直气壮的样子，让伙计快点拿出自己的当品。伙计看一眼胡雪岩，胡雪岩笑一笑说："你看我干什么，快去把这位客人的商朝古董拿出来。小心点别摔碎。"典当

人心里一怔，脱口而出：“不是摔碎了吗？”胡雪岩这才告诉典当人：“你有假的，我也有假的，摔碎的是我做的假货，比你这个还要假。”典当人听了脸色大变，不知如何是好。所幸的是，胡雪岩只是想教训他一下，并没有想过要为难他，于是说了他几句，便让他走了。

对付恶人，就要用恶手段，但是这里的“恶”不是害人的“恶”，而是一种处理问题的特殊方法。而最终假古董事件被胡雪岩大事化小，小事化了，也说明了胡雪岩不赶尽杀绝的可贵的行事品德。他懂得用柔术化解问题，尽量把问题简单化。也只有这样才会让恶人心生悔意，以后会不会继续行骗不知道，但起码不会再骗到胡雪岩的头上。

孔子说以德报德，以直报怨，要求一个人，不管别人对你怎么样，你都要以正直和良好的德行来对待别人。但胡雪岩并不完全认同，他觉得恶人之所以恶，就是没有得到该有的惩罚。但是这种惩罚不是把对方逼上绝路，而是让对方心甘情愿承认自己的错误。在他知错的基础上，加以宽恕和容忍，才能起到断恶的效果。

胡雪岩不是个饱读诗书的人，不知道君子面对小人的时候该怎么做。大概也正是因为他没有这些条条框框的束缚，脑筋才更加灵活，在遇到事情的时候，才不会像读书人那样，先在书本上找答案，寻求前人的经验再进行定夺。这倒呼应了胡家的祖训，读书不为做官，只为明理。只有懂道理，并将道理变成自己的智慧，灵活运用，才是读书的目的。

4.5 学会灵活运用

胡雪岩很会布局，不管是说话，还是做事，都很会设置一些小陷阱。当然，这些陷阱并不是用来害人的，而是用来更好地完成自己要做的事情，同时也让对方得到一定的好处。这是中国人特有的一种做事方式，俗语叫布局，专业一点叫计策。

胡雪岩刚刚开办丝行的时候，有人给他推荐了一个可靠的伙计。这个伙计不仅办事利索，而且对蚕丝生意十分熟悉。胡雪岩第一次见这个伙计的时候，没有问他一些关于蚕丝方面的问题，而是问他家里有几口人，一个月的日常花销要多少钱，一年的家用要多少钱。这伙计听得一头雾水，不知道胡雪岩问这些问题有何用意，只能照实回答，说自己家里有七口人，一个月大概用二十两银子，一年加上过节的费用，有三百两就够了。

胡雪岩听了没再问别的，只是告诉对方："我一年给你五百两，你可以一次性领出三年的薪金。去吧，没事了"。伙计听罢，自然万分高兴，也十分意外，因为他从没有见过一个老板面试员工的时候，不问跟专业有关的问题，却问的是员工的生计，而且还一次性给员工这么多钱。

这就是胡雪岩布的一个小局，他提前支付三年薪水，就等于这个伙计至少要为他工作三年，这期间不能跳槽或是辞职。而且，一下子给伙计一笔钱，让他暂时没有后顾之忧，可以安心为丝行做事。更为重要的是，胡雪岩表现出的仁爱，可以让伙计对自己死心塌地。对于人才，胡雪岩从来都不吝啬，而且要想方设法将其留住。

值得一提的是，胡雪岩在这里表现出的用人方式很有代表性，即先找一个可靠的、有能力的人，然后按照此人的能力为其分配工作。而在受了西方影响的现代企业中，一般都是根据工作的性质和范围来挑选人才，具有很强的针对性。但在晚清时期，西方思想虽然有所注入，但是中国传统的用人模式依旧占据主要地位。

对于胡雪岩而言，传统的用人模式已经足够，只需要针对不同的人灵活掌握即可。因人而异，这才是用人的重点，也是布局的重点。

事实上，布局并不专属于商业，中国人在做事之前，都会下意识布局。比如有人问你"最近怎么样"，这就已经是布局的第一步了。当你说还不错的时候，他立即实施布局的第二步：求你办事或者跟你借钱。也许是中国传统文化中的含蓄所致，使得中国人在办事之前都会习惯性绕圈子，试探性地询问，将对方一步步引入自己提前布好的局中。

再比如中国人喜欢说"局势"二字，"局势如何""局势不妙""局势大好”。这里的局势也是一种“局”，只不过范围更广，波及面积更大，布局的可能不是个人，而是一种制度或趋势。

胡雪岩真正厉害的地方不是布局，而是灵活。对什么人，在什么状况下，运用怎样的计策，这就是灵活。我们的祖先留下了许多宝贵的经验和典籍，如何让这些东西真正在后世发挥作用，关键就是要灵活运用。

多数人认为商人的灵活就是投机，可事实上，胡雪岩的灵活是应变。倘若他是一个投机之人，也不会得到左宗棠的厚爱，因为左宗棠一生最痛恨的就是投机的商人。投机是指获取利益的手段见不得光，可应变却是根据不同的情况采取不同的措施。胡雪岩一生赚得了金山银山，可却从没有靠不正当的手段谋取利益。他一不违法，二不欺民，还常常为国家和百姓做好事。

一个人头脑灵活，会让他在事业上更加顺利。不过光有灵活的做事原则并不够，还需要时运。中国人说“生逢其时”，这里的“时”是时运、时机、时态。不可否认，时态和运气给了胡雪岩充分发挥灵活原则的空间。如若不是太平军跟朝廷对抗，如若不是洋人向朝廷挑衅，胡雪岩也不会从军火中牟取暴利，不会从外贸中赚取外快。事实证明，清廷最动荡的时候，恰好是胡雪岩事业最威风的时候。

社会环境是一个人无法选择的生存背景，这大概就是中国人最信的“命”。古往今来有许多头脑灵活的人，因为生不逢时而落魄一生。

不管胡雪岩是不是命中该有这些财富，一个灵活的做事原则都在发挥其至关重要的作用。如果不是灵活，胡雪岩也不可能从混乱的社会中找到商机。于是，适应环境比改变环境更加重要。

第五章

有胆有识，勇气是成功的通行证

成功的机遇对每个人来讲都是公平的，那些获得成功的人，并不是因为他们有三头六臂，而是因为他们比常人多了一份抓住机遇、利用机会的胆识和勇气。有胆量尝试并不值得赞誉，而能有足够的学识、认识来支持他获得最终的成功，才真正值得别人敬佩。有勇有谋、一诺千金、舍小利趋大利、善于借势，都是一个优秀的商人所应具备的基本素养。一个想创立大业的商人，其胆识气魄应该不亚于战场上的将军，因为他所要做的每一个决定都是一场商业战役成败的关键，只有不怕失败，敢于挑战的人，才会在商海之中如鱼得水。

5.1 胆识并重得机遇

要想获得非同寻常的机遇，就必须有不一般的勇气。只有具备冒险精神的人才会去尝试别人不敢去试的机会，从而得到别人无法企及的机遇。冒险并不是一味地向困难发动冲击，因为仅有敢于冒险的胆量还不够，还应该根据自己的学识积累，通过见识、知识的充足准备找到准确的目标和方向，对于自己所面对的事情能够做出细致而全面的分析，才是成功的关键。

在商海之中想要抓住机会，只有胆大是不够的，还应该心细。有胆有识才能成就大事，二者缺一不可，否则只能徒增自己失败的几率。胡雪岩对于胆识的认识从他作为学徒的时候便已经非常深刻，可称之为胆识并重的典范。

早在胡雪岩还是钱庄跑街伙计的时候，他就敢于做出令人诧异的举动。他将收取到的五百两银子资助王有龄去捐官，便是一个非常大胆的举动。在当时的经济条件之下，五百两银子并不是一个小数目，就算是钱庄的总管，也得要三四年才能赚到。胡雪岩仅仅是一个收入低廉的伙计，却挪用了这一超出自己经济能力的款项，可见他当时所冒风险之大。

之所以这么做，是因为胡雪岩对于自己的判断非常有信心。他知道王有龄因家道中落而拿不出钱去捐官，他在朝中的一些朋友也帮不到他。如果王有龄能够获得资助，通过他的人脉以及个人能力修养，一定可以获得不错的前途。尽管这么想，但胡雪岩的行为还是充满了危险，万一王有龄捐官不成功，万一他的旧相识对他视而不见，万一他成功了却不回杭州，这其中只要有一条意外发生，都会将胡雪岩推进不可翻身的境地。而令人欣慰的是，事实证明胡雪岩这一冒险获得了非常好的结果。

在当时自己身无分文的时候，胡雪岩就能有这样的胆识，能够准确地预测事情的走向并大胆地投资，这并不是一个人生来就能具备的能力，它与胡雪岩本身的素养有直接关系。在王有龄拿走了银子还未回来的一段时间里，朋友都认为他太过冲动，连钱庄里非常看好他的老板都觉得这个人太过冒失，不足以承担重任。而此时的胡雪岩却表现得非常沉稳。他做钱庄伙计时所接触到的人形色各异，通过多年的磨炼，胡雪岩相信自己的识人能力，他对王有龄很有信心。这一次他不仅是在赌王有龄的未来，更在赌自己的未来。

这种大胆而沉稳的作风在胡雪岩此后的人生之中时常出现，当众人都因为局势不可控而慌乱时，他总能沉静地做出判断，并通过看似冒险的举动挽救局势。这凭借的可不仅仅是运气，更重要的是胆识。

杭州被太平军围困的时候，胡雪岩在战乱之中又一次表现出自己的胆识。他不顾众人的阻拦，坚持出城去采购粮食。虽然历经了不少苦难，但终于获得了成功，帮助被围困的杭州百姓解除了粮食引发的慌乱。但与此同时，因不愿走出杭州城，王有龄葬身战火之中，使胡雪岩痛失挚友。他曾经说过：我当然不会闯到死路上去，但我也必须出去闯。我所谓的闯是在遇到难关的时候壮起胆子，遇到太平军的时候我也害怕，但我发现越怕越误事，索性大胆去闯，反倒没事。

通过粮食事件，可以看出胡雪岩的胆识：在挑战面前我们别无选择，只有一条道路可走，只要大胆地闯过危机就是活路，越是犹豫越不行。而胡雪岩之所以敢于去闯，也是因为他已经想好了对策，知道自己要怎么应付突然出现的危机。最终，他也凭借自己的胆识达到了目的。

胡雪岩对于自己生意的扩展向来充满了野心，他所插手的生意范围非常广，涉及多个行业。但胡雪岩并不满足，他还希望可以做更多的事情。出于商人对利益的敏感，他发现粮食生意是一个不错的选择，而因战乱，很多生意人都因不愿意冒险而收手，胡雪岩正选择了这个机会入场。

在胡雪岩钱庄的旧同事里，有一位叫做柳成祥的好友，他获知太平军需要大量粮食的消息后，将这一信息告诉胡雪岩，询问他是否会去做这单生意。因为当时的乱世导致粮食价格飞涨，做任何生意都是冒险，更何况关乎民生而一日三变的粮食呢。可是胡雪岩却很快便拍板，认为此事可以一试。

当时做出这样的决定，并不是胡雪岩一时心血来潮。他长期以来观察社会，发现兵荒马乱时，人人都在想着基本的生存问题，担心自己每天能不能糊口。要是乘此机会入手粮食，必然可以大赚一笔。但同时也有一个问题摆在他的面前，就是胡雪岩此时并没有多少的身家。他的妻子在听闻胡雪岩打算购进粮食时，曾经嘲笑他说："你现在连摆个茶摊的资本都没有，还提什么买卖粮食？我看还是安分一些的好。"

只要胡雪岩决定了要做什么事，必然是全力以赴，决不等待。虽然此时他和柳成祥都没有多少钱，但他们却都非常看好这项生意，因此不管怎么样都要一试。两人合计了一番，很快便决定将两家的院子都抵押出去，换得启动资金，来投入粮食购进上。

第一笔资金到手之后，胡雪岩深知自己这一次冒险的代价非常大，一旦失败，他将和家人流落街头。但他也知道自己不能轻易放弃，更不能回头。他和柳成祥很快便购进了一批粮食打算囤积起来，可是谁料战乱引发的粮价上涨比他们预期的还要快，杭州的粮价飞涨起来，令他们猝不及防。

眼看自己的购粮计划还没来得及实施，粮价就涨起来了，柳成祥感到非常惊慌，不断询问胡雪岩应该怎么办，还提议现在就抛售出自己手中已经购进的粮食，此事就此作罢。而胡雪岩对此却显得非常冷静，按照他的分析，现在粮价涨，并不是因为战乱波及杭州，而是因为想要屯粮的人太多了，大家都在为以后做准备，所以粮价才被哄抬上去。要想平复粮食市场，就要有大量的粮食涌入，既然这样，我们不如放出手中的粮，但并不等于就此放弃。等粮价回落之后，我们要一边收进，一边放出，就算不赚钱，也可以造成粮食供应充足的假象，让粮价回落下来。

通过实施这一措施，杭州的粮价果然像胡雪岩所预期的一样有所回落。柳成祥又非常着急地想要再次购进，而胡雪岩却不同意，他认为一定要沉稳，现在粮价还不稳定，贸然大量购进，只会让它再次涨起来。按照他的估算，粮价应该还可以再跌几成，到那时候才是最佳时机。

这种时候，每一天的等待都是对投资者的煎熬。胡雪岩也知道自己的全部身家都投入在这件事上，千万冒失不得。但为了求安全而立刻退出，则注定自己会一无所获，所以他还是愿意选择冒险。而他的胆识正是这次冒险的底气，他相信自己的判断，也有信心让自己的预测变成现实。而此事的结果，也正如胡雪岩的预测，把握住市场机遇的胡雪岩也从中大赚了一笔。

行进在去往成功的道路上，每一次的进步之中都蕴含着冒险，有些人可以连续地获得成功，闯过险情；而有些人则非常不幸地总是徘徊在成功的大门之外。暂时获得成功的人，不能只是慨叹自己运气好，而暂时失败的人，也没必要抱怨自己时运不济。敢于去闯荡的人都不缺少勇气，他们身上都有冒险精神，而所获得结果的不同说明他们的差别正是胆量之外"识"的部分。不管是学识、知识还是见识，都是决定一个人最后是否成功的关键所在。有足够的胆，再加足够的识，胆大心细才能获得成功。

5.2 刀头舐血

在商场之中逐利，很多时候都类似于一场赌博。在商人接触一单生意的时候，没有人可以有百分之百的把握，所有的尝试和冒险都是基于预测，未来发生的事情都是不可掌控的。胡雪岩曾经说过：生意场上向来是小险小利，大险大利，风险与利润是相同的，敢于冒大风险，才能得到更多的好处。秉持着这样的想法，胡雪岩的生意总是伴随着冒险，他觉得要想赚大钱，就要比一般人有更多的勇气，而他自己也正是这样做的。

很多人认为在生意之中最重要的是一个"稳"字，而胡雪岩却推翻了这一想法，将"敢"字写在最高的位置。那些取得大成就的人，往往不是因为"稳"，恰恰是因为敢于去做大的尝试，敢于冒大的风险。风险与机遇是成正比的，要想成为大商人，就必须有刀头舐血的非凡气魄。胡雪岩正是具备这种气魄的大商人，他说："商人图利，只要划得来，刀头上的血也要去舐，风险总要有人背的，最要紧的是一定要有担保。"

敢于去冒风险，勇气固然可嘉，而胡雪岩也同时强调：风险不是盲目地去承担，而是要有所担保。当风险来临的时候，要有化解的准备，早早筹划才不至于让自己跌倒在风险之中。在胡雪岩刚刚涉足生丝生意的时候，便很明智地为自己所承担的风险找到了担保，让自己刀头舐血的冒险增加了成功的几率。

跟随王有龄来到湖州之后，胡雪岩很快便利用当地的优势开展生丝生意，并收服了小混混陈世龙作为自己的帮手。陈世龙是一个混迹江湖的年轻人，在归附胡雪岩之前经常走街串巷，消息渠道非常多。而他在

某一次与朋友闲聊时，意外地得知浙江的帮会组织“小刀会”计划在八月份举办武装起义，地点便设在上海。陈世龙很快就把这条消息告诉了胡雪岩，因为他觉得此事肯定会引起胡老板的注意。

胡雪岩得知这一消息之后，首先想到的是上海市面上一定不会平静。如果“小刀会”真的发动了武装起义，所带来的影响将会是多方面的，但是对自己会有什么影响呢？胡雪岩凝神思索着这件事可能带来的机遇和解决的办法。

当时胡雪岩在上海的生意主要以生丝为主，“小刀会”一旦发动起义，对于生丝生意也不会有太大的影响。但这次起义要是成功了，上海和外界的交通肯定会被切断，市面上也会有一段时间的混乱，外界的生丝估计很难运进上海，这就创造了机会。如果可以抓住这个机会，事先囤积大量的生丝在上海，起义出现之后利用货源短缺的供方市场就可以大赚一笔。而同时这件事也会带来不少的风险，其一便是囤积生丝需要大量的本钱，在一段时间之内这些流动资金都会被压在货上拿不出来。其二，万一“小刀会”的起义很快便被镇压下去，生丝的供应还来不及出现短缺的情形，那么囤积就失去了意义。

做生意的风险正是因为局势的复杂，在结果出现之前没有人有百分百的把握，因此也就特别要求商人有投资的勇气和魄力。根据胡雪岩当时手中所掌握的这些信息，根本估计不出未来会有什么样的发展趋势，即使有所估计，事情也未必会朝着自己估计的方向发展。在面对这个未知数的时候，胡雪岩只有一个想法——“大险大利”，也就是说风险越大，利益也会随之增大，因此他果断地决定冒险一试。

胡雪岩很快便拿出大量的资金囤积生丝，但他却将所购置的生丝都囤积在了租界。胡雪岩认识到，“小刀会”之所以敢于这么明目张胆地与朝廷作对，是因为有洋人在他们的身后为其提供武器装备。洋商们都想乘着中国内乱来发一笔军火财，而这势必引起清政府的愤怒。当发现了“小刀会”的后援力量是洋商之后，朝廷一定会想办法惩罚他们，最直接的方式就是限制他们的商业行为，同时也禁止中国商人与洋商做生意。如果朝廷真的这么做了，洋商就算有钱，也买不到东西。作为供应洋商丝织厂的重要原料，生丝必然会因为市场短缺而紧俏起来，丝价也必然会大涨。

这一推断有理有据，不管是“小刀会”背后力量的挖掘，还是清政府态度的推测，他都要求自己的判断细致入微。正因为有了这一分析，胡雪岩才敢于向钱庄借贷，投入几十万两白银来购置囤积生丝。

忐忑不安的胡雪岩并没有等待太久。

“小刀会”起义发生后，两江总督便上疏朝廷，力主禁止跟洋人通商，以示对他们将武器卖给“小刀会”的惩罚。这一提议也得到了清政府的批准，洋商果然急缺生丝。胡雪岩趁机将囤积的生丝出手，短短几个月便赚了个盆满钵溢。

这一次的大赚似乎来得非常容易，但反观整个过程，却又处处充满了危机。如果胡雪岩当时的判断失误，其结果不堪设想。

但令人感到庆幸的是，胡雪岩的设想变成了现实，一切都显得很圆满。刀头舐血也让他尝到了甜头。在这场生意之中，胡雪岩表现出了非凡的胆识，他在决定刀头舐血之前，收集各方面信息，做出细致的分析，为生意成功起到保证作用。事先可以掌控到的那些信息便是对胡雪岩冒险决定的担保，让他可以将决断变成白花花的银子。

每个人都希望市场可以像自己希望的一样发展，顺着自己的预想获得成功，希望自己所遭遇到的风险更小而获利更大。但当商人决定去做某一件事，都会面临着风险的侵袭，更多的情况是有风险有获利，而且往往还会什么好处都没有得到，反而跌进无尽的灾难之中。胡雪岩之所以敢于“刀头舐血”，其勇气正来自于他对每一桩生意运作中的时势以及相关信息所作的充分了解。他的气度并不是凭空而来，更不是妄想，而是综合各种有利因素和不利因素之后的最终决定。因此，他才能在风云变幻的商场之中抓住机会，取得属于勇敢者的成功。

5.3 一诺千金

一个重承诺的人总是会得到别人格外的青睐，胡雪岩曾经说过：江湖上做事，说一句算一句，答应人家的事，不能反悔，不然叫人家看不起，以后就吃不开了。这句话正说明了在胡雪岩的价值标准里承诺的重要。一诺千金才能取得别人的信任，才能为自己建立威信。

提起人们对于商人的评价，难免会有“奸诈”“欺骗”等字眼。虽然通过这种手段来赚取利益的人不少，但其实也有很多商人秉持着自己的承诺，坚守着作为一个商人的良心。欺诈终归不是长久之计，支持一个人走向成功的不是伎俩，而是真诚和信誉。胡雪岩便是一个非常讲究真诚、信誉的人，虽然有时候为了兑现自己的这一份信誉他要付出很高的代价，但胡雪岩在所不惜。

在生丝生意达到顶峰的时候，胡雪岩几乎垄断了生丝国际市场，凡是洋人所购买的生丝原料，几乎都出自胡雪岩之手。1882 年，胡雪岩为了对抗洋人低价收购生丝，伤害丝农的利益的行为，决意要让洋人领教中国丝商的厉害，出资两千万两白银囤积了大量的生丝不出售。此举导致洋人根本收购不到生丝，而他们国内的工厂还等着这些原料开工，于是一个个如同热锅上的蚂蚁。

但当时的中国，国势衰微，胡雪岩凭借一个人的力量对抗洋商便显得有些吃力。洋人们长期受到胡雪岩的压制，早就怀恨在心，这一次更认定了上海市面萧条，胡雪岩的处境不妙，便联合起来不找胡雪岩购置生丝，要让他周转不灵陷入困境。

其实此时工业化进程的脚步已经来到中国，上海设立了多家新式缫丝厂，他们所使用的设备是国外进口的最新机器，工作起来不仅高效，而且产品质量非常好。新的缫丝机器对于原始的手工缫丝产生了巨大的冲击，很多的丝农因此失去了生活来源。胡雪岩作为缫丝业的领袖，对此情形有一种天然的责任感。为了让丝农们能够重拾自己的技艺，他决定这批生丝也不出售给中国人开设的机器缫丝厂。

事实上，此时如果可以和缫丝厂联合起来，用工业化的生产方式来进行缫丝，不管产量还是质量都会有大幅度的进步。将这样经过加工的产品卖出去，其中的利润更多于生丝。而胡雪岩作为一个传统商人，不能理解社会进步的步伐，出于自己朴素的责任感而拒绝和他们联手。他认为自己是丝业领袖，又怎么能去做伤害丝农的事呢？因此而错过了抵抗洋人报复的最佳机会，新式缫丝厂因缺少原料倒闭了多家，而胡雪岩也因为囤积货物导致周转不灵，落得个两败俱伤的下场。

对于晚年所陷入困境的原因，胡雪岩自己非常清楚，可他就算是丢了生意，损失了千万两白银，也不愿意丢弃自己的信用。虽然今天看来，他为了保护人工操作而抵制新式机器，是违背社会进步和工业化发展趋势的战略性失误，任何一个人都不能自恃实力与社会潮流对抗。但对胡雪岩来说，他的承诺重似千金，说一句算一句是他的诺言，他就要执著地坚持到最后。

胡雪岩曾经说：“不管做什么事，一颗心是假不了的，有些人自以为聪明，人人都会上他的当，其实到头来原形毕露，自己毁了自己。一个人值不值钱，就看他说话算不算数。”这其中的涵义，胡雪岩在自己的一言一行之中坚持不懈地实践着。

5.4 时不我待

每一个获得成功的人，似乎都有一个共同点：对于机会的把握非常准确。正是由于把握住了属于自己的机会，踩着机遇前进总可以取得事半功倍的效果。胡雪岩解析自己的成功之道时也曾说：“一个人如果要有所成就，一半靠本事，一半靠机会。机会出现的时候一定要集中精力去捕捉，因为它总是稍纵即逝。如果在机会来临时没能好好把握，那就只能怪自己没用了。”

在商业活动之中，对机会的把握可以决定一个人是否能够有所建树，

抓住每一个机会，哪怕只是一个小小的机遇，也是事业成功的基石。能够准确把握机会，就已经获得了一半的成功几率，小机会也可以成为大事业的开始。

胡雪岩在一生中都非常善于发现机会、把握机会。他对机遇有天生的敏感，而在机会出现的时候，又有着常人不可企及的魄力，让他不顾一切地抓住它，并使之成为自己成功道路上一次又一次的闪光点。胡雪岩认为，要想准确把握机会，不仅要有发现的眼光，更要有抓住它的手腕，最重要是敢于去抓，舍得投入自己的心力，把机会经营成实实在在的财源。

左宗棠在福建马尾筹办船厂之时，又遇到朝廷派发西征的任务，让他担任陕甘总督，左宗棠因此一时陷入了财务困境。此时清政府空虚的国库已经无力支付左宗棠的军饷，筹办船厂所需要的大量资金也要由他自己想办法。作为左宗棠财务支持的胡雪岩也受到了影响，就算他富可敌国，也不能长期投入大量无法快速回收效益的资金。因为胡雪岩本身的生意还需要大量的流动资金，因此他也无能为力。可见左宗棠愁眉紧锁，于是，胡雪岩大胆地提出了向洋行借款的提议。

大清律令曾经明确规定：严禁任何人以政府的名义向洋人贷款。左宗棠对于这条规定也非常熟悉，因此，胡雪岩提出这个建议的时候，他无奈地摇摇头表示此举绝对不能变成现实，朝廷是不会同意的。就连胆识过人的左宗棠，也认为此举太过冒险，成功几率极低。

但船厂和军饷的钱款没有着落，每拖一天，都要付出巨大的代价。船厂不能得到建设，便造不出自己的大船来增加海军实力；军饷得不到落实，西部叛军便不能得到平定。左宗棠每思及此，心中便焦躁不安。胡雪岩只好进一步为他剖析当前的局势，说明此时的清政府已经不同于往日，以前的规矩是可以改变的。

从朝廷的角度来说，太平天国发展的趋势越来越壮大，令其不得不重视起来。咄咄逼人的形式已经来不及再做周全打算，目前平定太平军是第一要务。军务重于一切，要是任太平军这么发展下去，势必严重威胁清廷统治。如果以军务所急作为理由，向朝廷提出借贷洋人的钱款，当权者一定会经过慎重考虑之后批准的。

从洋人的角度来说，太平天国的出现也严重损害了洋商在中国的利益，除了少部分军火商可以得益之外，很多人的生意都不得不中断。而此次清政府决定严惩太平军，其决心已经显而易见，洋人们也希望太平军早日得到控制，因此他们会非常愿意向清政府提供贷款。朝廷在正需要钱的时候得到这样一笔资助，自然不会断然拒绝。

最后便是此次向朝廷提出借贷请求的人选。左宗棠作为手握重兵的朝廷大员，已经在平定太平军的战斗中立下了不少功劳，深获朝廷重视。在接下来的战斗中，要想继续获胜，朝廷必然要继续重用左宗棠。因此他的要求必然会得到清廷的慎重考虑，现在左宗棠提议借贷，事情的分量也会显得非同一般。

联系大环境，胡雪岩又分析了左宗棠本人的地位因素。他断定此次申请贷款固然充满了风险，但朝廷一定会答应的。而后来事情的结果也证明，胡雪岩的判断非常准确，他不仅以个人名义代表政府向洋商贷款数百万银两，而且从此改变了清政府的律令，开辟了个人代表政府的先河。中国历史上第一个以商人身份代表政府引进外国资金的人就此诞生。

在生意方面，胡雪岩的胆识表现得更加充分。当他涉足生丝业后，决心要联合丝商对抗洋人低价收购，通过大家的团结来抬高丝价，让丝农的利益得到保护。因此，胡雪岩囤积了大量的生丝不愿意出售，还一再告诫别的丝商：只有联合起来拒绝出售生丝给洋人，我们才能从中获利。

洋商们因为失去了货源而很快便陷入了紧张的境地，他们试探性地抬高了一部分丝价，很多的丝农和丝商便坐不住了。可是胡雪岩却冷静地说："不用着急，现在的价格还不足以让我们出手。"众人在他的安慰之下，只好耐心地等候最佳时机。而这一等便是一年，这一年之中，无论洋人提出什么优惠条件，胡雪岩都不为所动。

当时的阜康钱庄其实非常需要资金，胡雪岩的手中并没有太多的钱可供他压货，但他还是表现得泰然自若，似乎自己一点都不着急。终于，洋人们在第二年开春时扛不住了，开出了胡雪岩所预期的价格，所有的丝商和丝农也因此大获其利。

一件看起来很难做到的事，连左宗棠都会打退堂鼓，而胡雪岩却可以勇往直前，并充满信心。对于洋商的大胆挑战，胡雪岩也表现出临危不乱、胆识过人的特质。他的信心来自于深刻细致的分析，也来自于敢于破除旧习、挑战权威的胆识。正是因为胡雪岩敢于去尝试别人不敢做的事，才令他在生意场上纵横驰骋，成就了他大清首富的功业。

5.5 敢舍才能得

生意人所想的,无外乎怎么将别人口袋里的钱挪到自己的口袋之中。本质固然如此，但手法相差却常有云泥之别。如果一个人只是盯着自己眼前的一点小圈子，为了一点小利的得失而忧虑，就不可能获得大的成就和发展。要想做成一番大事业，光会“拿”是远远不够的，还要学会“舍”。可以做到舍弃小利而获得大利,这是胡雪岩生意经中的宝贵感悟。

看胡雪岩的经商经历，人们多认为他在不断“得到”，得到财富，得到权力，得到官职。但却很少有人去深究胡雪岩如何会有那么多“得到”，以及在他的“得”后所做的“舍”。

胡雪岩非常善于“舍”，但又不是漫无目的地去“舍”，更不会没有原则地去“舍”，他的“舍”总是带有深层的含义和期望，通过自己的“小舍”而赢得别人不能得到的“大利”。

通过王有龄的帮助，胡雪岩创立了自己经商之路的第一家钱庄：阜康。虽然可以获得官银往来的业务，也从中赚得不少的利润，可是胡雪岩并不满足于此，他一直都在思考怎么才能在储户之中打开局面，让阜康钱庄成为数一数二的招牌。因为官银往来固然是一项稳定的业务，但很难发展壮大，只有吸引了更多的储户才能增加钱庄吸纳资金的数量。

而要达到这一目的，作为一家新开的钱庄似乎还任重道远。

有着多年钱庄经营经验的胡雪岩，自然很明白一个钱庄招牌要想竖起来有多难。在杭州城里响当当的几家钱庄，都是经过了十多年苦心的经营，才获得了百姓的信任，从而不断吸引到储户前来开设账户。可是如果让自己也像那些前辈一样辛苦经营十多年，才能发展壮大，那胡雪岩可不甘心。

胡雪岩对于自己的聪慧非常有信心，他深信自己可以改变钱庄的经营模式，从而达到迅速发展壮大的目的。在他看来，做生意要走的第一步非常重要，要不然是得利，要不然要得名，否则便没有任何意义。只有走好了第一步，以后的生意才能水到渠成。胡雪岩认真思考之后，决定自己的第一步便要走图名的道路，因为当时的阜康钱庄还是个默默无闻的小店，名声一天不响，阜康就一天不能做大。只要能够做大，就算舍弃一些小利也非常值得。

如何舍，舍给谁？这便是胡雪岩最先要考虑的问题。经过多番打探和调查，他将目标定为了那些富商、官府中的太太小姐们。

胡雪岩让阜康钱庄总管刘庆生开设了数十个折子，每一个存折里都放进去二十两银子，此举一共花费不过几百两而已。刘庆生对于他的做法非常疑惑，不知道胡老板为什么要做这种没有意义的事。可是胡雪岩却对他说："此事意义重大，以后你就明白了。"

办理好存折之后，胡雪岩又派人将它们一一递送到官衙及富商的家眷手中。抚台和藩台的家眷们拿到这个莫名其妙的礼物，都不知道胡雪岩想做什么，但打开一看里面是为自己所开设的账户，而且预先存了二十两银子，个个都喜笑颜开。

虽然这些家眷手中的私房钱并不多，吸引她们来阜康钱庄存钱也不见得能收到多少的效益。可她们身居府衙之中，每天都在接触权贵和富商，太太小姐们难免会议论起阜康钱庄的老板会做生意，这种消息也会传递到那些手握重金的人耳中。很快，便有不少大客户慕名找到了胡雪岩，阜康钱庄的名声就此打响。

当同行们还在为保留客户大伤脑筋的时候，忽然发现新开张的阜康钱庄居然不断有大户上门。但他们只看到了胡雪岩“得到”这些大户，却没有看到他曾经为了这些大户而做的“舍弃”。正是因为有了之前舍弃小利的投资，才让阜康的名气逐渐在权贵之间传开，才为胡雪岩赢得了源源不断的财富。

当然，胡雪岩既然一心想着要做大事，自然不会只把眼光盯住达官贵人，这部分人虽然有钱，但毕竟是少数，只有获得群众基础，才是钱庄发展壮大的前提。底层劳动人民手中所持有的银子，固然不会太多，但它们却如同涓涓细流，汇聚在一起便能造成一片汪洋大海。因此，胡雪岩从来都没有忽视下层社会的储户。更重要的是，下层社会之中的劳动人民虽然地位不高，但却因其各自所处位置的不同而具备不同的功能，在事情的发展之中会起到出人意料的作用。

在第一次开设的免费账户送出之后，胡雪岩很快便制作了另一批账户，同样存入二十两银子，送给自己所结识的各种底层劳动者朋友，其中有一位是巡抚衙门的看门人。由于胡雪岩经常出入巡抚衙门，因此与他交好。胡雪岩从未因为自己是富商而看不起任何一个人，他总能态度和蔼地对待每一个劳动者，自然也赢得了他们的尊重。此次所送去的二十两银子存折，便让这位看门人深受感动。他知道自己低廉的薪水不会引起任何一家钱庄掌柜的兴趣，自己到阜康钱庄存钱也不会为胡雪岩带来多少利润，可胡雪岩却这般重视他，令他萌生了报恩的想法。

机会总是在不经意之间出现，而抓住机会却需要周密又长期的准备。胡雪岩送给看门人存折后不久，便得到了他所提供的一个重大消息：巡抚衙门最近得到了一笔朝廷拨派的款项，正在发愁存在哪里比较放心。胡雪岩忙谢过看门人，带着刘庆生赶到巡抚衙门，历数阜康钱庄的优势。巡抚看到阜康钱庄还承担着海运局的各种款项来往业务，又有王有龄从中推荐，便对胡雪岩的信任感倍增，欣然答应将钱存到阜康名下。

这一次的成功来得如此轻松，完全得益于胡雪岩当初“舍”给看门人的二十两银子。以寻常人的眼光来看，胡雪岩常常在做折本买卖，一个看门人一年能存的钱还远远不到二十两。但胡雪岩的高明之处正在于他比别人站得高、看得远，他能够认识到看门人的价值，并舍得对其投资，不管当初有无迹象表明这位看门人能为他带来这么重要的信息，胡雪岩都按照自己的想法坚持走这条路。因为他明白不牺牲眼前的小利，想得到很好的回报便是空谈。

中国人常说一句话：舍得舍得，不舍不得。在现实生活之中这个规律也被无数次印证，胡雪岩在自己的生意经里也在不断实践这一规律。他敢于“舍”，因此也会“得”，如果他只是盯着自己眼前的一些小利不放手，那生意就只会停留在原有水准，迟早会被商场淘汰。

5.6 借势而为

在军事战争之中，懂得借势是非常重要的一条原则。诸葛亮正是因为借势东风，才在赤壁之战中用二十万大军打败了曹操的百万大军，造就了中国历史上以少胜多的经典战役。对于商人来说，借势也一样很重要，如何利用社会之中不同的力量，让自己花费最少的力气得到最大的效益，是一个有野心的商人需要经常筹划思考的问题。

胡雪岩所推崇的两个历史人物，是诸葛亮和范蠡。他对于诸葛亮借势东风的胆量非常佩服，在生意上也时常效仿诸葛亮，只不过他所借的东风并不会用在战场上，而是用在同样竞争惨烈的商场。胡雪岩所借的东风也不是大自然的力量，而是一种能够成就自己的势力，借势而为让他在商海之中如鱼得水。

人们常说：“商场如战场。”经营者要想让自己的事业获得更快的发展速度，达到更长远的发展目标，就必须学会借势。胡雪岩的借势之法多种多样，他一生之中所开展的商业活动基本都和借势有关，所取得的成功也都和他所借的不同势力有千丝万缕的联系。

因此，胡雪岩也创立了自己独特的生意观，他常说：“势利势利，势和利是分不开的，有势才会有利，所以我做生意先不求利，而要取势。”而这也在他的经营活动之中一再被证实，胡雪岩总是先去争取势力的支持，并且丝毫不介意在这一过程之中利的投入与损失。在一定程度上，他是让别人先得到利，然后才来借别人的势，轻而易举地达到自己的目的，获得更大的利。

胡雪岩曾为自己这一生所借之势做了个总结，“官场、商场和江湖的势力都为我所用，就连洋场的势力也是促使我成功的重要力量”。

胡雪岩的官场势力来自于王有龄和左宗棠，此二人在胡雪岩的成功之路上起到决定性的作用。在胡雪岩起步之初，王有龄作为忠实的盟友，为胡雪岩扫清了官场障碍，成为他的保护伞，还不时地为胡雪岩提供商机，让他在短时间便获得了飞速发展，成为傲视同行的钱庄巨头。结识左宗棠之后，胡雪岩的生意更获得了一日千里的发展速度，不仅原来的钱庄和生丝生意获得了很好的提升，更插手粮食、军火等暴利行业，让他迅速成为大清首富，还得到了皇帝御赐的黄马褂，获得了作为一个商人史无前例的荣耀。

这种势力所带来的效果显而易见，胡雪岩自己也非常明白如何加以利用。借势于官场，让他可以大展拳脚，宏图也成为现实，并获得预期之外的滚滚财源。

一生都不愿意做官的胡雪岩对自己非常了解，因为他知道自己的核心竞争力在于商业，他的智慧也多与商业运作有关。即便如此，胡雪岩也常常强调个人的能力非常有限，就算自己是一个聪明绝顶的商人，也不能独靠着自己闯天下，必须和同行建立密切的联系，借助于他们的势力。单打独斗虽然可以通过不辞辛苦赚一些钱，但不会长久。借助商场同行的势是胡雪岩商业智慧的集中体现，他的成功很大程度上都得益于他与同行的精诚合作，而胡雪岩也获得了同行真诚的帮助。

在入行生丝生意之后，胡雪岩力图垄断生丝行业，便费尽心思拉拢了生丝业巨头庞二。在上海生丝界中占据霸主地位的庞二让胡雪岩很快掌控了整个行业的发展方向，庞二的信任也让胡雪岩得到其倾力相助，做成的生意自然不可胜数，最终成为丝业领袖，垄断了生丝出口贸易的货源。而在他的一生之中，这种借势同行的做法屡见不鲜，也算是胡雪岩安身立命的法宝。

处于乱世之中，想要求财得利，胡雪岩就不得不摆平黑白两道。而他不仅在江湖势力面前畅通无阻，更得到了他们的帮助，借助了这一股不可忽视的强大势力。

胡雪岩在开始做生意的时候，便了解江湖势力的厉害，如果忽视了他们，很可能会遭到意想不到的阻力，轻则丧失事业发展的良好机遇，重则永世不得翻身。可是如果可以很好地处理这一势力，不仅可以保证自己的生意能够顺利地做下去，而且在很多方面还可以获得便利，在出现风吹草动的时候，也能得到有力的照应。在后期所涉及的漕米和军火生意之中，胡雪岩更是得到了江湖势力极大的支持，借助他们让生意开展得极为顺畅。浙江漕帮的魏老爷子、尤五等江湖朋友，不仅可以让胡雪岩的军火安全运抵目的地，而且在出现冲突的时候还能帮助他摆平。如果没有了他们的帮助，就算胡雪岩财力再雄厚，也不能在兵荒马乱的岁月里贩运军火，更不可能协助王有龄成功完成运送漕米的任务。

随着生意圈子不断扩展，胡雪岩来到上海开始接触洋商，做起了外贸生意。在和洋人打交道的过程之中，胡雪岩秉持着一个中国人的骨气，绝不奴颜谄媚。可他也很好地借助了洋人的势力，让自己的生意开展得更加顺遂。

之所以能够借势洋人，胡雪岩本身的身份特点对其也有帮助。洋人都希望通过巴结中国朝廷的要员来获得生意机会，左宗棠作为大清重臣自然是他们的首选。然而左宗棠其人个性暴躁，并不好巴结，因此他身边的红人胡雪岩便成为洋商追捧的首选。他们认为只要胡雪岩在左宗棠面前为自己美言几句，很多事情就都好办了。而胡雪岩也正利用洋商的这一心理，让他们成为可供自己利用的洋场势力。在洋人的帮助之下，胡雪岩与他们彼此关照，形成了垄断势力，占据了生丝、军火等多个行业的市场。而这一联盟一旦形成，别的商人便很难插手。洋商们认准了胡雪岩之后，由于长期合作建立起来的信任，也会让他们不再轻易地相信别的竞争对手。

胡雪岩使多个势力为我所用，在生意场上纵横驰骋多年依旧屹立不倒。他借助每一个势力都秉持着借势取势的道理，也深深明白他们不会白白地为你所用，要想得到这些势力的帮助，就必须提供他们想要的东西。互惠互利的关系形成之后，只要胡雪岩足够的真诚，便可以赢得他们的信任，成为他事业的助推器。

如同胡雪岩所讲的一样，“势”和“利”是相辅相成、互相联系的。只要有了“势”，就可以轻松地获取“利”“势”到任何地方，“利”也会紧随其后。而这些社会资源又都是无形的，如果没有人将它们聚合利用，它们也会悄悄流逝。只有善于发现“势”，并有魄力利用“势”的人，才能让他们真正发挥出应有的作用。

第六章 不忘仁心，赢得不朽的美名

在左宗棠收复杭州的过程中，胡雪岩起到了非常重要的作用，不止自掏腰包帮其购置粮草，还在战后开仓赈济灾民，帮助难民安葬死去的亲人。这些完全不求利的行为违背了一个商人的行为准则，而胡雪岩之所以这么做，不是因为他在故意讨好官僚，而是因为他看得更为长远。他深知一个人若为富不仁，就不能在商场中走多远。若是失去民心以及口碑，自己能够得到的微乎其微。而只有做一个宅心仁厚、与人分享的人，赢得民心与美名，才会赢得大家的尊重和爱戴。有了理解与信任，又何愁不能在将来赚得自己应得的财富呢。

6.1 有些事一定要做

如果能得贵人相助，很多事就可以取得事半功倍的效果，长驱直入获得成功，这个道理几乎可以说是妇孺皆知。但如何才能得到贵人青睐，什么样的人才会有贵人相助？则少有人知晓了。

胡雪岩一生之中不断有贵人出手相助，着实是一件令人羡慕的事。可贵人怎会平白无故为他提供帮助？胡雪岩身上必定有着某些要素，是让贵人看重的。这些要素无非与他平日里为人做事的方式有关。对于身边的每一个人，胡雪岩都秉持着尊重、感恩之心，就算彼此交会不多，

也会诚恳相待，而对于那些曾经帮助过他的人，他更不会轻易忘记。

第一个为胡雪岩提供帮助的贵人，便是曾经的穷小子王有龄，他们相交于患难之时，情谊非同一般，通过彼此支持，在官场商场都取得了大幅进步。而王有龄在浙江海运局任坐办期间，漕帮曾经与之相抗，多亏胡雪岩出面调解，才能让海运漕运和谐相处。对于漕帮给自己的面子，胡雪岩从来都是心怀感恩不敢忘却。当他通过王有龄认识了左宗棠，并成为左大人跟前的红人时，他也没有因此而变得跋扈飞扬。因为他深知有了新靠山，更不能忘了老交情，反而更要加强与老友的联系，这样才是一个有情有义的人。

漕帮的头领魏老爷子是一个很重义气的江湖汉子，别人敬我三分，我必回敬他人一丈，是他们的行事风格。胡雪岩飞黄腾达，成了左宗棠的堂前客，对于魏老爷子的尊敬有增无减。他第一时间便决定要去拜会魏老爷子。

在登门之前，胡雪岩便仔细思虑：自己以前去拜见漕帮，都是空手而去，意即自己和魏老爷子彼此亲如家人，不需要太多虚礼。而现在自己发达了，如果再空手去见，即便心里没有仗势压人的想法，别人也会觉得他看不起漕帮。因此，断然不能再空手去访，就算是礼物轻了，都会让人有轻视了漕帮的误解。只有带上最贵重的礼物，表达最诚挚的情谊，才能在别人眼中给魏老爷子挣足面子，并且告诉所有人，自己是一个重情义的人。

在登门寒暄之后，胡雪岩拿出了一件雕刻精美的和田玉龙像，只见温润细腻的玉料之上，一条玉龙上下翻腾，气势非凡，一看便知是上等精品玉雕。在众人赞叹声中，胡雪岩朗声对魏老爷子说："我一直想找一件可以配得上您的礼物，却苦觅不得。直到遇到这件龙像，才如获至宝。这样的龙像一般人哪里配得起？只有像您这样的龙头老大才能拥有它！"

一席话说得魏老爷子脸泛红光，但又忙推辞："如此珍宝，老夫怎么受得起？"

胡雪岩笑着说："龙像配龙头，连您魏老爷子都受不起，那就没人能受了。只有您才能受之无愧！"不管是言语还是礼物，胡雪岩都给足了魏老爷子面子，同时也收买了魏老爷子的心。

眼见胡雪岩如此真挚，魏老爷子很感动，他告诉胡雪岩，以后若还有用得着漕帮的地方，他一定全力相助。

重情守义的胡雪岩，虽然是一个商人，但他的所作所为并不全都在追逐利益，因为他知道很多事比利益更加重要，也更值得他去做。对漕帮的拜会让胡雪岩赢得了有情有义的赞誉，赢得了魏老爷子对其无限的信任，也赢得了日后漕帮的鼎力相助。

在左宗棠开始收复杭州计划之后，胡雪岩被交代了一项重要的任务：置办大军粮草。胡雪岩很清楚左宗棠和王有龄不同，虽然在外人跟前，他和王有龄互相礼敬，但私下却是朋友，两人不管嬉笑怒骂，都不会影响交情。而左宗棠身居高位，和胡雪岩也没有友情基础，两人的关系自然是建立在彼此利益的基础上。于是要想获得左宗棠的信任，就必须全力以赴办好他交代的事情，不能让他失望。

置办粮草的任务时间紧迫，粮草需求量又大，胡雪岩首先想到的自然是漕帮。漕帮不仅掌握着漕运，手中还握有大量的囤积粮米，粮商们都与漕帮合作紧密，只有获得漕帮的帮助，才能在短时间内完成这一重大使命。

魏老爷子听了胡雪岩的要求之后，很爽快地答应了他的请求，不仅号召粮商们对胡雪岩的采购提供大力支持，还将漕帮粮仓里的余粮都提供给他，让胡雪岩在左宗棠面前展示了非同一般的办事能力。

在采购初期，左宗棠都是提供现银给胡雪岩，让他去置办粮草马料。但时间一久，左宗棠所提供的现银就越来越少，最后索性开始欠账赊贷。他让胡雪岩先垫付置办费用，然后再由朝廷出资偿还。左宗棠之所以这么做，倒不是他想从中贪得一些官银，也不是他故意刁难胡雪岩，而实在是因为国库空虚，不是什么时候想要钱都可以拿得到。为了及时给前线将士们提供补给，左宗棠也只好硬着头皮赊贷。

不过这种无奈，左宗棠是万万不会与胡雪岩坦承的，他只会下达命令，而要求胡雪岩尽快照办，因为他认定这些钱朝廷自然会还给胡雪岩。而对于胡雪岩来说，他虽然有些财力，但名下的钱庄也需要大量现银流通，左宗棠的不断赊欠只会让他的钱庄造成资金流通受阻。胡雪岩思来想去，只能将左宗棠对自己的赊账转嫁到粮商和漕帮的身上。

利用粮商和漕帮的关系，胡雪岩很快就调集了一大批的粮草，同时向漕帮首领尤五许诺：所欠账目一旦官银到账立马就还上。战争之时的粮价，随时都在飙涨，胡雪岩也深知自己这么做会让漕帮和粮商少赚很多，如果伤及对方的利益，就很难有长远的合作。因此，胡雪岩告诉尤五，当前所借来的米粮，到奉还欠账的时候，若粮价涨了，自然要按照涨价之后的价格支付。这让尤五等人彻底放心，也更加全力支持胡雪岩。

不忘旧情，不做弃恩之人，才让胡雪岩在每一个阶段之中都能交到真心实意的朋友；而为别人设想，保全对方的利益，又让胡雪岩赢得了长期稳定的商业伙伴。对于一个商人来说，逐利固然是天经地义，但若一味只想着自己，不顾及他人的利益和情感，迟早会被市场孤立。相反，如都能像胡雪岩一样利己也利人，那成就一番事业便指日可待。

6.2 说话留三分

胡雪岩是一个非常谦虚好学的人，他不断向身边的人学习着说话、办事的技巧，即便是一个普通人，他也能从其身上发现可学之处。因此，胡雪岩很喜欢与比自己年长、社会经验比自己丰富的人打交道。在他一生所交往的人中，不乏能人志士，其中尤其以左宗棠最受胡雪岩推崇。他们两人之间不仅仅是合作的关系，也不限于朋友之情谊，更多时候他们是亦师亦友相互促进。

为了可以尽早地收复杭州，胡雪岩对于左宗棠提供了非常充足的支持，从粮草到枪支弹药，胡雪岩都竭尽所能地提供帮助。除了自己掏钱之外，胡雪岩还凭借自己的关系网，向外国银行借贷了大批款项，用于购置当时最为先进的洋枪洋炮。先进的武器和充足的粮草，再加上左宗棠的谋略，湘军奋勇杀敌，势如破竹，一举收复了杭州城。

在整个过程之中，胡雪岩对于自己的身份非常清楚，他知道自己虽然为左宗棠提供了全力的支援，但有些事他却也不能插手。做好自己该做的事，不越界去自己不该涉及的范畴，这也是胡雪岩做事最为明智的地方之一。

投入了巨大的财力和精力之后，收复杭州的战役打响了。胡雪岩的心情不比前线将士轻松，他也非常迫切地希望战局可以尽快明朗起来，因为战争越快结束，百姓生活便能越快恢复正常，他的生意也能越快重新步入正轨。为了打探战争进展，胡雪岩时不时就会去左宗棠的大营探视。

这一天，胡雪岩来到左宗棠大营的时候，眼看士兵们都来去匆匆，气氛十分紧张，似是出了什么大事一般。但他也不敢轻易向谁打听战况，只是找到左宗棠，想根据左宗棠当下的态度来判断战局。令胡雪岩吃惊的是，当他来到帅营的时候，竟然听到一阵笑声，撩开帘子仔细一看，他发现左宗棠正轻松地靠在椅子上，和手下的将官一边下棋一边说笑。

看到胡雪岩神色紧张地进了营帐，左宗棠只是笑着示意他坐下，命人给他上了茶，自己手中的棋子却始终没有丢下，一副难舍对弈之趣的样子。而胡雪岩坐在一旁，心里十分焦急，当前战局胶着不解，主帅却在这里下棋取乐，这左宗棠是胜券在握呢，还是根本就没有在战事上投注心力？

虽然心里的疑惑越来越多，但胡雪岩嘴上却一句话都不说。深谙世事的胡雪岩很明白自己只是一个“赞助商”的角色，在战争大局上，并没有因此而拥有特殊的发言权，言谈更应谨慎。左宗棠才是军队的统帅，他才是那个有权利决定该怎么去开展战事的人，如果胡雪岩因自己出资提供了粮草枪支而对战局指手画脚，势必会引来左宗棠的反感。他不能说自己不该说的，但又很想知道战况，所以，胡雪岩只能先悄然无声地在一旁看着左宗棠下棋，并随时附和他一些玩笑。

可胡雪岩内心关于战争的问题终究是要找到答案的，至于怎么找，就要在表现方式上下点工夫。中国人自古善于“表里不一”的表达方式，很多时候嘴上说的，和实际内心的想法并不一致，焦急的时候说“不急不急”，想要的时候又说“不必不必”，就算想要直言，也都会话到嘴边留三分。可是与之交谈的人却总能得到他所传达的信息，知道他其实内心焦急，并且很想要得到。这是因为说话人语言之外所传递的信息，即迫切的眼神，焦灼的表情，都在表达着他们内心真实的想法。

这种“表里不一”的表现方式，并不是虚伪，而是一种“体面”的交际之道。的确，中国人最讲究“体面”，特别是在对待地位比自己高的人时，做事说话绝不能让自己下不来台，更不能让对方尴尬。而这种“表里不一”和“话留三分”的方式，既可以为对方保全脸面，又可以传递自己的愿望，两全其美。

胡雪岩的表达方式正是这样，他虽然不说，却已在附和左宗棠的言语中透露了自己的紧张和焦虑。

左宗棠也知道胡雪岩不是来军营看自己下棋的，他了解胡雪岩的做事风格，此时对战况闭口不提，一是不想扫了自己下棋的兴致；二是不想问不该问的事情，可心里早已急不可耐。

看着紧锁眉头，半天才若有所思地抿一口茶的胡雪岩，左宗棠笑着说：“现在外面的战况越来越激烈，我却还坐在这里下棋，真是一件不应该的事啊。”

对于这种貌似自我批评的话，胡雪岩一时也不好回复，因为左宗棠并不是在向他发问，只是对自己的行为表示戏谑的自嘲，他要在别人对自己说三道四之前堵住别人的嘴巴。将士们都看看胡雪岩，他们知道这话是讲给他听的。胡雪岩忙表示否认，尽管他心里正是这么想的。

左宗棠是何等聪明之人，他当然知道胡雪岩此刻心里的真实想法，于是继续问道：“现在，你认为我该怎么办？”这一问让胡雪岩诚惶诚恐，一军统帅要如何作战，哪里轮得到他一介商人给意见。他只好继续摇头，表示自己没什么良策。

而左宗棠居然步步紧逼地又问：“既然你不急于了解战况，又不愿告诉我此刻要怎么战，你来这里又是做什么呢？”

事实上，这不过是两个聪明人之间的一次小小交锋而已，胡雪岩努力掩藏自己的做法深得左宗棠赏识。不得不承认，一个懂得适时保持沉默，适时避开机锋的人，总是能讨人欢心，特别是讨左宗棠这样体面人的欢心。而对于左宗棠来说，他作为统帅对于设计战略、指挥战役、激励士气等事宜，早已成竹在胸而将士们也都早已冲锋陷阵，上阵迎敌了。

“如果连统帅都要上阵杀敌，那岂不是要到全军覆没的时候了？”

左宗棠一句看似玩笑的话，让众人都轻松地笑起来。胡雪岩虽然没有发问，但他已经得到了自己想要的答案。同样，左宗棠虽然没有直言，但他已经告诉了胡雪岩一切。

左宗棠赏识胡雪岩，是因为胡雪岩知道自己该如何进退；而胡雪岩深深折服于左宗棠的大将之风，也从其身上学到了沉着与大度，调和了他作为商人的急进。胡雪岩的谨言慎行，让他不会冒失地说出不得体的话，开口之前多思虑，话到嘴边留三分，他的少问不说，正是显示智慧的地方。

6.3 战争之后

在左宗棠湘军的大力攻伐之下，杭州城的太平军很快被一举击溃，左宗棠名声大盛，获得了当朝的奖励，而胡雪岩也在得到朝廷偿还的粮草枪支欠款外，从中大大地赚到了一笔。而此时的他，并没有为这些收益感到欢欣鼓舞，最让胡雪岩开心的，是他能见到自己的母亲和妻子都安然无恙。

胡雪岩从十三岁离家，直到二十七岁在钱庄立住脚，才有能力将母亲接到杭州城，胡雪岩一直觉得自己愧对母亲。而妻子陆氏与胡雪岩也是聚少离多，此次遭逢太平军占领杭州，令彼此都非常牵挂。大军破城之时，一家人得以团圆，自然是欢喜无限。

不过几家欢乐几家愁，有人欢庆团圆，也有人永失亲朋。胡雪岩并没有因自己一家的团圆而忘乎所以，当他看到城中尸横满街，看到到处都是家破人亡的惨剧，心里百感交集。此时的他已经不再是一个商人，而是一个心怀仁慈的普通人，只不过他这个普通人的能力要比旁人强大许多。因此，胡雪岩决定为杭州城的百姓做一些事。

胡雪岩找到左宗棠，表示自己愿意为杭州城的百姓尽一份力，做一些力所能及的事，包括对于死去将士的安葬，对太平军余部的安抚，以及赈济灾民等，而所有这些事并不需要朝廷出一分钱，全部由他自己负担。

这种秉持仁厚之心而发出的善举，自然获得了左宗棠的支持，他对于胡雪岩的行为大加赞赏。胡雪岩所提出的义葬请求却不止包括了湘军和普通百姓，还包括死去的太平军将士。因为在他的眼里，所有的人都是一样的，就算他们在活着时使命不同，但此时的他们却都是一具尸体，遗留在那里不仅令见闻者感到伤心害怕，还可能会引起瘟疫。

对此，有人曾经向左宗棠举报说："胡家在杭州城中和太平军多有瓜葛，他们之所以能够存活下来，也是因为太平军的照顾。现在胡雪岩想要义葬阵亡将士，其实并不是为了杭州百姓，而是出于一己私愿，他其实是想安葬那些曾经有过交情的太平军首领而已。"

这种中伤不管是出于什么目的，对胡雪岩而言都是伤害。幸好左宗棠是一个理智且明察秋毫的人，他深知胡雪岩为人宽厚仁慈，做这件事的初衷一定不是出于私利。而那些死去的太平军得到安葬，其实也能抚慰人心。所以他告诉周围的人：打仗的时候针锋相对，是各为其主；而死后不管是谁，都应该获得安葬。胡雪岩有善心，我们应该支持才是，难道有谁愿意看到杭州城尸横遍野吗？

在左宗棠的支持之下，义葬进行得很顺利。原本已是人心惶惶的百姓，看到有人主动收葬也都愿意帮忙。胡雪岩在义葬的同时，还打开粮仓，请人为百姓施粥施米。经历了战争创伤的杭州百姓因为胡雪岩的义举而得到了安抚，纷纷拖家带口来领取粥和米，因此而活下来的人不计其数，也算是胡雪岩所积的福缘。

刚刚平定的太平军，虽然已经失去了杭州的主导权，四散溃逃。但胡雪岩深知这些人都散布在各个街巷村落之中，因他们本身是平民出身，眼见大势不再，只好躲起来，再做回平民。但就当前的局势来说，他们却是世道太平的隐患。按照律例，太平军的余党都要受到追捕和惩处，轻则流放重则斩首。总而言之，清政府不会给太平军任何死灰复燃的机会。

可胡雪岩却在这个时候恳请左宗棠放弃对太平军残部的追剿。当初投奔太平军的那些百姓，很多都是迫于生计，其实他们大多数人并不明白为何要战。如今兵败，他们自然会另谋生路，决计不会再跟太平军有任何瓜葛了。若他们想做回一介平民，而朝廷却步步紧逼，不给他们这个机会，那他们就只能被动抵抗了。这样一来，就算他们已不成气候，也难免会引起骚动，反而让局势更加不能稳定。

对于这一解释，左宗棠也表示认同，不过为了宣示军威，他也不在乎可能会引起的骚动，而胡雪岩另一番高论却促使左宗棠立即决定不再追究溃散的太平军。胡雪岩告诉左宗棠：现在太平军手中持有大量的金银财产，不管是将官还是士兵，都趁乱为自己攫取了不少的好处。这些钱在太平军的手中，他们不敢轻易花销，也很难被官府追缴上来。倘若官府可以出示告示招抚他们，讲明自首的人可以自行选择坐牢或是罚款，那么太平军余党必然会纷纷前来缴纳罚款。如此一来，不仅太平军的财产可以回收，而没钱可用的太平军残部也就丧失了兴风作浪的能力。

左宗棠对这一建议倒是十分欣赏，很快便下达了命令，表示只要太平军残部能主动缴纳罚款，便可免受牢狱之灾。果然，多数的余党都选择交罚款赎罪的方式，令官府不费吹灰之力便收缴了大批的资金。而胡雪岩也没有白忙一场，左宗棠所收缴的银两自然都存到了他的阜康钱庄，可谓公私两便。

以一己之力造福一方百姓，是胡雪岩一直以来的心愿，在他拥有这种能力之后，心愿便日渐达成，成为人们口中的“胡大先生”“胡大善人”。中国人自古便有积德行善的好习惯，而很多人的行善行为并不能大范围地影响别人，胡雪岩的所为正是“种善因，得善果”，强烈的责任心以及感恩之心，令他在赢得财富的同时，也赢得了美名。

6.4 眉毛的故事

行善义举，对于施动者来说，是一件充满了荣誉感的事，充分地体现了个人的价值。而对于承受者而言，却难免会有些伤及自尊，令其备感惭愧。中国人最看重的是面子，这一点在受过教育的士人之中表现得尤为突出，他们的自尊心强于常人，不能成就功名已是憾事，还要受人赈济更令其备受煎熬。胡雪岩在杭州施粥之时，并没有完全沉浸在自我满足中，他敏锐而细腻地捕捉到了大家的这一心态，并很好地做了疏导，使善举做得更彻底。

杭州城破之日，胡雪岩为左宗棠所提出的几条建议中，受益者最广的就是施米施粥。他凭借一己之力，为城中受难百姓提供了多日饮食，这一消息不胫而走，难民接踵而来。

大灾难面前，能突显人性之中至真至纯的一面，也能显露出人性中阴暗的一面。前来领取米粥的难民都是按照规矩，先排队领取米票，然后拿着米票到胡家去领米。胡家的家丁对于领米人的姓名、年龄及家中人口数都会做登记，以备查询及提供不同量的米票。而有些人则为了领取更多的米，谎报家中人口，或者改换一个名字就来重复领米。

这一现象在最初并不明显，负责放米的家丁也没有发觉。可是，有一天当他来到街上，发现居然有人将从胡家领取的米拿到街上去高价贩卖，而那些等米救命的难民又不得不花高价购买。这让负责放米的管家很恼火，原本是胡雪岩的一次善举，却被人用来牟利，而真正需要米的人却得不到救济。

如何才能让米粮发放到每一个难民的手中，让真正需要帮助的人得到恩惠 ，这个问题困扰了管家多日。他思前想后，觉得姓名、人口，都是由人来说，杜撰个名字数目出来，无可考证，而若能在每个人身上做个标记，则能很好地将已经领米和没有领米的人区分开来了。

可是，在哪儿做标记呢？管家想到了眉毛。眉毛是人脸上重要的一个标志，一眼就可望见，而且绝无可能杜撰，所以他决定树立一条新规矩：即日起，凡是来领米的人，都要刮掉一条眉毛，以作为已经领过米的标识。如若有人冒领，则一望便知。

这一消息传出，很多难民虽然嘀咕，但眉毛和生存相比显然不那么重要。而短期之内，这个举措也确实起到了阻止奸猾之人骗米的事情发生。可谁料管家还没来得及向胡雪岩请功，一条人命就因眉毛而没了。

在城中有一个穷秀才，苦读多年未得功名，此次战乱自然也成了难民。虽然脸皮薄，但迫于生计，秀才还是来到胡家领米，并咬牙让胡家的家丁刮掉了自己的一边眉毛。当他带着领到的米回家时，妻子并没有因为有米吃而高兴，反而对其一顿数落，历数其不够争气的种种作为，还说原本以为嫁给他可以过上好日子，谁知他一无所成，还要跟着他受苦。最后又谴责秀才白读了圣贤书，居然让人刮掉眉毛也不知道吭声。

秀才原本就万般委屈，为了让家人活命才舍掉了自己的眉毛，受此屈辱不但换不来妻子的同情，还遭受一番讥讽。想到自己寒窗苦读数十年，不能光耀门楣不说，如今连自己的脸面都要保不住了。他越想越悔恨，居然半夜爬起来上吊自尽了。

此事在街坊中传开之后，马上引起了大范围的民愤。秀才的妻子不认为自己几句言语就能导致丈夫自杀，她一口咬定是胡家施米刮掉了丈夫的眉毛，令其屈辱自尽。百姓们也都议论纷纷，说胡家给人一点米就要伤及别人颜面，一点都不顾及穷人的尊严和感受。一时之间，群情激愤，原本烦躁的民众也因这条导火索而引发了情绪暴动，纷纷聚集到阜康钱庄门前，要向胡雪岩讨说法。

知道这件事后，胡雪岩虽然很吃惊，但门外不停地传来叫嚣声，他已经来不及去追究来龙去脉了。他深知现在去问责已经没有必要，谴责百姓们不识自己一片好心也不合时宜，最重要是担负起这件事的责任。

胡雪岩推开阜康钱庄的大门，大踏步来到聚集的人群前，真诚地向众人作揖致歉：因为施米而剃人眉毛，这件事确实不对。米是我胡雪岩要发的，责任也由我胡雪岩来承担，现在就马上停止领米剃眉的规矩，对于每一个被剃眉的百姓还要奉上十两银子以表歉意，恳请乡亲们原谅。

原本愤怒的人们在胡雪岩如此诚恳的态度之下，也被感化了。他们接受了胡雪岩的赈济，内心的愧怍在眉毛事件中被扩大。但当胡雪岩非常恳切地请求大家原谅因自己一时疏忽而带来的损害时，他们也非常宽容地接受了这一道歉。人们认识到了胡雪岩确实是无心之下造成这样的结果，也有人开始说起秀才本就是个面子薄的人，受不了自己老婆的百般挑剔辱骂，才会有此下场。被剃掉眉毛的人领取了十两银子的补助，也都满怀感恩地各自回家了。

这一风波得到很快平定，皆因胡雪岩的真诚待人。他虽然富甲一方，是别人口中的“活财神”，并且挽救过无数人的生命，但是“胡大先生”却没有丝毫倚功自傲的姿态，依旧谦恭地对待着每一个人，即便是那些辜负了他的人，也都得到了胡雪岩最大限度的尊重。更重要的是，胡雪岩是一个说到做到的人，城中富豪固然有许多，但没有人能够像胡雪岩一样言出必行，他说要赈济灾民，必然拿出全部的力量去帮助大家，丝毫不会趁乱发财。而百姓们最怕的其实只是那些为富不仁的家伙，当他们看到胡雪岩十分诚恳，更愿意与众分享自己的财富，对他自然是唯余敬仰了。

6.5 舍财得名

在没有朝廷协助的情况下，胡雪岩自掏腰包，为杭州城中的百姓提供了很多的帮助，不管是义葬还是施米，都是需要大量的银子作为资本的。但胡雪岩对此却丝毫不在意，在这件事上他非常舍得付出，也愿意提供自己的力量帮助大家。世人都因此而称赞胡雪岩是个“大善人”，但在同时也不要忘了：胡雪岩也是一个商人。

在当时的杭州城里，富有的远不止胡雪岩一个人，其他人都在做什么呢？趁此机会抬高粮价，造成市面物资紧缺，赚取一笔横财，是很多商人会做的事。胡雪岩的夫人也曾经劝他：为什么不将那些屯粮都卖掉呢？就算不抬高价格，以平价出售，都能赚到不少，远比施舍给别人要强。可是胡雪岩对此提议却丝毫不动心，他固然是一个商人，但他更愿意做一个眼光长远的商人。

商人讲求利益，不管是用什么手段，赢得最终的效益是他们的唯一目的。很多人将这种“手段”误以为是卑鄙阴暗的代名词，其实不然。只要是有利于实现目的的方式方法，都可以归结为手段，那些误会这一含义的人喜欢剑走偏锋，但往往落得一败涂地，而胡雪岩却很懂得找到良好的手段去实现自己的目的。他在战后的这些举措，其实也正是他经商的手段之一，通过付出金钱，帮助难民安葬死去的亲人，提供米粮救活那些垂死的难民，以及招抚太平军余部等行为，都很大程度地为胡雪岩赢得了美誉，让他在杭州城里成为民众最大的偶像，不管他要做什么，都会获得所有人的支持。

战后安葬亲人，是一件备受关注的事情，不仅是因为死伤众多，要安葬的人实在太多，也因为国人对于“身后之事”的重视，远超活着的任何事。几千年来，中国人都极其重视殡葬，因为那是对于逝者的安慰，也是对于生者的警示。祭祀祖宗是每年最重要的一件事，人们慎终追远，告诫后代不应忘本，所以让死去的亲人得到安葬，就显得尤为重要了。

这种精神层面的要求，其实远比物质层面的需求强烈。如果一个人在战后得到了粮食，可以生存下去，但他死去的亲人、父辈却得不到安葬，曝尸荒野，这将是对他最大的折磨，这折磨远比让他忍饥挨饿带来的痛苦强烈。国人都宁肯让活着的人没有饭吃，也要让逝者得到安息，这种情结胡雪岩非常了解，所以对于安葬及祭祀活动都非常重视。

那些家中有人因战而亡的人，沉浸在悲痛之中，要为活人谋生路，也要让死人得到安宁，正愁苦间，却传来了胡大善人要帮助安葬祭祀的消息：只要找到阜康钱庄，胡家就会帮忙安葬，甚至还提供费用让亲人祭祀。闻者无不感动落泪，即为了自己，也为了亲人。

胡雪岩在这件事上，可谓做得非常足。他没有吝惜一分一厘，而是非常慷慨地提供了资助。可能在某些人看来，多买些米粮给活人，让他们能活下去更有意义，但胡雪岩却一再强调：不管怎么样，都不能挪用安葬的钱去买米，祭祀费用一定要给足，让那些战乱中丧失的百姓能够在人生的终点走得安详。

事实上，祭祀死者的行为，对于已经逝去的人没有任何的意义，这件事更多是做给活着的人看。提醒子孙不要忘记先祖的同时，时刻铭记回报亲恩，让他们每每在思及逝去的亲人时，都能想起胡大先生曾经有此善举。也许给他一顿饭，他吃完之后就会忘记，而帮他安葬了亡父，他会记住一辈子。这样的“投资回报率”显然更高一筹，这也是胡雪岩非要这么做的深层原因之一。

生活中到处可见广告，不管是什么形式的宣传，都是为了达到一个目的：让人们记住它，并且相信它。但对于国人而言，他们不愿意接受广告的信息直接传递方式，而是更愿意从自己身边出发，寻找口碑。所谓口碑，是有过亲身经历后的感受，也是发自内心的感触，它不是灌输，也不是无中生有，广告可以扩大，而口碑却是最实在的。对此，胡雪岩也非常清楚，他很明白口耳相传的力量，而他也以实际行动，为自己带来了良好的口碑。

舍财求口碑的做法，是否高明，可谓仁者见仁智者见智。但胡雪岩的这一做法，让他此后在杭州城中畅通无阻，上到官府衙门，下到贩夫走卒，只要人们一提到“胡雪岩”三个字，无不交口称赞。他已经不再是一个单纯的商人，而是一个戴着耀眼光环的慈善家。

一直看着胡雪岩做这些事的左宗棠，也因此对胡雪岩更加赞赏。他观察着胡雪岩的一举一动，以一个身居高位的管理者角度考察着胡雪岩的品性，当他看到这个人真的是一无所求地在帮助百姓，倾尽全力地去救助那些难民，左宗棠也不由得开始赞叹：此人虽然是一个商人，却胸怀天下，体恤民情，是一个博爱之人。

事实上，胡雪岩之所以能够做到这些，也要感谢左宗棠，因为左宗棠对他的目的很了解，对他的品行很赞赏，所以才会放开手让他去做。一个能够体会胡雪岩深意的人，对他的帮助是无限的。而因为有了这种相互之间的信任和理解，胡雪岩和左宗棠也开始走得更近，他们之间的合作也开始渐入佳境。

第七章

义字当先，心怀天下的红顶商人

胡雪岩的事业能够发展得如此庞大，很大程度上依赖于左宗棠的帮助。而胡雪岩对于左宗棠所提供的帮助对左宗棠来说也至关重要。他们二人形成这种关系，是由于左宗棠对于胡雪岩的赏识与信任，不管在任何时候，胡雪岩总是义字当先，以国家民族的利益为重。他所做的很多事都没有去想怎么赢利，不管是资助左宗棠西征十二年，还是创建福建船厂及公益性质的雪记药厂，胡雪岩首先想到的都是国家版图完整与治病救人，因此得到了上至朝廷、下至百姓的肯定。只有在国家昌盛、社会安定的局势之下，才能为商人提供良好的环境，胡雪岩正是因为有了这种高远视角和博大胸怀，才令其成为了一个心怀天下与众不同的红顶商人。

7.1 懂得自省

一个人能否与他人和谐相处，关键在于其自身，在很多人都抱怨环境对自己不利、他人对自己不理解的时候，往往会忘记对自己的反省。胡雪岩在和左宗棠的交往过程之中，便是一个时刻都注意反省自己的人，他的自省让两个脾气秉性、社会地位以及所涉及事业大不相同的人相处得如鱼和水一样和谐自然。

左宗棠是晚清腐败官场之中难得的儒将，他为官清正廉洁，对自己的要求极高，同样对身边之人也较为严苛。他的脾气火暴是出了名的，其部属时常会因为犯错而引来一顿叱责。在胡雪岩认识左宗棠之后，这位威严又高高在上的左大人对其也抱着考察的心态，因为他不会轻易地相信任何一个人，也不会轻易地对谁青眼有加。

能够在商场之中如鱼得水，胡雪岩的聪明才干自然是不用多说的。但商场和官场毕竟不同，胡雪岩在和左宗棠打交道的过程中，便时刻提醒自己这一点。因为资助了左宗棠的多项军事活动，所以两人的交情也逐渐加深。对于各种军中事宜，左宗棠虽然不会问胡雪岩有什么建议，但在闲聊时也会无意中说到一些。谨言慎行的胡雪岩对于左宗棠的每一句话都是仔细地分析之后，才给予回答，可有些时候难免会因为会错意而说错一些话。

在有一次两人对弈的时候，左宗棠非常无奈地说起当前清廷缺少真正有本事的官员，全是一些根本不懂为民谋福只会给自己填满腰包的污吏。胡雪岩对此也深感痛心，他一边盛赞左宗棠心怀天下，是万民之福，一边说起了最近到处都发生叛乱，太平军虽然大势不再，但余党还在四处滋生事端。在论及平定杭州之乱一事时，胡雪岩也忍不住开始自夸了几句，认为自己和左宗棠的合作，是天衣无缝，才能迅速地平复杭州。

这一番高论若是放在别人身上，固然是无可厚非，因为胡雪岩对左宗棠湘军的帮助有目共睹，粮草和枪支等军需都是他为左宗棠提供的。但当这件事放在左宗棠身上，他却不这么觉得。左宗棠的高傲让他认为就算是胡雪岩借钱给自己筹备军需，那也是朝廷向胡雪岩借的。作为一介商流，胡雪岩既然有能力，就应该为国为家多做一些事，报效国家。而杭州的平定是左宗棠指挥的湘军所建立的功勋，被胡雪岩这么一讲，似乎他左宗棠必须依靠胡雪岩，才能获得这一场胜利似的。

胡雪岩很快就发现了左宗棠的不悦，他忙打住话头，谈了些其他话题，便告辞离开了。

回到家中之后，胡雪岩感到非常烦躁，他检查着阜康钱庄的账目，却半天不能翻过一页。夫人陆氏也感到胡雪岩心神不宁，忙问他怎么了。

胡雪岩将事情的来龙去脉讲了一遍，对当时自己口不择言感到非常后悔。而陆夫人则认为他所言不虚，无须为此懊恼。如果左宗棠不能认识到自己就是靠了胡雪岩的帮助才那么顺利地拿下杭州城，那以后也就没有必要再与之相交，也没必要再为其付出了。

对此，胡雪岩却不认同。他深知外界对自己和左宗棠的关系有颇多猜测，很多人都认为自己是依靠了左宗棠的势力才能发展到如此规模，而官场之中也有很多人认为左宗棠是利用了胡雪岩的财力才能建立军功。

这些猜测对于两个人而言都不是什么好事，因为左宗棠是朝廷重臣，手握大权，如果他觉得胡雪岩处处依赖自己来发财，那肯定会担心自己受他的牵连。如果他想要甩掉胡雪岩，不需吹灰之力就能与之划清界限。所以唯有让两个人之间达到和谐共处、互相依赖，才能保证稳定发展。而现在，胡雪岩无意之中传达了自己功不可没的信息给他，让左宗棠误以为他居功自傲，势必会为长期合作带来隐患。

胡雪岩告诉陆氏，就算是自己有功劳，也断不可轻易地宣示出去，那种炫耀不会带来任何的好处，只能引来别人的不满。他决定对左宗棠致以诚挚的歉意，再三反思自己的失言。

而与胡雪岩私交很好的一位将官在得知这一事情之后却拦住了他，告诉他：左大人常说做人要有骨气，他也喜欢有骨气的人。你要是这么反反复复，只会让他更反感你。胡雪岩对此笑一笑，感谢了将官的指点，并说出了自己的考虑：

左宗棠是一个将军，军人讲究的便是骨气，不管任何时候都不能轻易低头，要一战到底，若是不能赢得最终胜利，宁愿以身殉国也绝不苟且偷生。但胡雪岩却不是军人，他只是一个商人，商人追求的只是和气，大家都和和美美，彼此之间保持关系融洽，就是最好的境界。所以商人总是逢人便笑，而军人总是坚持原则，这是他们之间的不同。左宗棠能够做到永不低头，而他胡雪岩却不能这么要求自己，他要时刻反省自己的错误，并及时采取纠正措施，只有这样才能永葆胡雪岩商场上的得势。

值得庆幸的是，左宗棠脾气虽然暴躁，但为人耿直，不是一个不明事理的人。了解到胡雪岩对于那一天失言的悔意，他很快便一笑置之，让胡雪岩完全不用多虑。

对于自己的高要求是胡雪岩立足商场的根本，他不允许自己掩藏错误，就算这个错误在别人眼中根本不算什么。或许别人看在胡大善人的面子上，根本不会去计较，但胡雪岩自己却绝对不会放过。

胡雪岩从来不会要求别人去适应自己，就算他已经深孚众望，是一个备受瞩目和尊重的大人物，他也总是要求自己改换角度去思考和观察，努力适应着周围的人和环境。相较于那些总是认为自己很守规矩而别人不能理解自己的人，胡雪岩的生存智慧显得更加明智。时刻反省自己，让他能够避免埋下长期隐患，也让胡雪岩赢得了左宗棠更多的信任。

7.2 坚持到底

要想赢得别人的信任，不仅要有自己正确的判断，很多时候还需要有坚持的勇气。一个人能够坚持自己，是因为他经过考虑之后认为自己是正确的。在遭遇别人的质疑时，他相信自己的选择，所以不会轻易妥协。而当这种坚持被证明是正确的，就会赢得威信以及别人的信任。

胡雪岩一生做人做事都非常灵活，很善于根据不同的人、事和环境来制定自己的策略，有时候他非常善变，因为情况总是在发生变化，要改变自己去适应。而有些时候他却非常坚持，因为他认定自己是正确的，所以决不退步。

坚持的人很容易被认为是固执，但它们之间却有不同。一个人固执，是因为他不愿意听取别人的意见，不管这意见是好是坏，他都持拒绝态度。他所考虑的出发点是别人不能改变他的决定，而不是这种改变是否正确。而坚持则是经过慎重分析之后对自己的无限信心，在经过了充足的论证和别人的建议修改之后，认为结论是正确的，所以不再改变。

固执是为了拒绝改变而不愿意改变；坚持则是经过了改变之后对于结论的信心。胡雪岩是一个善变的人，也是一个坚持的人，因为他经过长久磨炼之后所具备的超群的分析总结能力，让他对自己充满信心。

对于自己认为是对的事情，胡雪岩一直都在坚持。在他年轻的时候，他的勤恳获得了阜康钱庄掌柜的认同，胡雪岩经过思考认为自己一无所长，唯有勤恳做事才是最大的出路，所以他一直都在坚持勤恳。和左宗棠走到一起之后，对于自己已经认定的事情，他也会坚持，就算左宗棠脾气暴躁他也不会因此而改变。

在与左宗棠共事一段时间之后，胡雪岩总是会从对方的角度出发，思考如何提高军队的战斗力，为左宗棠提供一些建议。他的深思熟虑让左宗棠非常佩服，因此也总能平和地进行讨论。但当胡雪岩提出要购置洋枪洋炮的时候，却引来左宗棠的强烈不满。

出身军旅的左宗棠对于自己的湘军非常自信，而且他向来都认为在战争之中谋略才是制胜关键。中国军事家所著述的各种著作之中，都在不断强调战争谋略，认为“攻心”和策略才是决定战争胜败的重要因素，而所使用的武器并不很受重视。

这并不奇怪，在古时，大家所使用的武器都大同小异，冷兵器之间并没有太过严峻的区别。使用的刀枪棍棒功能构造都相差无几，所以策略就显得尤为重要。只要有好的谋略，就能让军队的每一把刀都起到很好的作用，做到克敌制胜。而如果主将是一个庸才，那么就算再锋利的刀剑都帮不了他。

随着科技的进步，武器在战争中的作用逐渐凸显出来。火药传到西方之后，各种以火药为基础的现代武器被开发出来，那些被国人用来欢庆节日的烟花爆竹，转眼都成为杀人利器，在战场上所向披靡，让冷兵器黯然失色。

当洋兵器来到中国，大家都被这种武器的杀伤力所震撼，而很多人却无法接受使用了几千年的刀枪剑戟将要被淘汰的现实。左宗棠便是其中之一，他自幼熟读兵书，多年来运筹帷幄，从来都是以谋略作为决胜的法宝。因此，当胡雪岩提议为湘军购置洋枪洋炮时，遭到了左宗棠的强烈抵触。

面对固执的左宗棠，胡雪岩只能再三强调，如今各地不断发生战乱，西方又有很多国家对中国虎视眈眈。在别人都已经掌握先进武器的时候，我们却还紧抱着落伍的兵器不肯放手，一旦有冲突就只能落得个挨打的下场。如果别人的东西比我们强，完全可以采购来为我所用。目前的情况只要用钱就可以解决，可要是等到起了冲突再去寻求解决方式，恐怕为时已晚。

左宗棠听到这一席话非常生气，一再表示自己不会引进洋人的东西，而且就算是与洋人发生战争，湘军也绝对不会落到下风。

胡雪岩见他不肯听劝告，便一再分析论证，力求说服左宗棠。而他的坚持终于点燃了左宗棠的怒火，他一掌猛拍在棋盘上，棋盘翻落，上面的棋子噼里啪啦落了一地。大家都知道左宗棠脾气暴躁，但从未见他发过这么大的火，一个个噤若寒蝉。

左宗棠对胡雪岩说："今日我能胜，他日我也能胜，洋枪洋炮要是用得不好，一样打败仗，我湘军就算使钝刀也一样能赢！"

这些话完全体现出左宗棠在感到自己的权威受到挑战后的暴怒，而胡雪岩却没有丝毫要退缩的意思。他等左宗棠的气消了之后，又想上去劝说，有人忙拉住他说："你又何必非要和左大人对着干呢？以前看你是一个聪明人，怎么现在变得这么鲁莽？"

可胡雪岩却认为：洋枪洋炮确实比现在湘军的武器要有杀伤力，如果自己因为左宗棠不肯听劝就放弃，那么以后自己再说什么，恐怕他都不会听了。这个提议不管对于左宗棠还是对于朝廷，都是有百利而无一害，自己要么不提，既然已经提出来了，就必须坚持到底。

这个看似有些不知进退的举动，似乎不符合胡雪岩以往的为人，但这却是他性格之中的一部分。而通过胡雪岩一再坚持，左宗棠也开始仔细考虑他的提议，最后居然真的接受了购置洋枪洋炮的计划，让湘军的战斗力获得了大幅提升。

在中国人的个性之中，似乎一直存在着喜欢质疑别人的特点。胡雪岩就曾经在和王有龄聊天时提到，要想让一个人信任你，就必须坚持你的说法和观点。譬如你说他家的院子里有条蛇，别人自然不会信，可是只要你坚持下去绝不改口，他就会回去检查自家院子，看是不是真的有蛇。而对于购置洋枪洋炮的问题，胡雪岩是认定它对于国家有利，左宗棠作为朝廷大员，尽忠效力是他的职责所在，也定会妥协。

后来湘军在所进行的数次战役中，因为使用了新武器而战斗力大增。左宗棠也因此认识到胡雪岩的建议确实是正确的，从而对他后来的提议也都开始认真考量了。胡雪岩通过自己的坚持，让左宗棠认识到了他的价值，证明了他的观点有可取之处。作为一个商人，胡雪岩要求自己灵活处世，而作为一个想成就大事的商人，胡雪岩的坚持则是他对自己智慧及实力自信的展示。

7.3 开办船厂

长期和洋人打交道的胡雪岩，具有当时很多朝廷官员所不具备的视野，他对很多问题的看法都具备前瞻性。灵活的思维让胡雪岩善于接受新鲜事物，对于西方世界带来的各种科技成果，他都很乐于尝试。而出于对国家的热爱及责任感，胡雪岩不断想要引进各种新技术来为我所用。为湘军置办洋枪洋炮一事，是胡雪岩在观察了西方军队之后的一次变革。当看到那些洋人远涉重洋来到中国，他们所驾驶的体积巨大且威力无穷的轮船让胡雪岩又有了新想法：中国也要造轮船。

通过洋枪洋炮一事，使左宗棠的思想受到胡雪岩的影响，他试用过西方人的枪炮，发现了这种武器的威力之后，也很热衷于提升军队的战斗力。因此，当胡雪岩提出要造轮船的想法，左宗棠非常支持，认为这是兴国强族的正途。

左宗棠很快就向朝廷递上了奏章，提出学习西方的先进技术，建造中国船厂。他在奏章之中说："欲防海之害而收其利，非整理水师不可；欲整理水师，非设局监造轮船不可；泰西巧而中国不必安于拙也，泰西有而中国不能傲以无也。"可见此时的左宗棠对于引进西方先进军事技术已经非常热衷并支持了。

1866年，朝廷批准了左宗棠的奏折，让他在福建马尾主持兴办船厂，监造轮船。事实上，一直到明代为止，中国人的造船技术都是全世界最先进的，郑和下西洋时所驾驶的船是当时世界上最大的。船队包括大小两百多艘船只，船员达两万人之多，一直远航到了南美洲，将中国人的足迹送到了当时人们认为最远的角落。此次清廷欲建造船厂，胡雪岩非常积极，他希望看到当年的荣景可以再现，只有清廷强大，才能保护他的财富不受侵害。不管是对于国家还是对于自己，胡雪岩的认识都超越了普通商人的眼界。

以建造世界上最好船厂为目的，胡雪岩斥资请来一位法国的技师，让他带领着中国工人建造福建马尾的船厂。对人性有深刻感受的胡雪岩知道法国人不会为中国人奉献出自己全部的学识，他当然要把最好的东西留给法国轮船。所以，胡雪岩暗中授意这批工人，要他们刻苦学习，尽快掌握造船技术，力求可以学到法国人的全部造船工艺。这一远见在之后船厂建设过程中起到非常重要的作用。

正当大家都满怀信心地筹备船厂的时候，朝廷忽然下令将左宗棠调任陕甘总督。看着刚刚动工不久的船厂，左宗棠非常担心这个计划会半途而废。胡雪岩了解左宗棠的想法之后，一再表示克服万难都要让船厂建造起来，不会让左宗棠失望。为了确保船厂顺利施工，左宗棠在离开前向清廷举荐江西巡抚沈葆桢为船政大臣，代替自己主理此事，又竭力推荐了胡雪岩协助料理福州船政局的一切具体事务。

经过几番波折，同治八年（公元1869年）秋天，马尾船厂所制造的第一艘轮船下水试航。这艘被命名为"万年清"的轮船承载着清廷统治者的美好心愿，也承载着左宗棠、胡雪岩、沈葆桢等人的心血。"万年清"从福建一直开到了天津，中国人头一次看到自己制造的轮船，一时间举国欢腾，所到之处引来无数人围观，盛况空前。就连洋人也都感叹中国人造船的本事一日千里，短短几年之内就能打造这么先进的大轮船。

紧接着“万年清”的步伐，1871 年初，“镇海”号兵轮也下水成功，它将中国海防力量又一次推向一个高峰。

按照胡雪岩的授意，中国工匠已经全面掌握了造船技术，法国技师在船厂的独断地位被不断削弱，中国人自己的轮船技师迅速成长起来。

远赴边疆的左宗棠听到这一消息，感到非常高兴，他立刻写信给胡雪岩说：“闽局各事日见精进，轮船无须外国匠师，此是好消息！”对于胡雪岩为此事所付出的诸多努力，左宗棠也给予了高度赞赏：“阁下创议之功伟矣！见在学徒匠作日渐精进，美不胜收，驾驶之人亦易选择，去海之害，收海之利，此吾中国一大转机，由贫弱而富强，实基于此。”

长期以来被认为积贫积弱的清政府，居然可以通过自己的力量监造轮船，让海防变得倍强于前，此事令西方诸国也感到非常震惊。而左宗棠作为这件事的倡议者，也成为洋务运动的重要人物，受到了当时士子推崇，也受到朝廷的嘉奖。胡雪岩帮助左宗棠推进船厂的建设，其功绩亦不可没。但是一个国家的国力提升需要从经济政治等多个方面加强，光凭借一艘轮船并不能让清政府变强，长期以来造成的落后局面也非一朝一夕可以扫清。

1884 年，也就是光绪十年八月，法国海军找借口偷袭了马尾港口，将这座耗时十多年建设起来的福建船厂毁于一旦。胡雪岩与左宗棠等人的心血也在这次偷袭中丧失殆尽，原本美好的强国之梦、强海之梦，从此又开始沉寂。

7.4 资助军队

评定一个人的人生价值，并不在于他占有了多少财富，拥有了多高的地位，而在于他为他人、国家和民族作出了多大的贡献。能够凭借一己之力来改变国家民族的命运，似乎是中国人所追求的最高人生境界，所谓修身、齐家、治国、平天下，正是如此。胡雪岩虽然是一个商人，但他的思想之中难免会受到这些传统价值理论的影响，从未涉足官场的他，也想通过自己的手段，让自己的人生价值获得最大限度的体现。

每当人们提及左宗棠的时候，都必然会提到他收复新疆，击败了叛军和侵略者，阻止了企图分裂国家的阴谋，而在实现这一目标的过程之中，胡雪岩功不可没。在一定程度上，如果没有了胡雪岩的帮助，左宗棠很难率领大军在十二年的时间里南征北战，更难确保获得胜利。因为，即便是英勇善战的湘军，如若没有了军粮军饷的支持，也会失去战斗力；没有了先进武器作为装备，也会在战斗中落到下风。

1866 年，即同治五年，内忧外患的清政府受到了来自中亚西亚浩罕国酋长阿古柏的威胁，他在国外势力的操纵下，眼见清廷越来越衰弱，也意图从中分一杯羹，于是带领部队占据了新疆。这一消息让很多朝廷大员都感到坐立不安，当时的清廷实力虽然腐败，但也不乏以家国为重的官员，左宗棠便是其中之一。他立即递上了奏章，要求出兵收复新疆。

事实上，清廷统治者也不愿意看到国土被分裂，这不仅关乎利益，更关乎尊严。但慈禧太后也非常清楚，空虚的国库已经无力支付西征新疆的军费，而且目前军队的战斗力也远不如从前，能否从阿古柏的手中将新疆成功收复，还是一个未知数。而左宗棠一再坚持表示，如果眼看着国土被吞噬，而朝廷却坐视不理，怎么对得起历代祖宗，以后怎么向后人交代？纵然敌军势力强大，也要拼死一试。

在左宗棠的一再请求之下，慈禧太后终于批准了他的奏章，命左宗棠以钦差大臣的身份奉命西征。但同时也告诉他：西征所需要的军费开支太过庞大，国库只能支付少部分的银两，剩余的军费都要由东南各省协办。

左宗棠深知国库空虚的缘由，无外乎被挥霍以及被贪污，但沉疴若此，他也感到很无奈。而西征却是万万不能放弃的，所以只好点头答应，想着从东南各省之中调集军粮军饷，支撑西征部队所需。

对于是否要西征新疆的问题，很多人持有不同的意见，尤其以东南各省之中的巡抚大员等意见最不统一，很多人都不愿意在当时内忧外患的情况下再提西征，认为那只会分散国力，应该在局势稳定之后再出兵。左宗棠在西征问题上的激进态度因此也惹来不少人的不满，当他向东南各省发出协助调集军需的命令之后，自然被他们百般推诿，很多人都以各种理由拖欠，让西征军失去了最基本的能量供给。

陷入僵局的左宗棠感到非常恼火，又无计可施。“协饷”问题所遇到的挫折虽然在他意料之中，但却又超出了他的预期，各省或者少给，有些甚至不给，让朝廷所发出的“协饷”旨意变成了一纸空文，如果这么下去，西征必然落空，收复新疆也会成为泡影。

听闻这一消息的胡雪岩知道西征对于左宗棠来说是一件非常重要的事，他一生所追求的莫外乎保家卫国，现在却遇到这样的障碍，自然令他很为难。而作为长期合作、交往的朋友，胡雪岩本身也是一个非常希望可以为国家、民族作出贡献的人，他又怎么能坐视不理呢？

胡雪岩找到左宗棠，表示他愿意资助西征军所需要的军饷。左宗棠虽然内心感动，但也不愿将胡雪岩拖入这个漩涡，要知道军饷开支可不是一笔小数目，现在让国库来支付都尚且困难，何况一个商人。就算胡雪岩再有钱，也不会比国家有钱，而且西征军一旦出发，最后需要多少银两才够军需还是一个未知数，如果战争出现对峙情况，军需就会成为一个无底洞，银子要源源不断的投入进去。

对于这种情况，胡雪岩其实已经想过了，他不是一个冲动的人，既然敢于提出这样的想法，就必然有他的解决办法。胡雪岩让左宗棠放心，纵使把自己的全部身家财产都搭进去，他也万死不辞，绝对不会放弃。除了为西征军提供军饷，他还决定购置大量的新式枪炮，以便增强军队战斗力，增加胜算。

在胡雪岩的坚持之下，左宗棠接受了他提供的银两，西征军终于得以出发迎敌。自同治五年（1866 年）到光绪四年（1878 年），左宗棠前后历时十二年的时间，平定了陕甘，收复了新疆。而在这个过程之中，胡雪岩一直千方百计地筹集资金，为他供应军需。

在战争之初，胡雪岩的家产固然起到了很大的作用，他长期以来积累的财富被全部投注在西征军身上，但随着时间的推移，他自己所能垫付的银子越来越少。各种生意所赚到的利润还来不及运到胡家，就要赶紧投入军需和新式武器的采购上。

越来越大的开支也让胡雪岩非常头疼，他知道西征军的粮饷万万不能断供，否则后果不堪设想。为了确保能持续稳定地给西征军提供支持，胡雪岩凭借个人关系，再次向外国银行借款。这些国外银行虽然对于清政府的偿还能力表示担拢，但对于胡雪岩这位著名的商人却很有信心，因为他们早就听闻胡雪岩具有卓越的商业才能，他肯定有能力偿还一切贷款，所以很爽快地为他办理了借贷。

在国家尚且无力的情况下，胡雪岩凭借一己之力，支持了左宗棠的军队十二年。西征军的各种开支、军饷、武器，都由他全权负责。这一投资不仅数额巨大，而且持续年限长，不知道何时才能停止，更不会有任何的商业利益产出。而胡雪岩对此却无怨无悔，是他让左宗棠从叛军和侵略者手中夺回了分裂的国土，让新疆重新回归到中国版图。这不仅是左宗棠一生中最大的功绩，也是胡雪岩人生价值的最大体现。

7.5 投资药厂

胡雪岩是众人仰望的商圣，他一生所获得的成功令人无法企及，而对胡雪岩本身而言，他认为自己一生中最大的成功便是获得了左宗棠的赏识。正是因为左宗棠，他才实现了自己的人生价值，达到理想追求的峰巅。左宗棠之所以对胡雪岩青眼有加，则是因为胡雪岩不管做任何事，都首先想到义，之后才会想到利。在左宗棠筹建福建马尾船厂的时候，胡雪岩鼎力相助，为了保证有充足的资金，他将钱庄开到了福建。胡雪岩的首要目的是保证船厂的顺利建设，其次才是钱庄的扩展经营，而之

后的生意遍布全国，则是这一义举所带来的意料之外的好处。

拼尽了全部力量支持左宗棠西征之后，胡雪岩并没有因此而满足，他不止是想帮助左宗棠西征，更希望西征可以尽快获得胜利。在左宗棠部队进入新疆之后，因为水土不服，很多士兵都病倒了，队伍的行军速度与战斗力都受到了很大影响。得知这一消息之后，胡雪岩很快便决定开办药厂。

雪记药厂的开办初衷，就是为了给左宗棠的西征军提供行军药品，保证军队不受瘟疫困扰。当胡雪岩将自己的这一想法告诉左宗棠时，左宗棠又一次被他所感动，对他说：“你不仅资助了军饷武器，现在还要开办这样的一家药厂。要是只提供军需药品，你肯定是赚不到钱的，照这么下去，你岂不是要亏了？”

而胡雪岩对此却丝毫不以为意，他认为免费为西征军提供药品本身就是一件值得去做的事，至于是亏是赚已经是其次。胡雪岩还安慰左宗棠，说赚钱就是为了亏，有亏才有赚，有赚就有亏，做生意就是这么轮回的，哪里有回回都赚的好事。

胡雪岩通过朋友，拿到了针对部队疫情的行军散药方，很快便投资开办了雪记药厂，这家非盈利的药厂果真像胡雪岩所说的一样免费为西征军提供各种军需药品，而且是长期供应。为了保证西征军的随时需求，雪记药厂还会时常多生产一些药品，以备不时只需。如果这些药品最后没有用完，有了剩余，他也不会浪费，胡雪岩会将这些药都拿来赠送给穷人，得到恩惠的百姓们对胡大善人也非常感激。

在开始涉足医药行业的时候，胡雪岩的初衷并不是为了做生意，他虽然知道医药是一个很赚钱的行业，但却未曾想过要在这方面赢利。在“义”字当先的情况之下，雪记药厂被办得红红火火。

除了军队受到了雪记药品的帮助，连很多贫病交加的穷人也得到胡雪岩的救济，其中不乏因此而保命的人。有一天，有一个老人登门向胡雪岩致谢，雪记所施舍的药让他们全家保全了性命。这位老人真诚的感谢让胡雪岩看到了雪记所带来的福荫。

慢慢地，胡雪岩也认识到了医药的更多效用：它不仅可以保证部队行军，也可以治病救人。有太多挣扎在疾病之中的穷苦人家因为得不到及时的救治而丧命，自己只不过施舍了一颗药丸，而对于他们来说却是救命的。医药不仅是一个赢利的行业，更是一个行善积德的行业，胡雪岩决定对雪记药厂进行扩充，让它可以帮助到更多的人，胡庆余堂因此诞生。

胡庆余堂是胡雪岩一生留名的实业，它的创立初衷完全不是为了赢利，但它却成为了胡雪岩得以传继下去的事业。这正是从“义”出发而获得了“利”的结果，是胡雪岩顺其自然的结果，秉持着治病救人的理念，让药厂逐渐发展壮大，就如同瓜熟蒂落一般，虽然他不求利，却得到了利。

能够得到左宗棠的赏识，胡雪岩的深明大义固然是很重要的一面，他事事都以国家利益为重，但同时也是一个头脑非常灵活的人，他能随机应变地处理各种情况。就算面对的是左宗棠这种身居高位的人，也能寻求到各种与其相处的方式；就算是面对西征这么大的事，他也能通过各种渠道解决难题。

在胡雪岩筹集了军饷为西征军提供后援支持的情况下，左宗棠才能顺利地收复新疆。饮水思源，左宗棠对胡雪岩的贡献予以了加倍肯定，认为他的功劳和前线杀敌的将士们一样大。所以在凯旋之后，左宗棠很快便上奏朝廷，对胡雪岩大加赞誉，认为他是一个深明大义不可多得的人才，“其急公好义，实心实力，非寻常办理赈抚劳绩可比”，他向清政府大力推荐胡雪岩，称其为“才长心细，熟谙洋务，为船局断不可少之人，且为洋人素信也”，这一番盛赞让清政府对于胡雪岩也大加重视，更促进了他事业的发展。

曾经有人对于胡雪岩“不求利反求义”的做法甚不理解，问他：你作为一个商人，难道不应该是利字当先吗？为什么总是做这种不求利的事？而胡雪岩对此的一番解答更显示出他不凡的一面，他说：“如果一个国家不安定，民族不能获得安宁的生存，商人根本就没有办法好好地做生意。虽然我不做官，所作所为似乎也和国家没有直接的关系，但实际上只有社会安定，让所有的人都过上好日子，商人的利益才会得到保证，生意才能发展起来。”这一番话不仅揭示出他与众不同的视角，更说明胡雪岩作为一个商人却心系天下的博大胸怀，即便是对于今天的社会这番见解也颇具警醒作用。

第八章 学会用人，事半功倍

用人之法自古以来就是管理中的重点，怎么用人直接关系着效率的高低和事业的成败。胡雪岩在经营自己的事业时非常注意网罗有才之人为其所用，不仅形成了看人、识人的独特标准与眼光，在任用不同特点的人时，如何能做到人尽其用上更有独到的方式方法。在选择人才时，胡雪岩最看重一个人的人品，其次才是他的才华。甄选可靠之人是他一生所追求的用人目标，而让可靠之人能够忠诚地为他服务，则是胡雪岩的用人智慧达到极致的证明。

8.1 什么人能做什么事

个人力量再强大，也无法与团队协作的效果相比，因为个人的能力毕竟有限，要想创造出傲人的成绩，就必须集合众人的力量，以团队的拼搏来成就一番大业。胡雪岩曾经说过：一个人最大的本事是能用人，用人首先要识人，眼光和手腕都要到家，才智之士才能乐于为你所用，如此一来，你的成就便不得了了。

胡雪岩所获得的成功固然与其个人的聪明才智有关，但纵使智慧如他，也需要得到别人的协助，集采众长，利用各方力量才可以达成自己的目的。因此，胡雪岩对于人才的选用向来非常重视，而他选择人才的眼光也很有独到之处。

伯乐可以从马群之中发现千里马，而要获得人才就需要一双辨别人才的慧眼。当一个人具备某方面优秀的才华时，便会显露出与众不同的气质和特点，但更多人的这种气质会在生活中被掩盖，要想找出他们来，只有能够拨开外在干扰。胡雪岩正是擅长此道，他能够看到别人身上隐而不露的才华和品质，并加以培养提升，使其才华在相应方面得以展现，并最终为我所用。

能够“识人”是胡雪岩诸多优势之一，更是令他的事业可以飞速发展的动力之源。正因为他总能网罗到优秀的人，才让他总能走在别人前面。“识人”不仅要用眼去看，更重要的是要用心去体会，花时间和心思去认真了解人的特长、特点，在识人方面的技巧为他组建出优秀的团队提供了人才基础。

胡雪岩曾经因为商务的关系到湖州去拜访一位朋友，因为他对路线不熟悉，所以这位朋友特地为他找了个领路人。谁知道这领路人是个小混混，年纪大不，却是个人人躲之不及的家伙。有钱的时候，他会在赌场；没钱的时候，他就在街头游荡。但是胡雪岩在一见之下就对这个年轻人产生了兴趣，因为他发现这个人身上有一些其他人都不具备的特质。

首先吸引胡雪岩的，便是这个年轻人言谈举止落落大方，和陌生人交谈的时候也可以非常流畅地侃侃而谈，丝毫不会露怯或者不自然。纵使他知道站在眼前的是著名的胡财神，也丝毫不见拘谨。这在他的同龄人之中难得一见的，因此给胡雪岩留下了深刻的印象。他饶有兴趣地问了年轻人的名字，知道他叫陈世龙后，便默默记在心里。在陈世龙的带路之下，胡雪岩很快就找到了朋友的府邸。

在与朋友聊天时，胡雪岩问及陈世龙到底是一个什么样的人，这位朋友很不屑地表示：陈世龙游手好闲，年纪轻轻不务正业，简直浪费了父母的一番苦心。可胡雪岩却告诉朋友，他觉得此人是一个可造之材。朋友听了忙劝他说：“我认识这个人很多年了，他在乡里名声一向不好，大家见了他都忙着躲，你怎么还会想着接近他呢？”而胡雪岩却笑了笑，说："这个人虽然一身的毛病，不是做总管的料，但却可以做一些外场，我想把他带出去看看"。对此，他的朋友肯定地说："你带他出去要受连累"。

在还没有了解陈世龙的为人之前，胡雪岩看到了他的一些优点，听了朋友的一番描述，他又发现了陈世龙身上的缺点。他既没有因为优点而一味地夸奖陈世龙，也没有因为缺点而立即否决了他，胡雪岩正是在细致的观察之中努力寻找这个人是否可以提携的理由。

见胡雪岩一再坚持认为陈世龙会成为一个不错的伙计，他的朋友想了一想，终于想出陈世龙的一条优点：这个人不会吃里爬外，倒是一个挺实在的人。原因是由于这位朋友曾经与他打过一些交道，发现他在吃喝玩赌之外一无所长，但却是一个很有原则的人，对于自己所负责的事情倒是很能坚持，绝对不会因为受到引诱而背叛自己的雇主。胡雪岩听了，不由得笑着说："这么看来，这个人虽然顽劣，但还是有一些优点的，我想再看看他有无其他的优点。"

胡雪岩从朋友家里回去之后，就通过熟人找到陈世龙，以感谢他领路为由，请他来家里一坐。陈世龙果然大大方方就来了，一点也没有因为胡财神相邀而感到拘谨。胡雪岩通过和陈世龙的一番交谈之后，表示自己愿意收他在钱庄做一名伙计，跟随在自己的身边。陈世龙得到如此机会，感到很高兴。但胡雪岩却提出了一个要求——戒赌。

赌博是一条万劫不复之路，不管有多少家财都不能满足一个人赌博的贪心，而一旦沉迷其中还会葬送自己的事业。胡雪岩知道陈世龙好赌，如果他真的为了赌博不顾一切的话，胡雪岩也不敢把事情交给他去做。

听了胡雪岩的要求之后，陈世龙低头凝思了一会儿，慎重地答应了这一要求。因为他明白自己浑浑噩噩二十多年，现在正是改变人生的大好时机，能得到胡雪岩的提拔，前程自然一片锦绣，又有什么理由不答应呢？

虽然获得陈世龙的口头答应，但胡雪岩并不会就此相信他。他拿出五十两银子给陈世龙，让他拿去随便用。等陈世龙走了之后，胡雪岩就派人暗中跟住他，看陈世龙是否心口不一，又会重返赌场，将这五十两银子挥霍掉。

这次测试的结果令胡雪岩非常满意，陈世龙拿到银子之后，心里必然非常想去赌场搏一搏运气，但是他却记得自己刚刚答应胡雪岩要戒赌，所以只是在赌场转了一圈就很快回家了，此后的几天都没有再在赌场出现过。胡雪岩知道赌瘾与毒瘾非常相似，只要嗜赌的人拿到钱心里就会痒痒，想去试试自己的运气。但陈世龙显然顶住了这种诱惑，他将自己对胡雪岩的承诺看得更重。

对于一个年轻人来说，吃喝玩乐并不是多大的毛病，关键是他能克制自己，并且说话算话。别人眼里的陈世龙为人滑头，但胡雪岩却看到了他的灵活，这人可以“玩转”任何场合，并且能够信守自己的承诺，这也是胡雪岩最看重陈世龙的地方。一个有小毛病的人，却有着这些优点，在胡雪岩的眼中他就是一个可造之材。

陈世龙没有辜负胡雪岩的信任，他为湖州的丝行跑外场表现优秀，成为胡雪岩得力的帮手之一。胡雪岩还为他撮合了婚事，让陈世龙的生活变得更加稳定，为人也更加沉稳，在胡雪岩开拓生丝事业中起了重要作用。

无论在任何时候，一个领导者都需要一双能识人的慧眼。要想用好人，就必须先看好人。而看人不能光用眼睛，还要用心分析、耐心观察，通过具体的事情去考察他的品行。只有这么“看”才能判断对方是否是一个人才，也才真正称得上是识人。

8.2 学会当伯乐

要成就一件大事，都需要不同的人才配合，需要优秀的团队来合作。能够找到人才来为我所用，固然是一件好事，但得到人才之后，只有好好地将其加以利用，让人才发挥出自己的能力，才是能成事的关键所在。

胡雪岩不仅在看人的时候有自己独到的眼光，他还非常善于用人，将不同的人放在不同的岗位上，让他们发挥出自己的特点和优势，真正发挥出人才的作用。

在《慎节斋文存》中对胡雪岩善于用人的特点有过概括性描述，据载：“胡光墉知人善任，所用号友皆少年明干，精于会计者。”说明胡雪岩特别喜欢挖掘有潜力的年轻人，而他所挖掘的人才个个都精明能干，能够为他的事业起到一定的辅助作用。

让合适的人坐在合适的位置上，是让一个人的能力得到最大限度发挥的基础，有了适宜的岗位才能挖掘出巨大的潜能，并且不断进步。这一点说起来容易，但做起来却非常难，领导者既要从全局的需求考虑，也要熟悉个人的特质。如果不能让每个人的才能用到最适合他发挥的地方，那就是一种浪费，也是对人才的压制，于人于己都是一件很遗憾的事。胡雪岩在人才的使用上，秉持着“用人所长，容人所短，不求完人，但求能人”的原则，真正实现了人的最佳分配。

胡雪岩在人才的选用上，不乏一些令人备感诧异的选择，其中尤其要以对刘不才的任用最令人惊叹。

刘不才本名刘三才，他是胡雪岩二姨太的叔叔，原本有弟兄三人，有家传基业“刘敬德堂”药房。刘家本来也是富足之家，但无奈刘三才的两个兄长相继去世，而刘三才也自幼娇惯，是一个纨绔子弟，所以当家产落到他的手上后，不出几年就被他挥霍一空。胡雪岩知道此人嗜赌如命，虽然是一个绝顶聪明的人，但却从未将自己的聪明才智用到正途上。当他决定要任用刘三才时，连他的二姨太都非常反对。

这位二姨太对于自己这个叔叔可谓恨之入骨，因其将祖传基业都送进了赌场，浪费了祖父和父亲一生的心血。她告诉胡雪岩，大家都从来不叫他的本名刘三才，而是直呼为刘不才，就已经说明我这个叔叔一无所成，除了赌博他没有其他擅长的事情了，你要他何用呢？

但非常善于识人、用人的胡雪岩却看到了刘不才身上的闪光点，他对二姨太说：“你叔叔虽然嗜赌如命，但纵使他潦倒穷困，却从来没有将你们家祖传的制药秘方押在赌注上。这说明他心中还是有骨气的，而且一定是想着以后还可以翻身，重新振兴家业，所以才会这么做。我们不能光看到他嗜赌的缺点，至少他从来都不去抽大烟，这已经比很多人都要强了。”

就凭借着这些别人都不易发现的优点，胡雪岩决定将刘不才收归在自己的钱庄里，让他帮忙打点生意，因为他知道不管一个人身上有多大的毛病，只要他有优点，就有值得任用的地方，就能有他发挥作用的一天。

在刘不才来到胡家之初，他凭借着自己手中的药方和以前办药店的经验，也帮助胡雪岩做了一些事，但都不是很重要。而真正让刘不才发挥作用的，却是胡雪岩在上海联合生丝商户对抗洋人的时候。

当时，胡雪岩决定做生丝的生意，并立志要垄断市场，控制生丝的价格，以更高的售价卖给在上海收购生丝的洋人。而要这么做就必须联合上海的丝商大户，其中尤其要数一位庞姓老板最不愿意与他联盟配合。

这位庞老板在生丝行当地位举足轻重，他的家业虽然也是家传，但却被他做出了一片繁荣景象。而像很多其他出身富足之家的公子一样，庞老板也是个一等的玩家，尤其喜欢赌。

为了能够拉拢庞老板，胡雪岩特别安排了一个赌局，让刘不才使出了自己多年来练就的赌技，和庞老板对赌了一回。这一次，刘不才按照胡雪岩的指示，让对手赌得既紧张刺激，又非常尽兴，让庞老板感到非常开心。相同的兴趣也让刘不才很快就成为庞老板的朋友，两人隔三差五就要约到一起切磋赌技。有了这一层关系，胡雪岩就轻而易举地将庞老板拉拢过来，成为他控制生丝价格的联盟成员。而其他丝商眼见此景，都纷纷投在了胡雪岩门下，很快便让他控制上海生丝生意的构想变成了现实。

刘不才的赌虽然不算是优点，但却因为胡雪岩将他放在了合适的位置，从而帮助他实现了生意构想，推进了胡雪岩的计划。其所产生的价值更不可估算，胡雪岩在此后二十多年之中能够控制生丝市场，刘不才一赌之功不可抹杀。

胡雪岩对于自己的成功曾经说过：我的奇计也很多，大小由之，大才大用，小才小用，只看对方自己怎么样。而他所谓的“奇计”也就是根据不同的人来做出不同的任命，让每一个有才能的人都能找到适合自己的位置，既让别人得到了发挥空间，也让胡雪岩得到好处。那些在别人眼中一无是处的人，平时没有正经事可做，但却在这种环境之中练就了一身察言观色、见风使舵的本领，场面上没有了他们，那些爱玩的人就玩不出味道来，这种人在关键时刻也能起到大用。正是因为胡雪岩认识到刘不才的这一点，才让他在此后获益无穷。

8.3 不拘一格降人才

领导者都明白，一个优秀的人才对于事业的经营会起到十分重要的作用。因此，为了得到人才辅助，他们往往会不辞辛苦地到处寻访。胡雪岩对人才的重视体现在各个方面，不管是居于闹市还是隐于深山，只要是对自己的事业有帮助的人，他都努力追寻，并且不拘于形式，以各种不同的方式来挖掘有用之人。

追随胡雪岩，为他效力的人，往往都非常忠诚，因为胡雪岩对每一个人都采用针对性的优待，根据他们的需求、境况，切身地为其考虑。这种体贴让追随者感觉胡雪岩对他们并不是简单的雇佣，而是真正从他们的角度、立场出发来考虑，让他们获得最大程度的尊重。

在选择具体方式时，胡雪岩也不拘泥于某一种形式，或用高薪或用真情，他总能找到打动别人的途径。这种不拘一格的做法，不仅为胡雪岩网罗到了人才，更收服了人心。

在胡雪岩筹备建立阜康钱庄的时候，身边急需一位得力的总管，因为这是他所做的第一笔投资，所以格外谨慎，对于总管的人选一定要找到非常合心的才肯任用。通过身边的人推荐，以及胡雪岩自己寻访，这个人选最后锁定为大源钱庄的刘庆生。

刘庆生当时在大源钱庄只是一个普通的伙计，但胡雪岩却对其十分青睐，认为他符合自己的用人标准，一定可以胜任阜康钱庄总管的职责。不过当时的大源钱庄也是一家响当当的字号，能在这里谋到一份差事不是一件容易的事，如何说服刘庆生放弃这里，而投奔新开张的阜康钱庄，就成了胡雪岩首先要考虑的事。

通过对刘庆生进行全面调查，胡雪岩发现他在大源钱庄的薪酬并不高，而且他的妻儿父母也都在家乡，未能接到杭州来。针对这种情况，胡雪岩很快就制订了计划。虽然当时阜康钱庄还没有正式营业，尚处于筹备阶段，到处都是用钱的地方，但胡雪岩一下子拿出了二百两银子来作为刘庆生一年的薪酬，此举引来不少人的反对。

在当时的杭州，一个八口人的家庭每餐饭都能吃到肉，每个季度都能穿到一件绸缎衣服，一个月所需要的花销也不过十两银子。一个普通的家庭一年的花销顶多不会超过一百三十两，胡雪岩却一下子拿出二百两来支付给一个还没有用过的总管，不得不让人感叹他的魄力。

在大家的质疑声中，胡雪岩坚持自己这一决定。刘庆生受宠若惊，连连推辞，恐怕连他自己都不确定自己有这么值钱的能力。可胡雪岩却对他说："除了这些薪水之外，每年的年终我都会给你另算"花红"，以后你就可以将父母妻儿都接到杭州来团聚了"。

胡雪岩的慷慨让刘庆生很感动，当他接过那张二百两银子的银票时，手都有点颤抖。刘庆生的感动，不仅仅是因为胡雪岩出高薪聘用自己，更因为自己的价值得到了胡雪岩的高度肯定，同时他也感受到了胡雪岩对自己的真心诚意。他对胡雪岩说："胡先生这样待人，在钱庄里是从未有过的。铜钱银子有用完的一天，而人心却是用不完的，胡先生以后有任何吩咐，我刘某人都万死不辞"。

每个人因其不同的个性特点，有不同的需求。胡雪岩非常清楚人与人之间的差别，所以在不拘一格地挖掘人才时，他也根据不同的人，不同的时机，选择不同的方法。

在王有龄任职海运局的时候，曾经负责采集粮食以供海运，但却在新城县遭到了众人的抗议。百姓希望将粮食以高价卖给漕帮，而不愿意卖给海运局，这其中也是因为有人煽动造成的。抚台黄宗汉要求王有龄尽快带兵剿办，可王有龄担心新城地区民风强悍，带兵前去易激起民变，如果真是那样就愈发不好收拾了。

负责这件事的人中有一个叫嵇鹤龄的候补州县，提出了“先安抚不从则剿灭”的办法。王有龄认为这个方法不错，可是却没有合适的人能担起安抚百姓的重任。胡雪岩看嵇鹤龄是一个思维敏捷、很有想法的人，便推荐让他去，而王有龄却告诉他，嵇鹤龄为人清高孤傲，不愿意去新城招抚。

经过解之后，胡雪岩发现嵇鹤龄虽然恃才傲物，但生活很贫困，妻子刚刚去世，他因为没有钱安葬，还典当了家具。胡雪岩深知这样清高的人是从来不会为了钱而低头的，如果他用银子来收买嵇鹤龄，只会更加激怒他。只有用诚心来感动，才能让嵇鹤龄真正接受这次任务。

想好办法之后，胡雪岩以吊唁嵇鹤龄刚刚去世的妻子为名登门拜访他，却被嵇鹤龄拒之门外，因为他知道胡雪岩此行的目的必然是为王有龄的事而来。这是意料之中的事，胡雪岩并未因此退缩，他诚心诚意地向灵堂上香，毕恭毕敬地行礼。果然，嵇鹤龄不愿自失礼数，只好出来相见。

见嵇鹤龄出来，胡雪岩先说了一通仰慕已久的话，让嵇鹤龄的傲气消减，然后又拿出一个信封，声称是王有龄让捎给他的。嵇鹤龄打开一看，信封里是自己向钱庄借钱的借据以及典当行的当票，只不过这些当票和借据上都盖上了“注销”的印戳。他知道这一定是胡雪岩为自己还了债，为了保全他的脸面才借口王有龄托付将这些借据交给他。

深受感动的嵇鹤龄态度很快就缓和下来，而且对胡雪岩生出由衷的敬佩之意，很快就答应了去新城县安抚百姓的任务。

胡雪岩之所以让大家佩服，最关键的原因正在于，他知道对什么样的人该使用怎样的方法：能够用银子打动的人，他慷慨地拿出银子；能够用诚意打动的人，他拿出自己百分的诚意。嵇鹤龄作为一个清高的读书人，胡雪岩首先用真诚的态度令其接受自己，然后又为他解决了实际的生活困难，还保全了他的面子，照顾到了嵇鹤龄的自尊心。他当然是诚心诚意地想要结交嵇鹤龄，只不过在手段上用了一些聪明的变化而已。

要想找到真正的人才，就要在用人上不拘一格，并时刻不能忘记别人带给自己的好处。胡雪岩曾经说过：用人之道，不拘一格，能因时因地制宜，就是用人的诀窍。而他也正是因为做到了这一点，身边的人才也越聚越多。

8.4 疑人不用，用人不疑

让一个人的能力发挥到极致，最关键的一点便是调动他的主动性，让他主动去做想做的事情，调动自己的思维去化解遇到的难题。而要想让一个人可以全身心地投入自己的工作，奉献自己的智慧，就需要用信任和理解作为支持。一个好的领导者，善于放手，让自己的下属去做好自己的工作，调动他们的积极性，否则就算身边聚集了无数人才，也不会起到真正的作用。

在胡雪岩的用人原则中，赋予下属最大的信任，是不可或缺的一条。他清楚地知道，信任所激发出的不仅仅是员工的能力，还有其对雇主的感激。千万不要小觑感激的力量，它可以让一个有才能的人心甘情愿为雇主奉献所有，而这种主动性和积极性正是胡雪岩所需要的。

胡雪岩所涉及的一些商业范围，并不是每一项他都非常精通，但他却在每一个行业之中都能找到精通它的人来为自己帮忙。与其事必躬亲让自己疲惫不堪，不如该放手时就放手，让懂行的下属去做他们擅长的事，既可以克服懒惰心理，又能调动他们的积极性。正是因为充分信任下属，胡雪岩才能做到在任何一个陌生的行业，都信心十足。

信任，换句话说就是用人不疑。这主要表现在两个方面，一是给下属足够的犯错空间，二是给下属足够的权力空间。对于犯错空间，胡雪岩是这样解释的：要勤，要快，事情尽管去多做一些，就算做错了也不要紧，有我在，错不到哪里去。对于那些因为怕“做多错多”而畏缩不前的人来说，这种鼓励和担当将会给他们很大的力量。

在权力空间方面，胡雪岩会根据每个人的职责、岗位的不同，给予他们最大的权力范围，让他们在自己的岗位上可以决定相关的一切事物。这种出于信任而给予的权力，让在这个岗位的人备受鼓舞，因此也更加谨慎地去作决定，以免辜负了胡雪岩对自己的信任。善于放手的胡雪岩总是在避免自己指手画脚，不因为自己是老板而对下属的工作产生影响，尽量让负责事情的人来作决定，只有当决定会影响到生意前途时，他才会亲自做主。

开始做生丝生意之后，胡雪岩的交易对象增加了洋人，他们的生意方式和中国人有很大不同。为了适应这一变化，胡雪岩认识并聘用了曾经在洋行中做事的古应春。古应春精通英文，并且很善于和洋人沟通，在洽谈商务合作等很多方面，都为胡雪岩提供了莫大的帮助。

对于这样一个人才，胡雪岩自然会给他极大的信任。他时常放手让古应春替自己作一些决定，就算是找买主、谈价钱、签合约这种重大的事情，胡雪岩都不会参与其中，只要古应春谈好了，他就一点都不怀疑，只管签字。

这种态度让很多人为胡雪岩担心，有人曾经劝告他：和洋人做生意你不大懂，现在什么事都让古应春来决定，他和洋人说什么你都不知道。万一他在中间把价钱谈得不妥，或者谋了私利，岂不是让你白白蒙受损失吗？对此，胡雪岩有自己的看法：我既然用了他，就要相信他的人品，相信他不会是做这种事的人。如果事事都让他看我的脸色，等着我的命令再去行事，只会让他变成一部机器，拨一下才转一下，那样才会贻误时机，才是白白浪费生意机会，也浪费了古应春的才能。

因为认识到了胡雪岩对自己的信任，古应春非常感激，所以对每一笔和洋人签订的合约都一再审查，不允许自己出现丝毫的失误。而正是因为古应春兢兢业业地打理洋庄生意，胡雪岩才有了更多的时间和精力来发展刚刚开拓的军火生意。

在生意的经营之中，胡雪岩对自己的定位非常清晰，他只是负责事情的大方向。至于具体的细节操作，他会交给熟悉这些事情的下属，让他们按照自己的想法进行实践。并且在这一过程中，胡雪岩还不断鼓励下属要大胆去做，不要瞻前顾后，更不必凡事都要去请示。这种做法使下属的潜能被不断开发出来，主动性也不断提高，真正对自己所做的事情负起责任，以“主人”的态度来做事。

因为老板的信任与放手，让下属感觉自己的价值得到了体现。他们的决定受到了尊重和认同，自然会努力调动主观能动性，更加积极地去推动事情不断朝前发展。这远比事事都要过问，不肯放权要来得有效。如果老板总是紧握手中的权力，在任何方面都要去体现自己的权威感，被任命的人就会处处受到影响，没有指令便不敢做事，变得像机器一样被动，原有的才华也不能发挥出来，原本能做好的事也会变得一团糟。

自我价值一旦得到体现，下属们的成就感也便得到满足。胡雪岩深知每一个人都希望获得别人的肯定，都希望自己可以有所作为。虽然钱庄里的伙计所做的事情无外乎跑街收账等琐事，但他们也一样渴望体现出自己的重要性。只有放手让他们体现自己的价值，才能让他们得到成就感，获得心理满足。越是有才华的人，越渴望展现自己的才能，只有领导者放手，他才能全力施展；而若对他束缚，只能让他对这个环境越来越抗拒，最后因为得不到成就感的满足而离开。

虽然胡雪岩自己有着精明的大脑和卓越的商业才华，可是他也明白仅凭一己之力所能做的事毕竟有限，所以他很需要让别人来帮自己做事。对于下属，首先需要提供的就是信任，有了信任他们才能好好地担负起责任。而事必躬亲不仅会害了所用之人，也会害了自己的事业。尊重下属，用人不疑，将他们都当作值得信任的人，他就会带来你所期待的结果。

8.5 重君子，远小人

能够得到才华出众的人来为自己工作，是所有雇主都期望的事情。可如果一个人才华出众而品质低劣，那这个人带来的就不是帮助而是毁灭。在选择用人的过程中，不仅要考虑一个人的“才”，更应该注重他的“德”，一个可靠的人可以成为领导者的有力臂膀，而一个品行恶劣的人则会将事业的大船引进巨浪之下。

胡雪岩在选择所用的人时，对于人品非常注重。他一向认为，一个人身上有一些无关紧要的小毛病，是值得包容与原谅的，可一个人品德败坏，那就不可原谅，甚至不能接近。

在收拢刘不才和陈世龙的时候，胡雪岩一早便知道这两个人都嗜赌如命，是别人眼中不成材的人，可是他却看到这两人固然好赌，却不会通过低贱的手段去赌。陈世龙虽然是一个混混，却不会去偷抢；刘不才因为赌博将家业都葬送了，可他不管如何潦倒都不会出卖祖传的制药秘方。胡雪岩认为，只要人品端正，那些小毛病终究会得到改正。

能否选择正确的人来协助自己，关乎事业的成败；一个人的才能缺失，可以通过培养来提升，尽管所起到的作用有限，但不会影响事情发展；而一个人的品质不佳，则有可能影响到用人者的前途。对于小人的不查，是对用人者最大的伤害，放纵一个品行低劣的人就是为自己的事业和前途埋下隐患。

对人品的重视让胡雪岩选择用人时非常谨慎，他曾经说过：小人会毁了自己辛辛苦苦打下的家业。因此，在他漫长的经商生涯中，胡雪岩时刻都在提醒自己远离小人。

创建胡庆余堂之初，胡雪岩非常需要一位懂药房生意的总管。因为此时的胡雪岩已经拥有了庞大的身家财产，他的生丝、军火、钱庄等生意都进行得非常顺利，一时繁盛如烈火烹油，所以根本就不在意能在药店方面赚多少钱。胡雪岩开办药方的初衷，就是为了济世救人，要百姓都能用到高品质的药。因此所选择的药房总管就不能只是想着赚钱，更要帮他实现慈善的社会目的。

药房还未开张，各种来应征的人便蜂拥而至，他们纷纷表示自己能为胡雪岩赚到多少钱，不出几年就可以让他赢利十多万两。其中有一些人是药房行当之中才华突出的总管，已经有不错的行业口碑，而胡雪岩却一直笑而不语，迟迟不愿做决定。他希望所选择的人不仅要熟悉行业，更关键是要对药品质量监管非常严格，绝对不让低劣的药材流向市场；这个人也不能只想着赚钱，更要有慈悲的胸怀，真正有做药人的良心。至于如何扩大经营、提高利润，则都是在此基础之上的作为，胡雪岩并不太关心。

拒绝了很多人后，大家都摸不透胡雪岩的心思，他自己也为找不到一个合适的人而心烦意乱。就在此时，有人向胡雪岩推荐了松江余天成药号的总管余修初，据说此人不仅做事认真，上进心强，更立志要在药行之中打出一番天地，救死扶伤，让更多人受益。但无奈他出身穷苦，根本没有太多的实力去实现这一目标。

听闻了中间人的介绍之后，胡雪岩非常高兴，为了进一步确认这个人是否是自己所需要的总管人才，他决定亲自去考察一番。

当胡雪岩来到松江见到余修初，两个人很快便一见如故。胡雪岩不问他如何提高药店效益，也不问他多久可以让自己回本，只是询问余修初想怎么做好一个药房。而余修初回答：保证药品的质量是重中之重，只有药品品质过关，才是让一所药房能长期发展的基础，才能为病人提供最有用的药材。为了达到这一目的，就必须建立自己的药厂，进而扩建药号和药市，形成一条龙的药业体系，让那些奸商无法插足。

余修初这一回答令胡雪岩非常满意，因为他从中看到余修初是在秉持做药人的良心在做事。没过多久，胡雪岩就决定请他担任胡庆余堂的总管，帮助自己实现济世救人的愿望。在余修初正式接手前，胡雪岩再三强调了自己开药店的宗旨，即不以赚钱为目的，只为救治病人，让更多的人得到更好的药。

在杭州一带已经小有名气的余修初很快便走马上任，成为胡庆余堂的第一任掌柜，他不仅精通药材，对于药品质量要求严格，而且人品正派。在他的努力之下，胡庆余堂很快就赢得了口碑，成为南方药行中的一块金字招牌。没出几年，就和北京同仁堂成为南北双雄，傲视药房行业。

一个优秀的经营者总是将对人品的考察放在第一位，对于小人绝不纵容与姑息。因为他明白一个忠实可靠的人，能助他尽快完成理想，而一个小人则会让他万劫不复。在看待一个人的时候，胡雪岩总是以博大的胸怀来包容对方的不足。金无足赤，人无完人，是他常常说的一句话。他不要求自己的下属是一个全面的人才，也不强求他事事精通，他最注重的是下属是否人品正派，道德完善，能够忠于职责。因此在他的身边聚集的人，往往对他忠心耿耿，做事也踏踏实实，总是不遗余力地促进着胡雪岩事业的发展。

8.6 做一个得道多助的人

要想做出一番大事业，单凭一己之力难以做到，需要有大量的人才做资源做支持。如何能够吸引别人来投到自己门下，为自己效力，是每一个追寻人才的领导者思虑的问题。胡雪岩的生意遍布五湖四海，涉及多个行业，他需要更多人来为自己做事，光靠自己寻访和朋友推荐远远不足。让那些投靠自己的人心甘情愿地为自己工作，忠贞不移地贡献出自己的才华，就更需要费足心思。而胡雪岩却做到了这一点，他所使用的手段也非常耐人寻味。

在挖掘人才的过程之中，胡雪岩可谓尽心竭力。可是就算他是一个精明的商人，也不是一开始就懂得怎么用人，那些有才能的人更不是一开始就纷纷来投靠。胡雪岩所掌握的看人、用人的技巧，也是在寻找人才的过程之中慢慢摸索到的。在商场之中打拼多年，胡雪岩通过自己的积累，逐渐形成了一套发现人才、招募人才、使用人才的方法，令他可以网罗更多的人才，为自己服务。

虽然对刘不才、陈世龙等人的挖掘上，胡雪岩显露出了非一般的眼光和智慧，这些人也都回报给他出乎意料的好处。但胡雪岩并非总是这么成功，他也曾经有看走眼的时候。

在湖州开办丝行之后，胡雪岩需要一个得力的总管来为自己打理湖州的店铺。经过朋友推荐和自己考察，他看中一个叫黄仪的总管。此人为人精明能干，并且精通生丝生意。因为在湖州停留时间较短，来不及仔细观察，胡雪岩就任命他做了总管，自己匆忙去做别的事情了。

经过一段时间之后，胡雪岩问及湖州的丝行，发现很多人对黄仪有怨言，连在湖州做事多年的老张和陈世龙，也纷纷抱怨无法与黄仪好好相处。这引起了胡雪岩的注意，他耐心地观察了黄仪的做事方法，发现他虽然精通生丝贸易，可是能力却有限，一些比较大的客商总是被别人抢走。最重要的是，黄仪根本不愿听从别人的建议，就算老张这种在湖州丝行多年的老伙计，他都不放在眼里，凡事都是按照自己的想法去做。如果有人稍有怨言，还会引来他的重责。这种心胸狭窄且办事专横的态度令胡雪岩非常失望。

按照生意人的一般想法，如果请的人不能胜任自己的职责，将生意推向好的发展，自然要请他离开，以免耽误生意。但胡雪岩向来不愿意这么做，他认为每一个人都有自己的长处，自己当初选择了这个人，也肯定是由于他身上有闪光点。就算是对方不能胜任自己安排的工作，也一定可以找到适合他的岗位。因此，胡雪岩决定将黄仪从湖州带出来，让他跟在自己的身边，另外安排事情给他做，至于丝行的总管，则要另请高明之人了。可是黄仪究竟可以做些什么事呢？这又让他大伤脑筋。

正当胡雪岩为黄仪的安排而烦恼时，巧遇了曾经因王有龄而结识的嵇鹤龄。此人博览群书，是一个颇具才华的读书人，曾经落魄不堪，但因解决新城之乱有功，被提拔为浙江海运局总办。和胡雪岩互相赏识的嵇鹤龄曾与其结义为兄弟，当看到胡雪岩为此事伤神，他便讲了两个故事给他听。

嵇鹤龄所讲的第一个故事便是《战国策　燕策》中的《千金市骨》：

曾经有君王欲求千里马，斥重金却求之不得。后来有人称自己可以找到千里马，三个月后却用五百两黄金买了一颗死去的千里马马首回来。君王大怒，而此人却说："您肯用五百两黄金买一匹死去的千里马，又何愁得不到活的千里马呢？"果不其然，很快四面八方的人就听说了这个消息，并为他送来了数匹千里马。

嵇鹤龄所讲的第二个故事是《孟尝君传》中的"鸡鸣狗盗"。他告诉胡雪岩，孟尝君的门下有很多闲人门客，个个都有出众的才华，但有一些的技能则很平凡，不过会学学鸡叫、装狗行窃而已。但正是这样的人，却在孟尝君逃难时发挥了本领，救其脱离险境。

这两个故事给了胡雪岩很大的启示，他认识到自己所用的人并非没有用处，他们长期无所贡献，也许是因为没有处在正确的位置上，只要让他们处于擅长的位置，他们就能起到出其不意的作用。而嵇鹤龄还告诉他，扬州的盐商都喜欢养"闲人"，他们正是通过这种方式网络人才，就连"闲人"他们都能提供那么好的待遇，又何愁有才华的人不会投奔他们而来呢？胡雪岩听了，顿时豁然开朗。

回到湖州之后，胡雪岩没有将黄仪开除，而是利用他为人精明、文字功底不错的优点，让他在自己身边做一个文书，虽然是一个闲职，却也做到了人尽其用。对于湖州丝行总管这一职位，通过细致考察之后，他又找到了一个合适的人选。通过这些举措，黄仪更加尽心地为胡雪岩工作，发挥自己的专长跟随在他身边。而胡雪岩善待属下的名声也逐渐传开来，人人都知道他"肯用人"，更多的丝行人才都开始投奔他而来。

吸引人才不仅是要通过提供高薪待遇，从物质上令其忠于职守。更要靠用人者肯用人的名声，来让人才主动投奔，并且心甘情愿为其效劳。当慕名而来的人越来越多，来投奔的人都肯安心做事，用人者的事业就必然会蓬勃发展。

第九章

把握人脉，疏通成功路上的淤泥

要想在通往成功的道路上勇往直前，走得顺畅轻松，光靠个人的能力显然不够。一个人的能量毕竟有限，但若能获得贵人相助，则往往可以使能量倍增。贵人不会从天而降，需要我们用心发掘，人脉的建设不比完成一单生意来得轻松，在一定程度上：人脉是取得成功的重要条件。因此，为自己找到稳固的靠山，织造严密的关系网，就是每一个希望获得成功的人必修的科目。人脉的宽广程度直接影响着事业的宽广和长久，建立自己的人脉就是建立更稳固的将来。

9.1 贵人关系网

要想在某个领域中取得突出的成绩，人脉的建立是非常重要的。只有建立了自己的关系网，才能在做事时得心应手、左右逢源。如果做什么事都磕磕绊绊，不仅会降低做事效率，而且还会加大失败的风险。因此，国人向来很重视培养“朋友”。常常会听到有人说，在家靠父母，出门靠朋友，只有得到“朋友”的帮助，做起事来才可以如虎添翼。

纵观那些获得成就的人，他们都非常善于结交对自己有用的人，不管走到哪里都有用得着的朋友。他们的足迹到哪儿都能与人打成一片，形成稳固的关系，因此也就处处都有贵人提携和帮助。这一点在胡雪岩身上表现尤为突出。他是一个非常善于交际的人，不管是通过真诚还是银子，他都能得到一大批人的支持，从而建立了广泛的交际网络，这些网络中的每一个人，都有可能是促使他获得成功的贵人。

想要建立一个庞大的商业帝国，胡雪岩明白仅仅依靠自己的拼搏努力是不够的，还要有贵人为他打开方便之门，助他渡过难关，这样才能保证这座大厦不会倾覆。为了让自己的生意走得更稳更快，胡雪岩一直都在用心地发现贵人，结交贵人。而他建立这张贵人关系网的方式也是多种多样，灵活多变的。

在年轻的时候，胡雪岩便敏锐地发现了因家道中落无钱捐到实缺的王有龄，他大胆地将收账拿到的五百两银子借给了他，让王有龄得到了浙江海运局坐办的差事。在王有龄看来，胡雪岩是自己的贵人，没有他的慷慨资助，也许自己只能在怨叹之中度过余生，更别提后来可以做到浙江巡抚。而对于胡雪岩来说，对王有龄的投资却为自己找到了第一个贵人，通过王有龄在官场之中的权力与关系，阜康钱庄开始飞速发展，让胡雪岩挖到了人生的第一桶金。

能够得到贵人的提携，看似是一种运气，但实际上却是与胡雪岩的精明和智慧分不开的。如果没有用心的经营，又怎么能得到一个对自己有如此助益的贵人呢！

胡雪岩结交朋友，为自己编织贵人关系网时，不分阶层与行业，只要对自己有帮助的人，他都会用心与之交往。除王有龄外，胡雪岩的一生之中，很多对他助益良多的人都是胡雪岩主动结交得来的。不管是在感情还是金钱上，胡雪岩对这些人都进行了针对性的投资，而他也得到了丰厚的回报。

在王有龄遇到漕帮为难的时候，胡雪岩竭尽全力为他提供帮助，因此而认识了漕帮的头领魏老爷子及大哥尤五等江湖朋友。既帮助王有龄和魏老爷子化解了矛盾，又为自己找到漕运领域的朋友。

在去湖州开设丝行的时候，胡雪岩又结识了老张和陈世龙等社会底层的朋友，即为他们解决了生活难题，又令自己的丝行生意得到了忠诚的帮手。在王有龄征粮遇到新城县民变时，胡雪岩又伸出援手，认识了嵇鹤龄与裘丰言两位学识渊博的读书人。既化解了王有龄的难题，让嵇鹤龄因此建立功勋而获得提拔，又让自己在以后的日子里能不断得到他们的点拨。

在去上海做生丝生意时，胡雪岩又结交了丝商霸主庞二；跟左宗棠会面，他又得到了朝廷大员的青睐；去京城，他又认识了旗人权贵宝森；为人办一次存款，他便结交到生死不忘的绿营军军官罗尚德。在这张贵人关系网中，有贩夫走卒，有商界英豪，也有官员权贵；有从政的，有从商的，也有读书人，可以说包罗万象。

在胡雪岩打算去上海做洋人的生意时，他认识了在洋行里做事的古应春。当发现自己与洋人打交道经验不足时，胡雪岩敏锐地感到古应春应该可以帮自己这个忙。所以他殷勤地与古应春进行了几次谈话，了解了他的才能和品行之后，果断决定聘请他作为自己的帮手。这不仅让他在销洋庄生意上得到了一条有力的臂膀，更让他在以后的岁月里得到了一个可以生死相托的朋友。

如果胡雪岩与古应春的交往仅仅以商务目的为考量标准，他们便只能是老板与雇员的关系，而不会成为朋友，古应春更不会在以后的日子里甘愿为其赴汤蹈火。这一点不止是在古应春身上有所体现，所有处于胡雪岩贵人关系网中的人，似乎都与他形成了稳固的朋友关系，这让他在遇到难题的时候，总是能得到最大限度的帮助。

能让关系网中的人对自己如此忠诚与眷顾，正是因为胡雪岩自己也付出了真诚，他以情义来打动每一个人，也因此获得了别人对他的深情厚谊。

在王有龄任职浙江海运局期间，为朝廷运送粮米的船只曾经遭到漕帮的廖化生派人焚毁，致使王有龄面临着不能完成任务会被免职的危险。而当巡抚衙门打算发兵剿灭这群劫持官粮的匪类时，胡雪岩却主动请缨前去招抚他们。见到廖化生后，胡雪岩首先奉上了丰厚的礼品，而且还有十万两银子的银票，争取到与他平和交谈的机会。然后，他又拿出巡抚打算递交给朝廷请兵剿灭廖化生的密信，让他知道自己目前的处境。

对于廖化生的所为，胡雪岩深深地表示理解，认为是朝廷不为百姓生计考虑，才会逼得百姓与朝廷作对；对廖化生的处境，胡雪岩也表示非常同情，并且还主动表示愿意帮助廖化生。如此一来，廖化生的抵触情绪完全被化解，而且对胡雪岩充满了感激。他不仅解决了漕帮的吃饭问题，还为自己将来需要漕帮的时候，做好了铺垫，使廖化生成了胡雪岩关系网中的一员。

以情义动人，别人自然也会对你留情面，而贵人可能也就因此产生。朋友和贵人，就像胡雪岩前进道路上的铺路石，让他能够不断向前，帮助他不断取得成功。胡雪岩也正因为有了这张关系网的相助，才能得到如此成就。

9.2 找靠山

商海之中波诡云谲，为了能够获得更大的竞争力，让自己可以扛得住更大的风浪，获得更多的利益，商人们总是无所不用其极。如果能够找到一座强有力的靠山，增加自身的实力，开拓新的业务范围，就会事半功倍。胡雪岩之所以认识到这一点，是与当时的社会环境有一定关系的，同时也是他商业智慧的集中体现。

在当时的时代，商人的社会地位较低。这并不难理解，在一个以农业经济为主的国家，农业始终是国家的基础，而商业则被视为周边产业，因而得不到应有的重视。但清末的社会又有它的时代特殊性：当时，绵延千年的封建制度逐渐受到冲击，越来越多的新思潮开始萌生并发展；洋人也在不断叩击中国的大门，为中国社会带来了强烈的变革。社会发生巨变的时候，也是人们的观念进行改变的时刻，胡雪岩身处这样的环境之中，既要考虑到传统的社会形态，又要适应全新的改变。

封建社会的制度对于商人的漠视使经商行为受到了很大程度的限

制，任何一个手握权力的官员衙役，都能对他们形成阻力。商人们面对这种情况，或者逃避，或者主动出击为自己寻找靠山，寻求荫庇。胡雪岩正是主动出击的人，他不会忍受官员的盘剥，而是通过找到一座有力的靠山，扫除自己生意道路上的阻碍。

在胡雪岩早期做钱庄跑街伙计的时候，就经常可以接触到一些当官的人或者想当官的人。通过对这些人言谈的分析，聪明的胡雪岩很快就认识到了官场人的一些习性：他们通过结交权贵来提升自己，让大官僚的势力为自己铺路。因此，胡雪岩很早就明白：如果能得到一个官场靠山，就意味着自己在生意道路上可以降低风险并获得更多的机会。

胡雪岩为自己所寻找到的第一座靠山便是王有龄，他帮助王有龄补到实缺，而王有龄则回馈给他一个发达的机会。因为有了王有龄这座官场上声誉不错的靠山，胡雪岩的生意也开展得很顺利，从一个跑街的伙计变成了钱庄的老板，实力也不断地壮大起来。

随着王有龄的升迁，胡雪岩发现自己未来的道路也越来越宽广了。朝廷的粮食采办，团练的经费和军火费用，还有地方的厘捐等，都源源不断地流向了胡雪岩的钱庄，让他从中大赚一笔。而得到这一切他并没有花费多少力气。

从王有龄身上得到的好处越多，胡雪岩对于靠山的理解就越深刻。一个好的靠山，不费吹灰之力就可以让他的事业发展壮大，并增加他在商场中的竞争力。因此，要想让自己的生意蓬勃发展，找到一个坚强的商场靠山是最明智最省力也是最有效的选择。

寻找靠山也要讲究方法。胡雪岩能够找到王有龄，是一次成功的投资，他在王有龄最落魄时候施加援手，换来了王有龄源源不断的回报。而在此后的日子里，胡雪岩就像最贴心的朋友一样，为王有龄打点官场、生活中的事务。他不仅帮助王有龄解决漕运和征粮难题，还对他的家人关怀备至，令王有龄少了许多牵挂。

胡雪岩的另一个靠山何桂清则与王有龄不同，他与胡雪岩没有任何的关系，他们之间也没有什么旧交情。何桂清是王有龄家道还不错时的一个伴读，但后来飞黄腾达，提携了王有龄。胡雪岩想要找到他做靠山，就必须寻找不同于王有龄的方式。为了能够得到何桂清的青睐，胡雪岩确实投入了很多。在一次帮助何桂清升迁的过程中，他一次性就送出去一万五千两银子；而为了讨得何桂清的欢心，胡雪岩还曾经将自己最喜欢的妾室转赠给他。

但无论如何，在何桂清身上的投入，也为胡雪岩换来丰厚的回报。何桂清在江浙任职期间，胡雪岩的商业活动在这里畅通无阻。因为有了官场靠山，胡雪岩的钱庄开始迅速向外扩张，发展速度远超其他靠传统方法经营的钱庄，使胡雪岩很快就称霸东南，并在全国范围内产生巨大影响，在商界占据了重要地位。

得到靠山的帮助固然可以一日千里地迅速发展，而一旦靠山发生意外，也会让依靠他的人随之倾覆。太平军围困杭州之后，何桂清和王有龄都受到了巨大影响，城破之日，二人以身殉职，胡雪岩瞬间失去了苦心经营多年的靠山。带着失去朋友的伤痛，他也急忙开始寻找新的靠山。而这一次，他找到的靠山更为稳固，他就是朝廷大员左宗棠。

左宗棠与王有龄、何桂清不同，他的身份地位更高，手中的权力也更大，要想以他做自己的靠山，获得他的青睐，就必须付出更多。胡雪岩曾经为左宗棠筹集粮饷、购置新式武器，还曾经帮他兴办船厂，向洋人筹借巨额贷款，这其中的每一项都是巨大的投资，而胡雪岩做起来也丝毫不敢懈怠。因为只有他这么做，左宗棠才能安心地平定叛乱，才能将洋务运动办得红火，才能名声大振，成就功名大业。

随着左宗棠在朝廷之中的地位不断提升，胡雪岩做事也越来越容易。他之所以仰赖左宗棠，不就是因为可以减少风险而增加安全系数吗？何况这些活动本身也是商业活动，虽然承担了一定的风险，但胡雪岩也从中赚取了利润。

得到坚实靠山的胡雪岩进入到真正飞速扩展的阶段，他的生意遍布全国，左宗棠还为他申请到红顶与黄马褂，得到了一个商人前所未有的荣耀，也为他穿上了前所未有的保护甲，皇帝的恩宠让胡雪岩在任何地

方都能畅通无阻，随着声望的提升，财富也自然源源不断地增加。

能够找到一座合适的靠山，不仅要有靠上他的能力，更要有选对他的眼光。胡雪岩的几座靠山对他来说，都是最适合的选择。“登高而招，臂非加长也，而见者远；顺风而呼，声非加疾也，而闻者彰。”伴随着靠山的力量，胡雪岩才能一步一步登上财富的顶峰，富甲一方，红极一时，让自己的事业获得巨大的成功。

9.3 多帮助别人

人处于社会之中，并不是一个单独的个体，很多事情都需要协作进行，互相帮助必不可少。当一个人身处困境的时候，如果你能够伸出援助之手，必然会得到无限感激。未来某一天，当你遇到难题，也自然会有人伸手帮忙。胡雪岩曾经说：“假如在人家困难的时候，帮着解了围，人家自然不会忘记，到时候利用手中的权势，行个方便，也是轻而易举的事。”所以，胡雪岩是一个最热衷于帮忙的人，在他的眼里见死不救是非常不道德的，会阻断自己的发展道路。胡雪岩所帮助的人不计其数，他自己也因此得到了很多人的帮助。

作为一名商人，所牵扯到的社会关系远比平常人复杂，不管是自己的靠山、朋友，还是合作伙伴，一旦遇到了困难，胡雪岩都不会坐视不理。隔岸观火从来都不是胡雪岩的作风，因为他深知自己处于关系网之中，任何人的损失都会连带着损害到其他人的利益，而如果别人可以获得很好的发展，也自然会给自己带来不错的回报。这种共存共荣的思想，让胡雪岩在帮助别人的时候不遗余力。

王有龄不仅是胡雪岩的靠山，更是他的朋友，因此在当他遇到难题的时候，胡雪岩更加义不容辞。在漕米事件之中，胡雪岩比对待自己的事情还要用心地帮王有龄解决难题，想尽办法让他走出困境。而在这个过程中，获利的不止是王有龄，还有他自己。因为帮助别人，胡雪岩也树立了自己的威望，拓宽了自己的道路。

在浙江海运局任职时，王有龄所担任的主要职责就是为政府运送公粮，这本是一件肥差，可是却因浙江遭遇大旱而成了一件难事。颗粒无收的百姓无法交出公粮，而旱情又使河道里的水变浅，船根本无法行驶，因此一直拖到九月还无法完成任务。

前任担任运送漕米任务的藩司，就因为无法完成任务最终自杀身亡。而现任藩司为了逃避责任，便以漕运已经改为海运为由，将这件事推给了王有龄，这让王有龄非常恐慌。能不能够按时地完成公粮任务，不仅直接影响到王有龄的仕途，而且还会关乎他的身家性命。

各地每年运送漕米公粮到京城，属于硬性任务，如果不能按时按量完成，当地负责的官员必然遭到灭顶之灾。因此，在王有龄遭遇这一难题后，原本交好的官场朋友由于担心受到牵连，纷纷疏离了他。

这的确是个难题。浙江大旱导致农田没有收成，漕米欠了三十万石，数额巨大。而且由于漕运改海运损害了漕帮的利益，就算收齐了三十万石粮食，要想让他们给运送到海上恐怕也是不可能的。

一筹莫展的王有龄只好向胡雪岩求助，希望他能给自己想想办法。胡雪岩自然不会袖手旁观，他通过仔细分析当时局势，为王有龄想了个就地买米的办法。

多年来承担漕米任务的官员，所采用的方法都是在浙江采集公粮，然后运到京城去上缴。久而久之，便形成了固定思维，认为只能在当地采办，浙江遭遇旱灾就让他们手足无措。但胡雪岩作为一个商人，有着精明的头脑，在他看来只要能够完成任务就好，不用在意米是在哪里采办的。浙江没有米，就去别的地方采办，只要交齐了公粮，就可以完成任务了。

在胡雪岩的灵活指点之下，王有龄恍然大悟，他急忙亲自赶赴上海，采办了三十万石公粮，顺利完成了任务。而此外，他还按照胡雪岩的指点，给浙江巡抚黄宗汉的老家送去了两万两白银。这一举动获得了黄宗汉的好感，从此对王有龄另眼相看，并很快就让他补了湖州知府的实缺。

顺利交差并因祸得福的王有龄非常感叹，如果没有胡雪岩及时帮忙，也许他早就被旱灾给逼到绝境了。而胡雪岩却只是笑着说："朋友有难，我又怎么能坐视不理呢？帮了你，也是帮我自己。"王有龄深感自己不能缺少胡雪岩，一再邀请他一同前往湖州，而此去湖州也让胡雪岩开辟了生丝生意，为他带来事业上的又一次腾飞。

在别人都躲避涉入险境的朋友时，胡雪岩并没有怕被连累，而是充分地发挥了自己的聪明才智，帮助王有龄渡过了难关，巩固了他在官场的地位和声誉。因为胡雪岩深知自己和王有龄同处在一条船上，一荣俱荣，一损俱损。帮助朋友也是帮助自己，让王有龄春风得意，也是让胡雪岩飞黄腾达的契机。

9.4 投其所好，察言观色

人的一大特质便是心理活动极其丰富，很多人心里所想的并不会放在表面上，这种现象尤其以国人为最。中国人说话做事从来都讲究留白，不愿意说得太直接，往往会留下一部分意思让对方猜测。要想准确地了解一个人的心理活动，就必须观察他的动作和语言中的每一个细节，这并不是人人都具备的本事。

善于观察和揣摩人心，能够在细微之处看到关键，从而赢得机遇，做到别人无法做到的事，这是一种高超的交际技巧。在官场之中的人，掌握了这些技巧，就能把官做稳做大；而商场之中的人掌握了这些技巧，就能让自己的生意蓬勃发展。胡雪岩正是一个非常善于揣摩别人心思的人，他能准确地掌握别人不显露的信息，通过察言观色了解对方内心真实的想法，并给予恰当的回应，从而达到自己的目的。这也是胡雪岩多年来与官场、商场之中的人打交道如鱼得水的诀窍。

为了筹集资助左宗棠西征的粮饷费用，胡雪岩需要朝廷同意让他代表政府向洋人借款三百多万两银子的外债。1881 年 4 月，即光绪七年，他来到北京疏通这一关系，拜会了总理各国事务衙门大臣官鋆。按照当时清廷的腐败风气，胡雪岩深知要想攻破这一关，就必须用银子来打通关节。但官鋆身居高位，还同时兼任着户部尚书，一手抓着清政府的财政与外交大权，不是什么人来送钱他都会收的。

胡雪岩到了京城之后，并没有急着去拜访官鋆，而是通过熟人的关系到处去打探官鋆的为人和喜好。通过了解他的特点，来寻找适合这个人的结交方式。当他了解到官鋆是一个非常好面子的人时，便知道这件事的难度又增加了不少。但胡雪岩并没有就此放弃，他必须让好面子的官鋆接受他所赠送的白银。

北京琉璃厂是一个古玩字画集中的地方，有很多权贵经常光顾这里，购置自己想要的古董文玩。而其中有一些人，并不是来买东西，却是卖东西。因权贵经常收礼，有时需要将一些礼品变成银子，便会通过琉璃厂的店家将物品售出。胡雪岩在逛到这个地方之后，忽然想到官鋆也是一个很喜欢字画古玩的人，他必然也是这里的常客，如果自己可以结合他的喜好来送礼，就一定能打通这个关节。

想好办法之后，胡雪岩便到官鋆府上拜访。因为听闻胡雪岩与左宗棠关系不一般，所以官鋆非常客气地接待了胡雪岩，两个人交谈时，胡雪岩感到官鋆虽然言辞之间对官场贿赂成风的现象加以谴责，但却并不严厉，只是点到即止，这说明要送礼并非没有希望。而他对官鋆书房所悬挂的一幅山水画也格外留心地记了下来。

初次拜访之后，胡雪岩找到琉璃厂的店家，点名要买一幅山水画，并且告诉店家这幅画现在悬挂在户部尚书官鋆的书房里，如果能帮他找来，必然重重酬谢。这家店的老板因为出售古董而与官鋆多有来往，见有利可图，便很快找到官鋆，将有人重金买画的事告诉了他，并拿到了官鋆书房的山水画。

当胡雪岩看到那幅画，大喜过望，将三万两白银交给店家，让他支付官鋆作为画钱，又另外给了他不少的好处费。

几天之后，胡雪岩再次来拜访官鋆，声称因为知道官鋆喜欢书画，因此特地购置了一幅精品，希望赠予他。权贵都喜欢附庸风雅，而书画馈赠算是朋友之间的往来，算不得贿赂，所以官鋆很愉快地接受了这一礼物。当他打开画轴，看到这幅熟悉的画时，心里已经非常清楚这是怎么一回事了。

胡雪岩并没有直接送上三万两白银，因为这种方式只会让官鋆感到为难，为了避嫌也许会将他拒之门外。而他通过对官鋆的观察，发现他喜欢书画，便找准这一特点作为突破口，通过琉璃厂古董店来送上银子。当官鋆看到自己卖出去的画又回到了自己的手中，便明白用三万两银子的高价收购这幅画的必然是胡雪岩，而他送给自己的礼物却只是一幅雅致的书画而已，并没有任何的银两在两人之间出现。此举既让官鋆的脸面保全，又让他得到了真正的实惠，此两全其美的做法让官鋆心中暗暗赞叹。

收到了胡雪岩所赠送的“书画”之后，官鋆果然非常高兴，在朝堂之上极力为其美言，拼命强调让胡雪岩以政府名义借洋款的好处，最终促成了胡雪岩向洋人贷款，资助左宗棠西征。

善于察言观色，是一个商人重要的素质，通过猜察别人的心思了解对方的目的，并投其所好，不仅可以对付官场之中的贪婪者，更可以在生意场上得心应手，让自己的事业蒸蒸日上。胡雪岩曾经说过，能猜察别人心里的想法，且善于投人所好，正是我做生意的一大奥妙。他正是通过细腻的观察和准确的投资，从而步步为营，抓住了在别人不能企及的机遇。

晚清时代的官员，眼睛都盯着银子，胡雪岩正是因为明确了解这一点，才能在权力场中游刃有余，当别人有需求时，他总能投其所好，做到百发百中。

曾经在浙江任藩司的麟桂被调离到江宁任职，但在他离任时，还有两万多两银子的亏空没有得到填补，如果贸然离去必然会埋下隐患。为了筹集银子，麟桂让亲信找到胡雪岩，希望他能帮其垫付。而胡雪岩也爽快地一口应承下来，立刻为麟桂解决了这个难题。

得知这一消息之后，麟桂认为胡雪岩“有肝胆”“够朋友”，让胡雪岩有什么难事一定找他解决，趁自己还没有离开浙江，想要帮胡雪岩做一些事。而胡雪岩却没有提任何回报要求，只是希望麟桂到江宁之后，指定自己的阜康钱庄来代理浙江与江宁之间的公款来往。这对于麟桂来说，只是举手之劳，而胡雪岩却从中得到了无限好处。

投其所好需要根据对方的需求来判断自己的策略，这就必须首先了解对方的心里在想什么。胡雪岩虽然不在官场，但他却很了解官场中人的心理活动。能够准确判断对方的意愿，让胡雪岩每次都能高效地达到目的，也让他的事业发展愈发稳健。

9.5 拍马屁也是学问

要想在商场之中把握人脉，不仅要善于察言观色，投其所好，为自己建立全面稳固的关系网，对于自己的言谈举止也要有严格的规范。语言作为人与人交流的工具，具有承载含义的特点，它可以传达一个人内心的感受，以及对别人的看法。因为语言使用的不同，而来带不同结果的例子不胜枚举。善于使用语言的人，可以让别人感受到愉悦，可以让事情变得顺畅，在任何场合之中都会受到欢迎。

在与人交往的过程中，人们为了取悦别人，总会选择说一些好听的话，俗称“拍马屁”。这种带有贬义的叫法也说明了语言使用的一大特点：好的语言如同快马加鞭，可以让人尽快达到目的。胡雪岩对于语言的运用极为纯熟，他的精明能通过语言得到体现，这也说明他具备高超的情商和语言天赋，相同的话从他嘴里说出来就很容易让人接受。

针对不同的人，要有不同的语言风格。对于胡雪岩来说，他所接触的人中混迹官场手握大权者众多，所以更要注意自己的语言尺度，避免说出触犯别人的话。而胡雪岩作为一个语言高手，也确实做到了这一点，不仅让那些达官贵人都喜欢听他讲话，而且乐于接受他的提议。

善于交际的胡雪岩所遇到的最大贵人便是左宗棠，为了这条人脉，胡雪岩付出了很多，不止是钱财，更包括他的心思。左宗棠的暴躁脾气是出了名的，他不喜欢听人用一番空话来奉承自己，对于谄媚更深恶痛绝。而当胡雪岩与他交往的时候，却总能让左大人心情愉悦，因为他能够掌握语言的尺度，没有谄媚之嫌，却句句都能拍在“马屁”上。

在左宗棠调任陕甘总督时，奉命要出关西征，胡雪岩帮其向洋人的银行借到一笔军饷。在最后签字的时候，有泰来洋行和汇丰洋行的代表一起登门，左宗棠对此表示不解。若是用平常人的语言去解答，必然会显得左宗棠不了解情况，让他面上无光。而胡雪岩却非常巧妙地既回答了问题，又让左宗棠非常高兴。他告诉左宗棠，汇丰在洋商之中地位卓然，是他们的领袖。虽然我们借款是找的泰来洋行，但如果有了汇丰出面，事情办起来就顺利很多，款子调度起来也才容易。这就好比此次赴陕甘的还有刘钦差与杨制台，可是让他们去筹备粮饷非常不容易，而如果左大人出面，登高一呼就必然会应者云集，是一样的道理。

这一番深入浅出的解答，让左宗棠很快明白了为什么需要第三者的加入，也让他感到非常受用，从心里到脸上都泛开了笑意，接下来与洋商的谈判也就进行得非常顺利。

在与别人交际的时候，胡雪岩还非常注意给别人留面子，就算很多事情别人都是冲着他的面子来，他也会非常谦虚地将这个荣耀留给别人。让他人脸上有光，自然可以使其心情愉悦，说起事情来也就非常痛快。自己不图那些虚名，而得到的却是真真切切的实惠。

向洋人的银行借款时，他们为了防止风险，往往要求中国海关出具税票，保证借款可以按时偿还。而胡雪岩作为商贾大户，在洋人眼中地位非同凡响，具有很好的信誉度，所以他们根本不担心胡雪岩会欠款不还，因此也就不严格要求税票。

虽然这是冲着“胡财神”的面子才有的优待，而胡雪岩却丝毫不提，当左宗棠问起时，他才说：“只需要‘陕甘总督部堂’的关防出票就可以了，海关的税票全都免了。”左宗棠听了非常满意，一边点头一边说：

"看来我这个陕甘总督的关防也算是值点钱。"

胡雪岩却在一边补充说："陕西和甘肃等地，向来都是最穷最偏僻的地方，洋人们其实都不晓得这些地方都在哪里。可是今时不同往日，现在人人都知道陕甘有一个左爵爷。大人的威名四海皆知，洋人们也都心生畏怯。所以现在陕甘总督的关防要比直隶总督、两江总督都管用。"

左宗棠听了他的这一番解释，心里更加舒坦。而胡雪岩还觉得不过瘾，对身边的古应春说："你去问一问洋人，李鸿章想借款的话，他们认不认直隶总督衙门的印票。"

不一会儿，古应春便来回话说："洋人都说光是直隶总督的印票不够，还是要海关的税票才行。"

因李鸿章和左宗棠在朝廷之上实力相当，两人分担北洋大臣和南洋大臣，经常会明争暗斗。胡雪岩知道左宗棠对于李鸿章很看不惯，而对于自己能否胜过李鸿章非常在意。所以才让古应春专门演了一出"李鸿章也不管用，左宗棠最管用"的戏码，让左宗棠以为自己比李鸿章更值得信任因此心花怒放。

除了口头的真诚恭维之外，胡雪岩还会在场面上时时为左宗棠做足，让他脸上有光。所有这些做法都是为了赢得左宗棠的欢心，让这个脾气火暴的左大人能为他所用。

正是因为掌握了这些与人相处的诀窍，胡雪岩每一次"拍马屁"都恰到好处，能取得预期的效果，让人既不觉得谄媚，又受用无比。对此，胡雪岩自己曾经总结说："出自真心的赞美，捧人捧得非常真诚，才能做到不露痕迹，使被捧的人特别高兴。"要让自己说的话中听，让自己办的事顺利，功夫全在他的这一番话中。

9.6 在人脉上的投资

要想让自己前进的步伐走得稳走得快，就必须建立人脉为自己护航。

人们都期待一个贵人的出现，是因为贵人可以帮其更快更顺利地达到目标。而贵人却不会凭空出现，要想在需要的时候可以得到别人的帮助，就必须提前经营，为自己建立人脉。这样才会在遇到难题的时候出现一位可令你逢凶化吉的贵人。

对于人脉的投资，胡雪岩向来非常重视，因为他知道自己行走商场与官场，到处都有各种关卡，要是没有人帮忙，光靠他一个人是万万不能实现目标的。所以，当胡雪岩一旦发现有人可以对自己提供帮助时，他就会不惜一切代价与其结交，将其纳入自己的人脉，为以后备用。

胡雪岩的人脉遍布各个领域、各个阶层，因此对于不同的人，他会施以不同的投资。

在湖州府衙门里有一位户房书办，名叫郁四，虽然这个人只是一个小吏，但却因为担任这个职务多年，不仅熟悉湖州的风土人情，而且在地方上还有很大的影响力。当胡雪岩跟随王有龄来湖州之后，很快就注意到了他。郁四手中所掌握的《鱼鳞册》，是官府征用粮钱的关键，如果胡雪岩想在以后代理湖州的府库银两来往，就必须通过他来实现。

虽然王有龄是新任的湖州知府，而胡雪岩又与他关系匪浅，但胡雪岩并没有凭借这层关系去压制郁四，而是真诚地与之交往。因为要想郁四真心实意地帮他的忙，就必须是他自己愿意，而不是依靠上级的命令。因此，胡雪岩很快便接近郁四，不仅和他成为朋友，还帮助郁四处理家里生活困难的问题，约定与他一起做生丝生意。

胡雪岩的生丝贸易业务在湖州起步之后，他邀请郁四与自己一起经营，两个人收购了湖州生丝运到上海销售给洋人，从中谋取了不少利润，而胡雪岩也非常慷慨地与郁四分成。虽然没有郁四的加入，胡雪岩自己也能办好湖州丝行，但他还是将所赚的钱分了一部分给郁四，作为自己在这条人脉上的投资。这些行为都深深打动了郁四，让他在湖州为胡雪岩大开方便之门，省去了他的后顾之忧。

在人脉挖掘上，胡雪岩向来尊奉投资有用的贵人原则。王有龄和何桂清在杭州城被太平军围困后殉职，导致胡雪岩的重要人脉断掉，为了重新开拓局面，他决定寻找新的靠山。

在最初，他注意到的是收复杭州有功的蒋方伯，此人在杭州被收复后坐镇一把手的位置，而胡雪岩只要能够拉拢他成为自己的人脉，就可以在以后获得无数便利。指挥蒋方伯军队平复太平军的左宗棠，虽然身居高位，但脾气暴躁异常，非常难以接近。

由此看来，蒋方伯天性纯良为人憨厚，更易于交往，胡雪岩也有很大把握可以将他培养成第二个王有龄，能与他建立深厚的友情，以后对自己言听计从。但是这一看法在胡雪岩去拜会蒋方伯前却忽然改变了。

在去拜会蒋方伯的路上，胡雪岩与为自己带路的一名都司亲切交谈。两人在路过左宗棠驻扎军队的安溪时，这名都司说："这位左大人脾气暴烈，部下没有一个人没被他骂过的。但他骂人的时候，你只要闭嘴不理，等他气消了再和他说，他就会对你另眼相看。"

这一番话让胡雪岩来了兴趣，这么看来左宗棠并不是一个特别难相处的人。于是，他又问：那左大人对蒋方伯怎么样？是不是有意提拔他来做自己的接替？谁知道都司却摇摇头说："左大人的眼里谁都看不上，他把自己当作诸葛亮一样，又怎么会让蒋大人做自己的替手呢？"

这一番交谈在胡雪岩的脑海中迅速形成了一个新的决定。他原本以为左宗棠与蒋方伯关系良好，而由于朝廷原定的浙江巡抚不能到任，很有可能蒋方伯会成为新的浙江巡抚。但现在看来，左宗棠根本就不看好蒋方伯，更不用说提拔他了。从蒋方伯本身的能力来看，做一省巡抚似乎远远不够，再得不到左宗棠的帮助，就更遥遥无期。如果自己投资蒋方伯作为自己的人脉，将来可发展的余地很有限。如果因为蒋方伯好接近而投资他，所得到的回报远远不及投资左宗棠来得多，既然都是投资，胡雪岩当然会选择可以产生最大收益的那位，就算那个人是脾气暴躁难伺候的左宗棠。

打定主意之后，胡雪岩很快就掉转马头，直奔安溪拜访左宗棠。在此后的几十年里，都证明胡雪岩当时的决定非常正确，正是因为他结识了这个不好接近的左宗棠，才让他的事业版图不断扩展，到达了顶峰。

对人脉的投资，也是对机遇的选择，投资对了可以帮助一个人扭转乾坤，从困境之中逃出死地；而一旦投资错误，不止会无功而返，还会引导他走向灭亡。要想能够取得逢凶化吉遇难呈祥的效果，就必须慎重选择，并全力做好投资，让人脉在你需要的时候起到真正强大的作用。

对于人脉投资的重要性胡雪岩曾经说过：有钱可用，还要有机会，还要看人。说明一个人光有钱远远不足，还应该努力挖掘机会，寻找自己的人脉，这样才是持久发展的大计。要想达到自己想要的目标，就要栽培属于自己的人脉，并且在栽培的过程之中舍得投资。舍得对自己有用的人脉进行投资，就是为自己创造可以兴旺发展的机遇。个人能力再强也是有限的，只有不断借助人脉的力量，才能让个人的能力得到更大限度的发挥，永葆事业兴旺发达。

第十章
名声要大，不愁无人问津

对搏击商海者而言，名声便是招牌，名声也是广告，是他的公众形象展示。拥有好的名声，便是打出一个好广告，让更多的人知晓并了解这个人，顺带也会支持他所经营的生意。胡雪岩对于自己名声的经营投入了不少气力，从一开始自立门户，他便为自己树立了实力超群的好形象，打出了招牌，赢得了喝彩，自然也就迎来了好名声，从而站稳了脚跟。因此，对名声所带来的好处，胡雪岩了如指掌。他不仅通过各种方式提升自己的知名度，还热心公益，努力博得功名，以红顶和黄马褂获得朝廷和百姓的信任，从而让自己的生意得到前所未有的竞争力。有了好名声，又何愁没有好生意呢！

10.1 名气响，生意旺

在商业社会之中，广告尤其盛行，是因为人们认识到了“名”与“利”之间的关系。具备一定的名声基础，可以招揽到潜在的客户，而如果不能将“名”送达到每个人的眼前，也就无从得“利”。中国古语常说，酒香不怕巷子深，就说明了对于名声的重视由来已久。

从一个跑街伙计起家的胡雪岩，在与客户接触的过程中对名声一事早有体会。当他去收账的时候，只需要亮出自家招牌，很多事都会好说好办。如果上门借贷的是一个名声在外的客商，老板也会格外优待。这让胡雪岩从小就认识到：名声不是虚无的，它也代表着一定的价值，在某些时候甚至可以用名声来换取价值。因此，当胡雪岩自立门户之后，对扩展自己的名声就非常重视，在他的经商过程之中凡是与生意有关的事，一直都保持着高调，力求让“胡雪岩”三个字成为响当当的招牌。

胡雪岩曾经说过：做事的第一步就是先要有名气，名气一响，生意就会热闹，财富也会滚滚而来。在他的意识里，名气与招牌是同样的，一块招牌只有当它有了名气才算是真正的招牌，如若不能让招牌具备一定的名气，便没有号召力，因此也会成为一件废物。所以，在开办阜康钱庄之初，胡雪岩便不放过任何一个扩大阜康影响力、为自己招揽名气的机会。

阜康钱庄开业后不久，虽然有王有龄大力支持的府库银两往来业务，但在钱庄行里并不算知名，实力也比不过其他几家老字号。胡雪岩一直都在思考怎么才能让阜康变得妇孺皆知，吸引储户们都投奔自己而来。而此时一个充满风险的机会也悄然出现在他面前。

清朝末年，由于统治者的腐败及连年战事，导致国库空虚、军费粮饷严重不足。为了缓解这一压力，朝廷决定由户部发行官票，类似于现在的国债。当时的官票可以作为银票上市流通，也可以直接拿到钱庄去兑换银子，在缴纳政府要求的税费时，还可以用来抵账。但这些不过是官票在刚开始发行的时候所起的作用，随着政府的没落，官票也越来越贬值，大家都担心拿到手的官票会变成一堆废纸。

在户部发行官票的时候，各家钱庄就要配合去认购，而这无疑就会引来风险。按照当时的政局，官票已经发行了不少，虽然上面明文写着“愿将官票兑换现银者，与银一律”，但如果现银不足就无异于一句空话。

得知这消息之后，胡雪岩所聘请的钱庄总管刘庆生觉得：风险过大，不宜认购。但因事关重大，便找到老板胡雪岩进行商议，希望可以观望一下局势再说。而出乎他的意料之外，胡雪岩却坚决地要斥巨资认购这批官票。

看到刘庆生对这个决定充满了疑惑，胡雪岩逐一对他说明了自己的考虑。他先告诉刘庆生：凡事都有两面，这件事虽然看上去钱庄在吃亏，但在其他方面我们肯定也有便宜可占。而目前各家钱庄的老板都在观望此事，小钱庄看着大钱庄，大钱庄互相打探彼此的底细，都不知道该认购多少。这都是因为大家只看到了此事的坏处，却没有看到这件事所能带来的好处。当前看来，似乎坏处居多，又要冒着大风险。当朝远处看，此事的好处也不少，尤其对于阜康钱庄来说，更是益处良多。

胡雪岩认为可以认购这批官票，主要是从两个方面进行了考虑：首先，官票是朝廷发行的，自己是一个生意人，如果连朝廷的命令都不执行，无异于自找死路，很难将事情做大。虽然现在看来，阜康钱庄开业不久，钱款还很紧张，要是斥资认购了这批官票，又有可能无法兑换，是弊大于利。但考虑到目前只是因为战事太多，国库紧张，朝廷才出此下策。一旦战事平稳，朝廷缓过气来了，自然会将这批官票兑换。如果能帮朝廷渡过这次难关，随之而来的百业兴旺自然也有利于钱庄行业，自己又何愁赚不到钱呢？

胡雪岩的这一考虑，不仅从本身的情况出发，而且超出了一个普通商人的视野，从一开始就眼观全局，认识到了国势变化对于自身的影响。可见胡雪岩并不是甘于做一个自给自足的小老板，他要的不是在杭州城里做一个小小的钱庄，关起门来自成一体，不理会外界的风云变幻，他想要的是外面更大的世界。

除了大局，胡雪岩想要认购的第二个理由便是从阜康钱庄当时的处境考虑：此次认购官票可以帮阜康扬名立万，在钱庄行里一举成名，引起大家的注意。

在当时杭州的各家钱庄里，心存犹豫的不止刘庆生一人，他的想法正代表了钱庄业很多总管的想法。因此，当官票认购的事通知下来，大家都不愿意第一个出手来接住这件“倒霉事”，纷纷想着看别人怎么做，自己再下手。但胡雪岩正是认准了这一点：只有财大气粗有实力的钱庄，才会在这个时候勇于出手。如果自己可以率先认购，必然会成为杭州钱庄的焦点，不管是同行、百姓还是衙门，都会对自己另眼相看。这表面上是一次认购官票的普通行为，但实际上所传达的信息非常丰富，可以霎时让自己站到杭州钱庄领军人物的位置上去。阜康的名声必然大涨，只要有了名气，接下来的很多事才好办。

按照胡雪岩的安排，刘庆生很快便以阜康的名义认购了大批的官票，这种替衙门解忧，替同行分忧的行为，果然赢得了各方的好感。胡雪岩被人们认为是临事不惧、值得倚重的生意人，杭州府衙对他深表好感。而因为胡雪岩的认购也引起了钱庄同行认购的风潮，大家不仅佩服胡雪岩的魄力，更佩服他的义气。

正是因为看到了当时阜康的处境，胡雪岩才会决定有此一搏，因为他知道只有阜康有了名气，才能让它在诸多的钱庄之中脱颖而出。虽然此次所要付出的代价有点大，但将来未必会亏本。而因为名声大盛，阜康的生意顿时就好了起来，很多储户都认为胡雪岩值得信任，纷纷投向阜康。由此看来，这真是一次绝佳的广告！

名气是一种无形的资产，具备着别的资产所无法比拟的价值，通过好好利用名声效果，可以换来超乎意料的收益。一个商号有了名气，客户就会慕名而来，生意自然也就旺起来了。

10.2 赔本赚吆喝

一个商号有了名气，自然就有了它的号召力，但有些时候，为了维持这种名气和号召力，就必须付出更多的投入，就算根本不会赚到收益，也要让名气得以维持。这不仅是面子的问题，更是经营的方法，赔本赚吆喝的精髓正在于此。

在胡雪岩晚年，由于遭到了竞争对手的打压，朝堂之上也有李鸿章等朝廷重臣对他极为不满，意图通过压制胡雪岩来打击左宗棠。从前一路顺遂的胡雪岩，遭遇了此生最大的难关，他的主业阜康钱庄在各地遭到了挤兑。因为竞争对手放出了阜康钱庄实力不济的风声，导致储户们都认为胡雪岩快要倒闭，存在阜康钱庄的钱可能拿不出来了。而在有人有组织地派人去催阜康兑换银票之后，这一风声更被无形中加强了，不明真相的储户纷纷登门要求兑换银票。从阜康在上海的门店开始，一时之间挤兑风潮就波及了全国。

胡雪岩从上海返回杭州之后，没料到挤兑之风这么快就波及了他的大本营。他还没来得及下船，就听说了人们疯狂拥挤在杭州阜康的门口，要求兑换现银的消息。这是对胡雪岩苦心经营多年的“胡财神”名号的挑战，让阜康上下都人心惶惶。

此时的胡雪岩虽然面对着来自四面八方的压力，但他知道要想稳定局势，就必须先扶正自己的名声，让储户们所受到的诱导得以纠正，使他们认识到胡雪岩并没有倒下，阜康钱庄还是原来的阜康钱庄，实力依旧不凡，值得大家信任。就像当初打出名声俘获大家的信任一样，这一次更要用名声来稳住民心，但现在的局势已经今非昔彼了，要想达到这一目的，需要付出的也就更多。

以往胡雪岩每次达到杭州时，胡家的仆役都会穿上簇新的“号褂子”，点起官衔灯笼，打起旗子，用一顶蓝呢大轿子将他送回府邸。这种张扬的架势往往会引来无数群众围观，纷纷赞叹胡雪岩事业成功，拥有的荣耀也非旁人可比。虽然这一次的局势变化是胡雪岩所遭遇到的最大危机，但他还是拒绝了管家低调返家的提议，依旧按照以往的阵势大张旗鼓，甚至要比从前更加张扬地一路坐在轿子里回家。

回到阜康钱庄，总管、挡手等人很快就向他汇报了挤兑的事。胡雪岩凝神思索，半天也不说话。挡手谢云清便直言道：现在客户纷纷挤兑，钱庄里的现银有限，看来只能停业三天，看能不能扛过这个风潮了。

当时胡雪岩为了对抗洋人低价收购生丝，投入近两千万两白银来购置生丝储存起来，这批货不止压住了他的流动资金，为了维护它更需要每天投入不少的钱。对手乘此机会发动挤兑，正是看准了胡雪岩很难掏出钱来给每一个储户兑换现银。胡雪岩明白库存的银两有限，但如果现在停业三天，无异于告诉储户：胡雪岩真的没钱了。这样做只会加剧他们的恐慌，引来更加凶猛的挤兑风潮。因此，他否定了谢云清的提议，并且部署任务：查看所有储户的账目，整理出需要兑换的现银数额。同时，将钱庄的大户们今年所应该结算的利息先算出来，并主动去送到府上。

之所以这么做，是因为对于胡雪岩来说，小储户就算大家一起来兑现所涉及的银两也不会太多，而如果一个大户忽然来兑换几十万两的现银，就会让阜康顿时陷入困境。因此，他首先要稳住大户的情绪，就算赔本亏钱，也要为他们结算。此外，胡雪岩还让伙计告诉每一个大户：现在年关已近，如果您需要提款应付开销，尽可以交代，阜康钱庄会提前做好准备。这么说是为了让大户们相信：阜康钱庄并不缺钱，只要他愿意，随时都可以提取自己的存款。

然而，当时的阜康钱庄所面对的局面不容乐观，胡雪岩还一再地赔本赚吆喝，不得不说有“死要面子活受罪”的嫌疑。但他这么做，必然有他的道理：只有重新挽回储户的信心，阜康才能抗住这一次的挤兑风潮。

与挤兑风潮同时进行的，还有胡家的一件大事：胡雪岩的三女儿要在此时出嫁了。面对到处缺钱的局面，管家和夫人都力劝胡雪岩将此事简单办理。因为要是按照以前的排场大肆操办，必然又要耗费不少的银两，与其花在婚事上，还不如拿来填补钱庄的空虚。女儿也理解胡雪岩的处境，同意缩减婚事的排场。而胡雪岩却坚持一切照常，因为他知道挤兑风潮一起，所有人都在看着自己，如果女儿婚事的排场减了，必然会成为别人口中胡雪岩缺钱的证据。胡家以前办事都要风风光光，这一次更不能没有了面子，丢了面子就是砸了招牌。

这一系列的措施最终所取得的效果非常明显，在众人挤兑之时阜康钱庄并没有停业，而是尽力接待了每一个人来兑换现银的客户。此举让很多客户保持了对阜康的信心，稳定了人心的同时也保住了自己的信誉。因此，杭州的挤兑风潮很快便被控制，阜康也算是暂时得到了喘息的机会。

而对于胡雪岩主动给大户们结算的做法，也让他们对阜康的信心没有动摇，避免了一些大户参与挤兑，大大减轻了胡雪岩的压力。

对于钱庄来说，最大的危机便是挤兑，当人们蜂拥而至时，最怕的便是大户们也在其中兴风作浪。成百上千的散户上门挤兑，胡雪岩只要稍做协调，就可以从别的地方调动资金过来填补空虚；而如果有三四个大户一齐上门要求提取存款，所涉及的金额便有可能超过数百万两银子，一时之间肯定会造成难题。一旦稳定了大户，那些零星的散户便不足为惧。保住了声誉就是保住了信心，实力依旧的名声传出去，阜康自然能在挤兑之中站稳脚跟。

通过割舍一定的利益来换取客户的信心，是胡雪岩在危机之中力挽狂澜的重要手段。赔本不可怕，重要的是可以赚到吆喝，让大家知道胡雪岩的招牌并没有倒，阜康钱庄还是原来那么财大气粗。只要自己的招牌不倒，名声得到保全，胡雪岩就掌握了重整旗鼓的希望。

10.3 先扬名后立万

商人总是以追求利益为自己的最终目标，在人们印象中只有利润才能引起商人的兴趣，认为经商者便应无利不起早，凡事以“利”为前提。但纵观中国历史上成功的大商人，很多都不是以“利”作为自己的最终追求，在他们的眼中“义”比“利”更加重要。“利”带来的只有利益和利润，而“义”则会为他们带来人们的感恩和赞誉，历史没有记载他们创造了多少利润，但人们却会时常讲起他们的仁义之举。

胡雪岩作为清末一名成功的商人，是所有经商者眼中的商圣，他的商业才华固然不容置疑，而他在“义”方面的成就也不容小觑。不管是建造中国自己的第一家现代船厂，还是资助左宗棠西征，创建高品质平价药房——胡庆余堂，都是胡雪岩秉持着“义”字所做的义举。而这些举动为他赢得好名声，在之后获得的利益回报，则是另一回事。

热心于慈善和公益的胡雪岩，对于自己的义举所能带来的收益很清楚，虽然在财富上，他并没有因此而很快增加，但却俘获了不少的好名声。扬名于朝堂乡间，成为人们眼中的“胡大善人”，就已经令他非常满足。而因为有了名，要想再获利则会变得轻而易举了。

在杭州，钱塘江虽然是一个著名的景点，但也给人们的出行造成了很大的麻烦。每年到了春秋多雨时节，钱塘江的上游水流湍急，巨浪疾驰而下，犹如离弦之箭。海潮从鳖子门涌入，形成汹涌澎湃、气势磅礴的钱塘潮。在激流和海潮的交替之下，钱塘江水文变的极其复杂，因此靠渔船摆渡出行渡江的人们，遇到不好天气，就不敢轻易上船。

浙江绍兴、金华等地的人，要想到杭州去，必须从西兴乘船，渡过钱塘江到望江门上岸。这一地区的人被总称为“上八府”，人口众多，而且消费力强。位于望江门直街上的叶种德堂药店占据了地理优势，面对这一消费群体，因此生意非常兴隆。而胡庆余堂所在的河坊街大井巷，只有杭嘉湖等“下三府”的顾客光临，生意就相对冷清了不少。

为了让钱塘江两岸的旅客可以更加安全便利地渡江，胡雪岩主动捐出了十万两银子，主办钱江义渡，并且说：“这件事不做则罢，做必一劳永逸，让两岸百姓至少能受益五十到一百年。”

想要建立义渡就必须找到合适的渡口，让行船变得更加安全，也让需要渡船的人可以获得方便。出于这两方面的考虑，胡雪岩带着人亲自去考察了各个渡口码头，而渡船工人告诉他：金华、绍兴等上八府的人在这里渡船已经很久了，要想让他们改变进杭州城的道路，除非把这个码头搬走换一个地方。这句话让胡雪岩灵机一动，想到了一个两全其美的便利方法。

通过对渡口码头的考察，胡雪岩发现从西兴上船渡江，航线不仅会变长，而且江上所遭遇的风浪也比较大，增加了渡船的危险。所以他选择了三郎庙附近江道比较窄的地方，投资兴建义渡，让渡船可以更快速更安全地运送行人，让上八府的人也可以获得便利。

义渡码头在胡雪岩的投资之下很快就修建起来，人们纷纷赞誉胡大善人。而胡雪岩又掏钱造了几艘大型的渡船，新的渡船不仅稳固，而且除了运送行人之外，还能承载车辆马匹，让人们可以更便利的出行。最重要的是，所有人的渡资均免，只要想过江的人都可以免费搭乘。这种又安全又省钱的义渡，连上八府的人都无不拍手称赞。

因为修建了义渡很多人都愿意来这里免费乘船，上八府、下三府，每天都有旅客络绎不绝地到来。胡雪岩的名气因此一时大盛，人们交口称赞，认为他给乡里百姓做了一件善事。码头和轮渡都非常坚固，按照胡雪岩的推算，至少可以运行五十年到一百年，也就是说在这一期间，所有人都能免费乘坐渡船到杭州，不管是游玩还是做生意，都非常便利。

胡雪岩所设立的义渡还备有救生船，如果在风高浪急的时候有渔船出事，救生船就挂上红旗在江中巡游，将遇到不测的船只打捞上岸，避免渔民遇难。通过这些措施，胡雪岩的善名不胫而走，不仅让他得到民心，还笼络了很多顾客，间接促进了旗下药铺等商业贸易的发展，帮助胡雪岩拓展了市场，赢得了效益。

义渡设立之后，随着胡雪岩名气的上涨，胡庆余堂也开始变得越来越受欢迎，原来不怎么来光顾的上八府顾客也都知道了胡庆余堂的名字。因为义渡改变了人们进杭州城的路线，位于河坊街的胡庆余堂原本的地理劣势也得以改变，很多人买药时都会首选胡庆余堂，而原本生意兴隆的叶种德堂也因为流失了这部分顾客而变得衰微了。

由此可见，义渡的开通不仅为百姓提供了方便，为胡雪岩赢得了好名声，更带动了胡庆余堂的名气和生意，真可谓一石三鸟。先扬名再立万的举措让胡雪岩自己也得到了好处。

胡雪岩的生意经中，对于名声的经营有着非常重要的地位，因为拥有了好的名声，才能赢得消费者的好感与信任。扬名立万在胡雪岩的心中有着明确的排行：只有先扬名，赢得了好名声之后才能立万。钱江义渡的建造也正是通过这种模式为他带来了好处。

10.4 名声等于竞争力

在中国古代重农抑商的时代，商人们纵然拥有万贯家财也是不被重视的，在大众的眼中，读书人才是最值得尊敬的；而在统治者的眼中，农业才是国家的根本。在这种传统思想的影响之中，中国商人就算已经富可敌国，也很羡慕那些得到功名的读书人，因为这是传统价值观中真正光耀门楣的事。

清末，虽然因为洋务运动及新思潮的冲击，人们开始认识到商业的重要性，不断提出“以商立国”以及“商为四民之纲”等理念，但积累了千年的思想还是不容易在一朝一夕被撼动。商人们的价值取向依旧囿于富而求贵的思想怪圈之中。

胡雪岩由于遵从了父亲临终前的教诲，所以不愿意出来做官。但他的价值观也一样受到了影响，认为取得官职是实现人生价值、光耀门楣的一个重要渠道。而在这个过程之中，胡雪岩并不像其他捐官的商人们一样单纯为了得到一个虚名，他考虑更多的是得到这样的名号之后，对于自己的生意所能带来的好处。

封建社会等级森严，拥有官衔的统治者是最高阶层，能够挤进这个阶层是很多人的梦想。而胡雪岩所处于的商人阶层，也是受盘剥最严重的阶层。为了给经商过程增加安全系数，让自己的生意可以获得绿色通道，增强自身的竞争力，从而达到更快的发展速度，胡雪岩也加入了求名的行列之中。为了得到朝廷的认可，胡雪岩付出了很大的代价，而在左宗棠、谭钟麟等人的帮助之下，他所获得的荣耀威名也是空前绝后的。

在中国近代史记载之中，商人捐官者众多，1908 年的苏州总商会之中，总理和协理两人都通过捐资得到了中书衔，商会 16 个会董中有二品职衔、候选州同衔、都事衔者各 1 人，此外还有试用知府、布政使司理同衔者各 2 人，员外郎、同知衔、候选县丞等各多名。与胡雪岩交好的上海丝商庞云增，虽然家产超过五百万银元，称霸生丝行，号称南浔四象，但也向朝廷捐献十万两纹银，作为赈济河南、直隶的灾款，从而为自己的儿子换得举人身份，以及特赏一品封典、候补四品京堂的虚衔。

由此可见，近代商人中通过向朝廷捐献而换取功名的不在少数，已经形成了一股风气。他们通过想方设法与朝廷、官僚搭上关系，来为自己及子孙博得荣衔、求得封典，从而提高自身的地位。有了朝廷的保障，做起生意来自然也更加得心应手。

为了得到官衔荣耀，以提升自己在商场之中的竞争力，胡雪岩也煞费苦心。在结识左宗棠之后，胡雪岩投入了不少的银子资助他。上海采运局的诸多业务都经由胡雪岩的担保而得以顺利开展；左宗棠收复杭州及西征过程之中所使用的大量新式武器，也都是胡雪岩购置的。除了武器军饷，胡雪岩还专门创建药厂来生产诸葛行军散等成药，供给左宗棠军队以确保他能赢得胜利。除此之外，胡雪岩历年来不断为陕西、甘肃、直隶、河南、山西、山东等地的灾民捐款，数额超过二十万两之多。不管是军功还是赈灾，他几乎无所不包。

在经过了长期的努力表现之后，朝廷也没有辜负胡雪岩，赏赐他花翎等不少的荣誉。而左宗棠却觉得按照胡雪岩的功劳，理应得到更多荣耀，他计划为胡雪岩申请黄马褂。

清政府对于战功卓越的朝廷重臣赏赐黄马褂，是一项顶级荣耀。除了皇帝身边的侍卫扈从和有卓越功勋的文武大臣之外，几乎没有人可以得到这一奖赏。左宗棠自己戎马一生，建立了无数的战功，也才在1864年收复杭州时被赏穿黄马褂，而此时他已经53岁。而且黄马褂一直都是由皇帝主动颁发，从未有臣子申请的。但为了让胡雪岩的付出能够得到最大限度的回报，左宗棠决定一试。

1878年3月，左宗棠打算向皇帝保举胡雪岩。他首先和陕甘总督谭钟麟商议，而谭钟麟却担心就算皇帝同意，也很难通过部验这一关。左宗棠对此坚持认为：胡雪岩对于陕甘的战事贡献卓越，不仅出资军饷，而且采办各式新武器，增加了部队的战斗力。虽然黄马褂历来都是赏给战功卓越者，但赏赐的方法和花翎差不多。胡雪岩既然可以被赏赐花翎，说明他对部队的贡献已经得到了肯定，那就一定可以赏赐黄马褂。再加上他对各地旱涝灾害所捐赠的款项有目共睹，皇帝赐他黄马褂也不是过分的事。

经过这样一番计量之后，左宗棠于1878年5月呈递了《道员胡光墉请破格奖叙片》，历数了胡雪岩对国家朝廷所作出的巨大贡献，从购枪借款到力助西征，以及赈灾捐款，事无巨细地一一陈述。并且，左宗棠还在奏章之中强调：“臣不敢稍加矜诩，自蹈欺诬之咎”。

在左宗棠信誓旦旦的保荐之下，皇帝也看到胡雪岩既有军功又有善举，批准给胡雪岩穿上黄马褂，还特别恩赐他可以在紫禁城骑马。胡雪岩因此品级大升，不仅杭州城中的住宅可以大起门楼，连浙江巡抚到胡家都要在大门外下轿。因为巡抚只是正二品，而胡雪岩早就高过这一品秩。

在乾隆时期，也曾经有盐商因捐赠巨额银两报效国家而获得红顶，但是像胡雪岩这样红顶与黄马褂同时拥有的，确实绝无仅有。以此特殊身份，胡雪岩既得到了官的荣耀，又拥有了商的实惠，在商场之中竞争力之强几乎无人能出其右。凡是有他插手的行业，别人根本不能成为胡雪岩的对手，令他无比顺遂，一时间风头大炽。

10.5 大场面，大吸引

中国人都非常好面子，不管什么事都力求做好场面，婚丧嫁娶等大事自然是首当其冲，在自己能力范围之内都要做到最为繁盛，用大场面来满足自己的内心需求。事实上，仔细分析生活中的“场面”，不过都是做给别人看的一个形式，只是满足了自己“露脸”的心理，并没有太多实在的意义。但是对于商人来说，“场面”却又有了另外的涵义，它是一种实力的展示，更是一次广告行为，可以通过它让更多的人注意到自己的价值和地位。

胡雪岩做事非常追求场面，因为他深知场面对于一个商人的重要性。他坚持认为：场面总是越大越好。因为做生意首先就要求一个热闹的场面，只有聚集了人气之后，才能展开好的生意前景，否则冷冷清清无人问津，又怎么可能会有生意上门呢？所以，在胡雪岩所做的每一项生意开始的时候，他都会花很多心思在场面上。这其实也是为了扩大自己的知名度，让招牌更加吸引人，让店铺的名声扩大的一种最直接的办法。

如何能够把场面做大，吸引更多人的注意，不同的人有不同的办法。长期以来，只要有店铺开业，就一定会有放鞭炮、送花篮、敲锣打鼓、舞狮等活动，这也都是传统的扩大场面的做法。在阜康钱庄筹备开业的时候，胡雪岩也一再强调这些一个都不能少，此外还要请杭州城里的名人剪彩祈福、宴请宾客共襄盛举等等大手笔的做法。

其实，早在钱庄开始筹划的时候，胡雪岩就已经在考虑场面的问题了。他让钱庄总管刘庆生去四处物色店面时，便对他说："房子一定要宽敞高大，够气派；装修一定要富丽堂皇，够吸引人，店面千万不能小家子气，这是关乎以后场面的大事。"

按照他的指示，刘庆生跑遍了杭州城的每个角落，四处找寻够气派的店铺。而最终敲定的阜康钱庄店面果然非常气派，高门大院，比普通的钱庄更令人容易产生信任感。

胡雪岩对于铺面的要求很高，对于内里的装饰也精益求精，就连挂在店面里的一张字画，他都要找最佳的，并且绝对不能是赝品。虽然在铺面之中悬挂赝品也不是什么大事，但胡雪岩却认为：一旦挂了不好的画，如若是行家进门看到，必然遭人耻笑。一家钱庄连画都是假的，客户自然会联想到其他方面是否也有假。同时，胡雪岩还要求所有的字画都必须出自名家之手。一个画家的名气够大，才能衬托阜康钱庄的地位和名气。

在做足了这些场面上的准备之后，阜康钱庄终于迎来开业的一天。当天，钱庄内外张灯结彩，柜台里的伙计都穿着簇新的蓝布长衫，对客人笑脸相迎。杭州城里的官商名人几乎悉数到场，胡雪岩亲自捧着酒杯到处敬酒，用上好的佳酿让每一个人都满意而归。这场开业宴从上午一直持续到下午三四点钟，人来人往热闹非凡，场面十足，真正达到了胡雪岩的要求。

当人们看到阜康钱庄刚刚开业，便有如此不俗的场面之时，谁也不会想到当时的胡雪岩只不过是一个空架子而已。不管是堂皇的门面，还是丰盛的酒席，处处都在显露着胡雪岩的实力，而他在当时几乎并没有什么进账，这么做难道不是打肿脸充胖子吗？其实不然，胡雪岩之所以花这么大力气来做场面，并不是为了摆阔，而是为了引起客户和同行的重视，为自己的生意在以后顺利开展打好基础。

一个小家子气的门面，很难让客户走进去；而一个寒酸的酒席，只会给大家留下老板没有实力的印象。胡雪岩通过摆阔来为自己树立形象，让大家以为阜康钱庄不容小觑，用大场面成功地向公众展示了自己的实力，吸引了客户的注意，唤起客户的信任。因此，那些不寻常的做法，打肿脸充胖子的行为，都是非常必要的。就算是一个空架子，也要把场面撑起来，只有有了场面，生意才会被吸引上门。

商人们做场面，总是希望越大越好，往往会做到超出自己真实实力，因为这也是一种广告，固然夸大，可也有夸大的效用。场面可以为生意带来好处，打响招牌，吸引顾客。但场面也同样会隐藏危机，起步之初就用大场面吸引顾客，之后就必须不断维持。场面只能越做越大，而不能有丝毫退步，只要比之前稍微有所减少，就可能会引起顾客的信任危机。因为在众人的眼中，场面就是实力的展示，缩小的场面所代表的就是缩小的实力。由此可见，场面也是一把双刃剑，只有恰当地使用它，才能让它对生意有所助益，否则就会从宣扬实力变成透露危机，所吸引来的也会从信任变成怀疑。

在胡雪岩的生意经里，做好场面是重要的一环，而维持场面则是重上加重。在他此后的生意中，为了场面所做的投入越来越大，大场面所带来的收益也越来越多。甚至在他晚年生意遭遇坎坷的时候，胡雪岩都还非常在意场面，因为那代表的是他的实力和形象。

10.6 擦亮招牌

在不断扩大自己的名声以期带来更多效益时，并不是时时处处都要高调，也需要适时低调。因为中国人最讲究含蓄，凡事都不愿做到极致，宣传自己的时候也以谦虚为主。如果一个人太过高调，必然会引来别人的不满，不仅四面树敌，还会为自己的将来埋下祸根。

对于招牌和名声所能带来的好处，胡雪岩非常清楚，他也凭借着名声为自己的生意开拓了新的局面。但他也明白高调做事、低调做人的道理。在不断向外界宣扬实力的时候，胡雪岩的所作所为都非常高调，因为这能凸显他的能力及地位；而在亲自待人的时候，胡雪岩的态度又显得很谦虚和蔼，他尽量避免因高调而招致别人的妒忌。

胡雪岩曾经说过：不招人妒是庸才，但可以不招妒而自己做得招妒，那就太傻了。他知道自己站出来做事，必然会得罪别人，高调的行为也会令别人妒忌。但只要是可以不招妒的时候，就要尽量低调。因为妒忌的力量是可怕的，自招妒忌就更可怕了。不管是惹来非议还是为自己树敌，都会带来无穷麻烦。而人在商海之中起伏，最怕的便是非议和树敌，所以胡雪岩虽然知道自己招人妒忌在所难免，但决不自己招妒，这才是保住自己的金字招牌可以长久发展的大计。

要让名声可以行得正，要让招牌可以走得远，胡雪岩不管是多么春风得意的时候，都会谨言慎行，避免因为过于张扬而腹背受敌。

在帮助王有龄办理了漕米一事之后，胡雪岩就开始准备自立门户，建立自己的钱庄。而王有龄此时只不过是海运局的一个坐办而已，手中的权力有限，很难帮他建立关系网，更别提让他来代理公款业务往来了。所以，他认为这个时机还不是很好，要让胡雪岩再稍等一段时间，等到自己得到升迁之后，掌握了实权，两个人再合力去做一些事。

对此，胡雪岩有自己的考虑，他知道王有龄经过漕米一事深受上司的赏识，很快就会被提拔。而此时的自己也是身无分文，如果再等一段时间，王有龄升迁之后大家的手头一定会更宽裕，办钱庄也会更轻松。

可是到那个时候，人人都会盯住王有龄，自己的一举一动都会被和他联系起来，再办钱庄就会惹来别人的妒忌和怀疑，阜康钱庄的招牌也会因此蒙尘，对王有龄的仕途也非常不利。

当时的王有龄根本没有想到这些，他只是劝胡雪岩：你现在离开我，不太明智。我需要你，你也需要我，你应该帮助我在官场站稳脚跟，过些时候我再为你捐一个功名，你我联手岂不是好事？最近抚台大人已经许诺了我一个差事，到时候我更需要你的帮助，开办钱庄的事你不用急在一时。

胡雪岩只好耐心地将自己的考虑逐一分析给王有龄听：首先，不管在哪里，帮助你王有龄就是帮助我胡雪岩，这个道理非常明显，所以我会一直帮你。但这与开钱庄并不矛盾，你完全可以放心。其次，你刚刚完成了一件任务，并获得了抚台的欣赏，其实很多外界的人对你还不了解，不知道王有龄是何许人，更不知道王有龄与胡雪岩是什么关系。此时我来开钱庄，才是最佳的时机。而如果等到你升迁到任之后，所有人都知道有一位王大人与胡雪岩关系匪浅，我再开钱庄，就会给别人留下口实，认为是你我勾结。

而王有龄觉得这并不是什么大不了的事，我出钱你做事，并没有违反任何一条法令制度，别人又能有什么说法呢？

胡雪岩笑着解释说："话虽如此，但如果公然招来别人的妒忌就会埋下祸根。别人会说你挪用公款，会说你我营商自肥。这不仅是给阜康钱庄的招牌上抹黑，更重要的是给大人您抹黑，这种名声传出去，对你我都不是好事，会让大人的仕途都受到影响。"

听他这么一分析，王有龄也觉得很有道理，他连连点头表示同意。而胡雪岩又接着说："要想招牌亮，就得让它干净。此理对你我都是一样的，你不能影响仕途，我不能影响生意。现在开钱庄，一切都不露痕迹。而你迟早提升，到时候代理州县公库，让没有利息的公款作为我们白借的本钱，就是轻而易举的事。如果耽误了，等你上任再做，就太过明显，是自招妒忌的愚蠢行为了。"

经过这一番利弊阐述，王有龄也同意并支持胡雪岩立即自立门户，以确保阜康钱庄的招牌可以干干净净地挂起来。

胡雪岩一直秉持着“做事不露痕迹”的原则，虽然他有官场上稳固的靠山，可他从来都没有因此而志得意满，得意忘形。他苦心经营着自己的形象，也为对方的仕途做着打算。因为他知道好名声对自己有帮助，恶名则会给自己带来莫大的伤害。而锋芒太露则必然会招人妒忌，引来恶名，成为自己招牌上的一道污渍，沾染锃亮的招牌蒙尘。

为了保证自己的名声，胡雪岩时刻都在提醒自己掌握好尺度。在他的三女儿出嫁时，为了显示自己的实力，以对抗挤兑风潮，胡雪岩决定为女儿办一个有排场的婚事。但当他的四太太此去上海采购珠宝的时候，他却一再强调要低调行事。

当时的朝堂之上，左宗棠与李鸿章已经斗到天昏地暗，作为左宗棠得力助手的胡雪岩也成为北洋系的攻击目标。所以，胡雪岩更清楚此时如果招来恶名，将会带来更加不堪设想的后果。当上海的珠宝行因为仰慕胡雪岩的名气，请求将他为女儿采购的珠宝在店内展出时，胡雪岩思虑良久，最后才安排罗四太太在展出时只用德文与英文写说明，避免用中文写说明被别人看到，引来无谓的口舌是非。

名声，对于商场中打拼的人来说非常重要。而要树立好名声，则更需要谨慎、耐心。胡雪岩深知名声是一把双刃剑，既可以帮自己，也会害自己。所以他高调行事、低调做人的风格，正是为了避免因名声而带来的连累。为了自己的招牌，他一直都小心谨慎，既得到了好名声的益处，也避免了恶名的坏处。

第十一章

宽心做事，正确应对挫折和困难

人处于社会之中，难免会遭遇坎坷挫折，不同的人面对挫折时有不同的心态，所得也截然不同。既然失败无可避免，那么让自己有一个好的心态，坦然地面对生活之中的得失便非常重要。胡雪岩在生意场上纵横驰骋，获得了无与伦比的成功，但他也一样遭到很多次挫折，面对过很多的困难。在得意之时不放任自己，在失意之时能泰然处之，是胡雪岩区别于别的商人而备受推崇的原因之一。在人们努力学习他的成功之道时，胡雪岩面对危机的态度，更值得我们关注。

11.1 做事要有面子

在中国语言中，“面子”一词具有形象而生动的表述作用，它指出了人的自尊与形象是多么重要，就如同一个人的脸一样。如果没有了“面子”，这个人就失去了脸面，从而也失去了自己的尊严和形象。事情做得好看，称之为“面子上有光”，意即皆大欢喜，所有人都喜笑颜开，脸面也自然更好看；而如果事情做得不好，则会“驳了面子”，让脸上挂不住。因此，国人非常注意自己的面子，也很在意给别人面子。

不管一个人混迹于官场还是商场，都需要得到尊严，因此是否有“面子”就非常重要，甚至可以说是一个人努力的终极目标。而胡雪岩对于国人的这一特性非常了解，他一生之中都在为自己争面子，通过各种方式提升自己的知名度，扩大自己的生意范围，赢得更多的财富。但同时，胡雪岩并没有因此而驳了别人的面子，或者抢了别人的风头。他非常注重让别人也获得面子，他常说："做事要有面子，不能光顾着自己，还得照应到别人，否则自己也长久不了。"

在这种理念的指导之下，胡雪岩向来都是宽容待人，对别人所犯的错误往往一笑置之。

胡雪岩之所以能够发家，很大程度上都是因为王有龄的提携。而王有龄之所以能够仕途坦荡，却也要感谢胡雪岩当初拼死资助的五百两银子。他们二人互利互惠，是属于互相成就的朋友关系。不管任何一方遭遇到了困难，另一方都会全力以赴地提供帮助；而任何一方要是没了面子，另一方也同样会拼尽全力为他找回来。

因为资助王有龄一事，胡雪岩在钱庄行业里遭遇到前所未有的排斥。他私自挪用了钱庄的公款给一个落魄之人，违背了钱庄业的规则。就算他信誓旦旦写下了欠条，表示一定要偿还，但一个小伙子的誓言又能值几多钱呢？因此，年轻的胡雪岩也难逃被扫地出门的结局。

在钱庄辞退了他，而王有龄还未能归来杭州的一段时间里，胡雪岩可谓尝尽了人间冷暖。因失去信誉，再也没有钱庄肯收留他做伙计，而为了保证家庭的生活所需，胡雪岩只能到处打零工。

曾经在钱庄里的同事们，都很为胡雪岩感到惋惜，因为他算是伙计之中最有前途的一位，一直深受老板赏识，没想到他会自毁前程。开除胡雪岩的钱庄总管老张，也曾经看好他，但现在只能将他扫地出门。人们都以为胡雪岩毁在了那个落魄人的手里，但谁知道那个潦倒不堪的家伙居然衣锦还乡，成为衙门的人。

当王有龄捐到海运局肥缺回到浙江的时候，胡雪岩的处境已经非常糟糕了。王有龄得知自己走后胡雪岩的遭遇，又看到他如今日子过得艰难，心里非常过意不去。一再表示，要好好教训开除他的那个张总管。

而从听说王有龄回来当官消息的那一刻起，张总管的心里便七上八下，他知道王有龄既然回来，必然会找到胡雪岩，那五百两银子对于王有龄来说已经不是难题。而自己当初铁面开除了他的恩人，如果按照常人的思维，他必然记恨在心，回来向自己报复。钱庄的从业人员最怕的便是官府，因为商人就算再有钱，也扛不住衙门为难。只要王有龄想替胡雪岩出这口恶气，随便动一动嘴，就可以让张总管吃不了兜着走。

正当张总管坐立不安的时候，王有龄登门了。虽然急出了一身冷汗，但张总管也只能硬着头皮去接待。而刚见面，王有龄便直言要找一位姓胡的朋友，说自己曾经受到此人的资助，一直念念不忘，今天是来偿还欠款的。

张总管听王有龄这么一说，心里开始盘算：是否王有龄并没有见到胡雪岩呢？否则，他怎么到这里来找胡雪岩？但嘴上却丝毫不敢懈怠，直言道：胡雪岩已经不在这里做事了，王大人有什么吩咐尽管对我讲就是了。

王有龄并没有深究胡雪岩去了那里，而是拿出当初的欠条，并按照胡雪岩所讲的利息，连本金带利息一共奉上了六百两银子。按照钱庄的规矩，既然客人还了款，就应该归还人家的借据。可是胡雪岩当初给张总管借据的时候，他根本就没想到王有龄能回来还钱，早就不知将它丢到什么地方去了。想到这些，张总管的额头又冒出一层冷汗来。

但让人奇怪的是，每次王有龄问到关键的问题，都会适时地止住，不再继续追问。他既没有继续追问对自己有恩的胡雪岩的下落，也没有追究自己的借据到底什么时候还，而是轻描淡写地将这些让张总管冒冷汗的问题都一带而过。

张总管的心里备感庆幸，以为自己实在走运，王有龄没有为难他。但送走了王有龄之后，他却越想越不对。王有龄既然是一个知恩图报的人，又怎么会直到今天才来找胡雪岩呢？如果他不想找胡雪岩，自然不用来还款；而如果他想找胡雪岩，却又在还款之后丝毫不问他的去向。这一切都令张总管充满疑惑，直到别人告诉他，王有龄其实早就见过胡雪岩了，之所以来还款根本就是胡雪岩的意思，他不想为难张总管，所以才点到为止，给他留了面子而已。张总管此时才恍然大悟，心里更加佩服胡雪岩心胸宽广，在意气风发完全可以驳斥他的时候，还为自己留下薄面，更令张总管十分汗颜。

其实，王有龄很想为胡雪岩出头，找回当初被赶出钱庄所丢的脸。而胡雪岩却坚持不让他找张总管报复，他认为与其通过让别人为难来获得一时的快乐，还不如给别人面子交到一个朋友。留点面子给别人，就是留一条路给自己，何必为了一时的意气而在自己将来的道路上埋下祸根呢！

这种颇具心胸的做法让王有龄对胡雪岩更加另眼相看，这个人在困境之中不失傲气，而在顺境之中能克制自己，委屈自己，给别人保全面子，其度量令人钦佩。在此后的岁月里，胡雪岩更不断表现出自己宽阔的心胸气度，并因此而赢得了更多人的爱戴，令其在商场之中获得裨益无数。

11.2 胜不骄，败不馁

敢于走上疆场的战士，心中虽然要有必胜的信心，但也要随时做好失败的准备。商场和战场一样，没有任何事是可以确保万无一失的，古话所指“胜败乃兵家常事”正是此理。胜利并不值得骄傲，而一个人能够承受失败的重压，在败局面前不会气馁，勇于寻求反败为胜的机会，才真正值得尊敬。

没有任何人能一生顺遂，也没有任何事总能一帆风顺，对于这个道理胡雪岩很清楚。他深知不管是做一个大人物还是小人物，一生之中难免会受到各种的挫折打击，必须承受各自的荣耀与失败。自己虽然在一段时间之内保持了旺盛的势头，但也难免要遭遇到低谷。最重要的是要保持一个人的心气不倒，才是做人做事的关键。胡雪岩总是说，一个生意人要输得起，最重要的是应该对于“钱财乃身外之物”这句老话有一种深刻的理解和认识。而他自己则正是因此而显得格外超然，是一个输得起的人。

在经过了春风得意的中年时期之后，胡雪岩的财富积累足以称得上是富可敌国，一时之间达到了鼎盛。但是随着朝廷内部派系斗争的加剧，胡雪岩人生的低谷也随之而来，他一生之中所遭遇的挫折多集中在这一时期。

由于李鸿章、盛宣怀等人对左宗棠的排挤斗争，让胡雪岩这位左宗棠身后最有力的支持者成了他们的首要攻击目标。盛宣怀指使人在上海对阜康钱庄发起挤兑风潮，导致胡雪岩的生意面临着前所未有的考验。而各地的分号也因为上海挤兑事件受到影响，都陆续出现客户挤兑的现象。胡雪岩立刻回到杭州，企图力挽狂澜，阻止这一风潮对杭州阜康钱庄的冲击。可他还没能做好准备，就从宁波传来不幸的消息。

阜康钱庄鼎盛时期，在全国各地都设有分号，而在宁波所设立的分号分别叫做通泉钱庄和通裕钱庄。在上海出现挤兑阜康的风潮之后，钱庄总管宓本常悄悄来到宁波，希望可以从通泉和通裕两家调集资金，来帮助上海阜康总店渡过难关。可他却发现宁波也未能幸免，有大批的人涌进了通泉和通裕两家钱庄，要求兑换现银。这两家钱庄也很快不能自保了。

在强大的压力之下，宁波两家钱庄的总管很快便扛不住了，他们一个逃遁而另一个主动申请封闭钱庄。宁波海关见此情形，便立刻通知了浙江藩台德馨，告诉他通泉、通裕倒闭的消息，同时让两家钱庄的东家胡雪岩火速赶到宁波去办理后事。

浙江藩台德馨与胡雪岩是多年的老友，他眼见曾经的胡雪岩风光无限，如今居然也落得要关闭钱庄，不由得非常痛心。于是德馨派遣自己的亲信去告诉胡雪岩：如果可以用二十万两银子挽救这两家钱庄的话，德馨可以出面走动，请宁波海关先出资为胡雪岩垫付，再由浙江藩库替他归还。这样就可以为胡雪岩争取到很充裕而宝贵的时间，让他来寻找解决办法。

听闻这个消息之后，胡雪岩感到非常欣慰，因为德馨在这个时候伸手帮助自己，足见自己没有交错朋友。虽然他对自己的困局不会坐视不理，而胡雪岩却拒绝了德馨的帮助。他告诉来人：大人的心意我心领了，只是现在困局已经形成，我不能再拖累大人。在目前危机重重的情况之下，维持两家钱庄就相当于是弥补已经裂开的口子，效果不会太大。败局已定，我就只能放手，集中精力去保护那些还未裂开口子的地方。

胡雪岩接受了通泉、通裕两家钱庄倒闭的事实，这对于一直意气风发的他来说非常困难。阜康在全国开设的数十家分号，从来就没有一家倒闭，通泉、通裕成为阜康钱庄历史上的第一次败局。但胡雪岩的态度还是非常坦然，他知道自己出来做生意，必然会遭遇失败，否则天下的银子都要归到他胡雪岩的口袋里，岂不是怪事了。因此，他很理智地放弃了挣扎，转而集中当前的力量，缩短战线，去保住杭州阜康钱庄，让这些还未出现问题的地方避免出现裂口。

在商场之中面临全线崩溃的败局时，收缩战线利用节省的力量以求再战，此举是十分必要，也十分有效的。胡雪岩的这一做法在现代经营理念中也备受推崇，一方面它能避免因力量分散而造成被敌人各个击破的危险；另一方面，对于此时的胡雪岩来说，关键在于求生存，而不是求发展。要尽可能地储存有生力量，才能图东山再起。只有果断地舍掉那些无法挽救的部分，才能保住核心力量，达到积蓄力量的目的。

坦然接受失败的胡雪岩非常冷静，他说："我是一双空手起来的，到头来仍旧一双空手，不输什么。不但不输，而且我曾经吃过、用过、阔过，这都是我的赚头。只要我不死，你看我照样一双手再翻过来。"

在面对成功的时候，胡雪岩表现得低调谦虚，他从来不会盲目地炫耀财富，更不会有过火的虚荣行为。在面对失败的时候，胡雪岩一样表现得冷静沉稳，他知道失败只是暂时的，只是成功道路上的一个转弯而已。

胜不骄、败不馁，是胡雪岩告诫后代的一句话，也是他自己明确做到的一句话。这句话里包含了胡雪岩的洒脱，也包含了他的淡然。如果他的成功可以成为激励世人的教材，那他在面对失败时的气度，则可以对每个人提供更深刻的教益。

11.3 君子爱财，取之有道

商人经商，自然是为了求利。古语有云：天下熙熙，皆为利来；天下攘攘，皆为利往。正说明人们都在追求属于自己的财富，如果可以得到利益，自然会有人闻风而至，努力去博取那一份钱财。而经过了几千年积累的中国传统道德观念之中，有很多钱却不能去拿，纵然已经送到手边，也要推开。君子爱财，取之有道，只有那些符合道德标准、从正当途径挣到的钱才是真正属于我们的财富。

利润是一切商业活动的中心，为了追求它，很多人不择手段。而胡雪岩一生之中所积累的财富不可胜数，他却从来都不去占有不该属于自己的钱。

在胡雪岩的意识中，只有经过正当生意得来的，才是自己的，而那些违背道德，触犯法律得到的钱则是万万不能去拿的。多少人为了钱财而走私贩毒、偷盗抢劫，虽然看上去是一本万利，但是却严重危害了社会安定，危害了别人的生命财产，这种钱不止是违背了法律，更违背了道德，国法不许，天理难容。拿到这种钱，会让人提心吊胆，纵使逃过了一时的惩罚，也要每天在恐慌之中等待最后的审判。

除此以外，胡雪岩还不会接受那些损害了别人的利益而得来的钱。商场之中，虽然人人逐利，但也有自己的规则。如果一个人靠损人利己来获利，就算一时得到了好处，也是在断送自己以后的前程。这种违背商业规则的钱拿在手上，就是向天下昭告此人品质恶劣，又有谁会愿意与他合作呢？

胡雪岩自己便曾经被人暗中作梗，抢去了不少的生意。在他经营军火时，龚振麟、龚之棠父子便通过关系，四处诋毁胡雪岩，希望可以抢走他手上的军火，将其据为己有。对此，胡雪岩总是淡然一笑，他曾经说过：烫手的钱，即使再多也不能去沾，否则就会自取灭亡。而龚氏父子果然也因为此事被识破后，无颜再插足军火生意，更不会有人将这些生意交给他们去做了。

人们印象之中利益对商人的诱惑力是无穷的，但胡雪岩似乎却可以抗拒这些诱惑。因为他有自己的原则，在诱惑面前也就知道自己该怎么做，不会为了贪图一点小钱而葬送了自己的大前程。当那些不该拿的钱出现时，有人当作机遇，而胡雪岩却将其当作是陷阱，它是对人经受诱惑能力的考验，如果一旦沦陷，其后果必然惨烈。

胡雪岩不仅自己坚持原则，还对挚友王有龄有过多番指点，告诫他“君子爱财，取之有道”的道理。

因为黄宗汉的提拔，王有龄得到了湖州知府的实缺，他非常兴奋，希望可以早点到任。而当时已经接近端午节，在清末官场之中，每逢节庆之时，城中的富豪、商人及官员们都会到衙门里进献银钱礼物，谓之“节敬”。如果是新官上任，为了能够尽快结交，地方官员和有头有脸的各路人物更会积极地进献，希求得到新官的保护。

有人劝王有龄：应该早点上任，端午节时就可以收到不少的节敬了。王有龄受到这一诱惑，也想要快点出发，便问胡雪岩：藩台大人让我尽快到任，如果我五月前就去到湖州，到端午就会有一份节敬可以拿，这是现成的好处，你看怎么样？

胡雪岩想了想，并没有回答王有龄的问题，而是反问他：如果这一份节敬被你拿走了，那你的前任是不是就只能空手离开了？

王有龄未曾想过这个问题，不由得一愣。而胡雪岩又继续说：“湖州原任的知府因为你的到来，他不得不被调任，可能已经心怀不满。原本可以收到不少的节敬，希望可以在离开之前趁端午节捞一把。谁知道你却赶在端午节到任，让他连最后的机会都没有了，这岂不是让他更恨你吗？人家在湖州辛苦了这么久，理应收到这一份节敬。官场的规矩，我不懂。但我知道抢了别人的好处，一定会引来别人的怨恨。”

听了胡雪岩一席话，王有龄的心里也顿时开朗起来，他说：“这节敬只有一份，既然这样，那我就不去拿了。”

胡雪岩点头说：“当地既然有节敬的风气，你到任之后自然少不了你的那一份，你又何必为了争一次节敬而提前到任，得罪自己的同僚呢？

其实，这些钱就不该是你拿的，你要是拿了，固然没有人敢说什么，可是又何必为了这点钱给自己的仕途埋下祸端呢？要知道铜钱银子都有用完的那一天，可得罪了同僚再想补救可就难了。”

在胡雪岩的劝诫之下，王有龄决定端午之后再去上任，不拿让自己不安的银子。而这也反映出胡雪岩为人处事的哲学：坚决不去做自己不该做的事，纵然这件事名正言顺，但因此而落下别人的怨恨，自己也不能去做。

商人经商，就是要把别人口袋里的钱挪到自己的口袋之中，但这并不代表要不择手段。胡雪岩曾经对于钱庄的总管刘庆生交代：如果有人贷款是去做米粮生意，我们自然要为他提供钱款，因为这是正当的事情。但如果这个人是将米粮贩运给叛军，帮助他们危害朝廷，就万万不能对其贷款，否则就会成为帮凶，赚了我们不该赚的钱。胡雪岩的生意涉及各个领域，店铺遍及全国，而他却从来不赚损人利己、危害国家的钱，正是因为他知道“取之有道”，这也是他的事业会越做越大的根本原因。

11.4 不要受物欲之控

人们常把商场之中的竞争比作是战场上的厮杀，认为二者之间的惨烈可以相提并论，足见在商场之中可以拔得头筹也是一件非常不易的事情。为了追逐利益，商人所付出的辛苦不比战场之中的将军少。但在某些时候，他们却会主动避开利益的诱惑，因为商场有商场的规则，在别人已经插手的事情上，就要退让，不能为了物欲而不顾道义。生意此处不开花，在彼处还会有所作为，而这又是商场和战场的不同之处。

遵循商场的游戏规则是一个优秀的商人所应该具备的基本素质，不因物欲的引诱而违背道义，却不是人人都可以做到的。胡雪岩的经商过程之中，常常会和同行发生利益冲突，这都是难以避免的，但每一次出现和同行斗争的局面时，胡雪岩都以道义为先，如果对方已经谈成的生意，他绝对不会再去插一脚，或者通过哄抬价格之类的行为来夺人之美。因此他不仅赢得了客户的满意，连作为冤家的同行都对其赞誉有加。

作为一个商人，胡雪岩固然是重利的，但他的眼里人情比利益来得更有价值。就算因为人情而让他遭遇损失，他也会在所不惜。因为他觉得这样的损失非常值得，银子总有花完的一天，而人情却常在。只要有了情谊，以后就好办事。

早在胡雪岩自立门户的时候，他就已经开始显露出这一胸怀。当时胡雪岩的钱庄开张之后，因其身后有王有龄的大力支持，实力不容小觑。而经过胡雪岩的一番运作，更让同行们感受到了压力。当胡雪岩发现众多同行都认为自己会抢走别人的饭碗时，感到非常有必要澄清一下，否则就很难和同行保持和谐的关系。

在生意稳定之后，胡雪岩宴请了杭州城里各大钱庄的老板，和他们觥筹交错，一起展望钱庄行业的未来，大家都表现得和和美美，气氛甚是融洽。而对于和自己有生意冲突的几家钱庄，胡雪岩又格外地照顾，在酒席上放言：虽然胡雪岩和浙江海运局的王大人私交甚好，但原来负责海运局钱款的钱庄大可不必担心，仍旧按照原来的规矩经营。胡雪岩所要做的是开辟新的领域，而不是抢夺同行的饭碗，大家应该同心协力，而不是互相作对。

这一番话让在座的掌柜们都感到非常高兴，想不到胡雪岩主动承诺不会和他们抢生意，更佩服胡雪岩的胆略气度。“同行是冤家”的古话在胡雪岩这里似乎不复存在。

在商业竞争之中，因为有了利益的诱惑，双方互相猜疑、倾轧的事情层出不穷。但胡雪岩却不会这么做，他把同行的利益看得和自己的利益一样重，虽然偶尔吃点小亏，他也不在乎，因为这相比“夺人之美”的骂名，更加值得。甚至有些时候，胡雪岩不惜牺牲自己的利益，来为同行争取利益。

在社会无序的清末时期，政府对于军火生意没有明确规定，因此很多商人受到高利润的诱惑，都试图插手这一领域。胡雪岩凭借着超凡的财力，也在军火生意之中大赚了一笔。而通过长期合作所建立起来的威信，使很多洋人都愿意把武器卖给他。胡雪岩很快便成为军火行业中数一数二的巨头，但他却还是秉持着同行利益为先的原则，不肯为了利润与同行相争。

有一次，有外商运来了一批精良先进的武器，消息传来后，各家军火商都纷纷开始行动，希望可以得到这一单买卖。胡雪岩自然也不甘落后，他通过丰富的经验和高明的手段，很快就取得了外商的信任，而他的实力又是有目共睹，所以很快就签署了协议。胡雪岩看到这批武器确实不错，自己一定可以从中得到不少的利润。可他还没来得及高兴，有一位商界的朋友就告诉他，现在大家都在传说胡雪岩做事不地道。莫名其妙的胡雪岩在追问之下才得知，原来这批军火外商早就许诺给了另外一个同行，只是因为胡雪岩出价比那位同行要高，所以他们很快就转手又卖给了胡雪岩。

得知这一消息之后，虽然此事与他无关，但胡雪岩还是感到非常惭愧。他很快就找到那位同行，真诚致歉之后，表示愿意和他商议解决此事。而同行深知胡雪岩的实力是自己无法相比的，他说愿意商议，多半是客气话，便一再表示：胡老板既然已经谈成了，这笔生意就该让您来做，只是希望以后可以留一碗饭给大家吃。

事情看上去完全可以当作已经圆满解决，同行也明白自己竞争不过，早就放弃。但胡雪岩却不愿意赚这样的钱，他宁肯损失一些利益，也要让大家都有钱可赚。

胡雪岩很快就找到合作的外商，将事情的原委告诉他们，将原来签署的合同取消，让他们将武器按照之前谈好的价格卖给那位同行。而在同行接收到这批武器之后，又将它以胡雪岩与外商谈好的价钱转卖给胡雪岩。

这么一来，这位同行没有担任何的风险，就从中赚到了一笔差价，不仅利益没有受到损害，而且还比以前更轻松。胡雪岩做完这件事，又可以继续持有这批利润丰厚的武器，又能保证同行的利益。最重要的是，这一做法让他在军火行业之中声誉大增，大家都很敬佩他道义为先的行为。

从一个细节之中，可以看出一个人的人品高低。胡雪岩不和同行抢饭碗、重义重友的风范虽然让他损失了一些利润，但却赢得了日渐高涨的声誉，从而越发巩固了他的商业地位。

任何事情都有它的规则，胡雪岩作为一个商人也非常遵守商场中的规则，他虽然也一样逐利，但却时刻不忘自己做事的方法，非常注意同行之间的关系，尽量让大家皆大欢喜。他常常说的一句话就是：不抢人之美，你做初一，我做十五，你吃肉来我喝汤，大家其乐融融。必要的时候，胡雪岩甚至牺牲自己的利益来保全别人，避免自己被物欲控制而伤害了同行情谊。数百年来，胡雪岩之所以可以获得如此高的评价，这一品质功不可没。

11.5 一定会有失败的时候

人生在世不称意，人人都希望自己永远得意，永远不会与失意相逢，但事实却是人人都会有失意的时候。有些人就算失意也一样活得坦然，而有些人就算得意的时候，也总是患得患失，不能得到安宁。这其中的差别正在于一个人看待失败的态度，如果将自己的人生意义与得失挂钩，认为失败就是失去了活着的意义，那必然在任何时候都得不到快乐。

在普通人的一生之中，顺风顺水和狂风大浪都有出现的可能，更不用说身处商场之中，做的又是动辄百万银两大生意的胡雪岩。生意场上的得失频繁发生，而胡雪岩对于失败的态度也很坦然，他一直都在告诫自己不要为了成功而狂喜，更不要为了失败而大忧。胡雪岩曾经说，一条大船，遇到了大浪，那是躲不过的事。而如果此时一船之长首先慌了手脚，船员们就会更加恐慌。船长都没了阵脚，船员当然会各顾各，谁也不会设法拯救大船，结果就只能是船毁人亡，大家一起丧生大海。而如果反过来，在危机当头的时候，只要船长能够处之泰然，沉住气，就能把全船的人都组织起来，同心协力，就有逃出险境、化险为夷的可能。这段话正反映出胡雪岩面对危机和失败所持有的态度。

1882年，即光绪八年，胡雪岩在遭遇到洋商集体反对的情况下，又被当朝的权力集团打压，生意已经走到了最危险的时候。当时的他遭遇到的麻烦可谓前所未有。

因为中国政府和法国之间的矛盾，导致上海市面萧条、银根紧张。整个上海流言蜚语漫天，人们都不知道接下来会发生什么，惶惶不可终日。在这种背景之下，钱庄的存款被客户全部提空，大家都想把钱拿在手上，以备不时之需。而这又导致钱庄生意不景气，多家钱庄倒闭，阜康钱庄虽然没有受到太大的影响，但也暗藏危机。

与此同时，胡雪岩原本打算囤积对抗洋人的大批生丝，因为洋人联合起来拒绝购买而被搁置。这批生丝压住了胡雪岩大量的流动资金，两千万两白银的货物最后只能以一千万两的价格销出去。而胡雪岩替左宗棠所代办的洋行贷款，由于盛宣怀等人暗中作祟，导致各省还款的协饷不能及时运到，胡雪岩作为担保人必须代为垫付。几百万两的巨额还款无疑又令胡雪岩的境况雪上加霜。

在这些大数额的款项之外，胡雪岩还面临着各种其他的开支。左宗棠为了赈灾和购买军火，从钱庄取走四十五万两银子，因为这些钱是转运局存在阜康钱庄的，政府有权调动，而胡雪岩却又忽然少了一笔流动资金。为了让女儿可以风风光光地嫁出去，胡雪岩还拿出二十万两银子来操办喜事，如果不这么做，别人就会觉得胡雪岩衰败了，更加难抵舆论的压力。

内忧外患无穷之时，胡雪岩在上海阜康钱庄的总管宓本常居然背着他挪动账上的钱，拿出去自己做生意。虽然前后只有十万两银子，但在这种非常时期，也让胡雪岩平白增加了不少的压力。

重重危机集合在一起，胡雪岩受到的损失称得上惨重，让他自己都说“有苦难言”。

而此时左宗棠在朝堂之上因为中法关系与李鸿章展开战局，一方主张对法作战，而另一方则主张讲和。主战派的左宗棠丝毫不让步，而主和派的李鸿章便从暗中开始削弱他的实力，首先便对资助左宗棠的胡雪岩下手。在盛宣怀与邵友濂的主使之下，挤兑阜康钱庄的风潮很快便波及全国，四处散播的关于胡雪岩已经空虚的谣言，让作为胡雪岩根本的钱庄生意岌岌可危。

1882年十一月初三，胡雪岩听闻上海阜康钱庄在宓本常的错误应对之下，无法应付挤兑而导致局面不可收拾。他立刻就将上海分号停业，返回杭州打算保住杭州阜康钱庄。但他刚一下船，杭州阜康也迎来了强烈的危机，胡雪岩呕心沥血几十年所建立起来的商业帝国有瞬间倾覆的危险。这样巨大的打击，无论任何人都无法承受，胡雪岩心情虽然沉重，但依旧保持着平静。担忧和失望让他一时失去了方寸，差点连夜回家看望老母亲，可是胡雪岩又很快恢复了理智，他知道自己此时不能乱了阵脚，不能轻易离开，否则会引来更大的慌乱。

回到杭州阜康钱庄之后，胡雪岩努力让自己保持平静，不断告诫自己不要慌乱，要将失败看淡。谁能没有失败的时刻呢？就算宁波和上海的钱庄惨遭停业，通泉钱庄和通裕钱庄更以倒闭收场，也不能说明胡雪岩的机会就此完全没有了。只要渡过这一风波，胡雪岩相信自己还有能力翻身，重新获得辉煌。

得益于胡雪岩长期以来练就的良好心态，让他在危机之时可以保持冷静，集中精力化解危机，寻求反败为胜的策略。在失败来临之时，如果一味地沉浸在痛苦之中，被可能带来的灾难性后果吓倒，就无法理智思考，更不能找到摆脱危机的措施，会让自己在恐惧和慌乱之中手足无措。如果真的这样了，即便有可能得到的挽救失败的机会，也会在慌乱之中失去。

冷静面对失败，就是让自己保持平常心，不要将得失看得过重，避免让自己因为过于在意而失去辨别能力。只有这样，才能集中心力从全局考虑，做出正确的决定，处理好危机，才有反败为胜的机会。就算是局面已经超出了控制范围，也可以寻求方法将可能带来的危害降到最低。胡雪岩在失败面前的泰然，远比他所获得的成功更值得我们学习和敬仰。

11.6 沉着应对困难

欲得其利，必受其难，是被无数人验证过的一条真理。一个人心存欲望，想要获得那些自己向往的东西，就必须为其付出代价。在商海之中浮沉，不仅有很多诱人的好处，还要承担很多的风险磨难。在成功的道路上难免会碰到挫折，当困难来临时，有人坚持有人退缩，自然也就产生了不同的结果。

胡雪岩的经商之路看上去非常顺遂，在关键的时刻都会有贵人出现，帮助他化险为夷。但事实上，要想取得傲人的成绩，必然要付出超人的努力。胡雪岩也曾经面对很多的挫折与困难，但他凭借着自己的智慧一一化解，因为付出了这样的努力才使他不至于跌倒，并最终成为现今被人仰望的商圣。

要在复杂的社会和商务活动中脱颖而出，胡雪岩必须要有冷静的大脑及思维，让他沉着应对不期而至的各种挫折。在处理各种困难的时候，他一直都保持着圆融的原则，力求将事情办得滴水不漏，在困难面前昂首而立。

已经在浙江等地名声大振的胡雪岩，虽然在漕帮的帮助下顺利地进入米粮生意，但也难免会遇到一些同行竞争，其中尤以上海隆昌米行对其威胁最大。

有一回，胡雪岩和来自山东的大客商潘家祥谈定了一宗大买卖。因北方大旱，潘家祥有意购置十多万石大米贩运过去，胡雪岩立刻与其洽谈，敲定了这一单生意。这可是胡雪岩进入米粮行业以来最大的一单，因此他倍加重视。然而协议签订还没几天，潘家祥便派人来告诉胡雪岩：这单生意，潘老板换卖家了。并很豪爽地支付了一笔违约金给胡雪岩。

眼见已经成功的生意，居然让人扔在了半路上，就算违约金的数额不小，也难平息胡雪岩内心的郁闷。依照他的经验，买家单方面毁约，这一定是有人在背后捣鬼。胡雪岩自然不能善罢甘休，不仅是因为失败的滋味不太好受，更因为此事万一传出去，势必影响胡雪岩在米粮行业中的信誉。

通过古应春在上海的朋友，胡雪岩很快就知道了从中作梗的人是谁，正是他的竞争对手隆昌米行。在经商的过程之中，胡雪岩一直秉承着不抢同行生意的原则，但他的生意被抢却让他难以咽下这口气。古应春告诉胡雪岩，隆昌米行的老板叫做石三官，此人是一个纨绔子弟，完全不管生意，米行里所有的事，都是他的舅舅谭柏年在运作，平时石三官连账都不会去查。我们的生意遭潘家祥毁约，也是因为谭柏年的关系。他和潘家祥原本就相识，此次见我们提前签好协议，他就背后作祟，让潘家祥毁约，另购了隆昌米行的大米。

听了这一番原委，胡雪岩立刻断言：大老板不在店里主事，总管就一定会营私舞弊，这个谭柏年一定在账上做过手脚。只要他有漏洞，我就有办法让他将我们的损失再补回来。

在胡雪岩的一番周密安排之下，凭借着他在钱庄行业里的人脉，找出了谭柏年在上海裕和钱庄开设的账户。胡雪岩携带大量的银两，登门拜访了裕和的老板，表示自己在上海有一笔资金想要存在这里，不过却有一个条件：他要查看谭柏年的账户。

能够拥有胡雪岩这样名声在外的大客商，对于裕和钱庄来说是一个不小的宣传，不说胡雪岩本身就有钱庄，更不说他的存款数额肯定不会小，单单就“胡雪岩”三个字，便足以让同行们艳羡。裕和钱庄很快便答应了胡雪岩的要求，调出了谭柏年的所有交易记录。而胡雪岩一看明细账，不仅知晓了谭柏年每次收到回扣的详情，顺带还推算了他每次的交易，连隆昌米行的生意情况都了如指掌了。

抓住了对手的把柄之后，一切就都好办了。胡雪岩只是派人假装是裕和钱庄的伙计，将谭柏年的存款单和利息给他送到了府上，但这个“伙

计”却粗心地将存款单送到了隆昌老板石三官的手中。石三官一看，自己的舅舅背着米行私自开设的账户，每年都有这么多钱存进去，再傻的人也都明白发生了什么事。

和竞争对手过招的时候，胡雪岩并不满足于让对方垮台，因为这不会给他带来多少的好处。作为一个商人，他最终所追逐的还是利益。

隆昌米行的总管谭柏年被老板石三官剥夺了一切的权力，整个米行的生意也陷入了危机。胡雪岩此时立刻拜访了石三官，表示很钦佩他的生意才华，希望可以与他一起合伙做米粮生意。石三官早就听闻了胡雪岩的名声，现在又听他这么说，米行又正是一团糟的时候，自然很高兴他能入伙。胡雪岩顺利入股隆昌米行百分之三十，并负担起米行的日常事务。

原来的竞争对手忽然变成了自己的老板，谭柏年对于胡雪岩的出现非常抵触。可是当胡雪岩拿出他每年在裕和钱庄存进的回扣明细时，他顿时哑然。胡雪岩深知对于谭柏年这种老谋深算的家伙，一定要一次性制服他，不能让他有任何翻身的机会。所以，他告诉谭柏年：现在有两个选择，一是将这些罪证送到官府，让衙门查办。二是谭柏年改邪归正，好好地为米行做事，听候胡雪岩差遣，而且薪水还能加倍。如此对比，谭柏年自然选择了第二条路，再也不敢动歪脑筋。

胡雪岩向来很注重一个人的品行，他认为与人签署了协议，便要遵守承诺。在胡雪岩的标准里，承诺更胜于利益。为了追逐利益而随意撕毁协议，是一件让他不能容忍的事，这种人也很难长久。潘家祥单方面撕毁与胡雪岩签署的协议，已经触怒了他。

收服了谭柏年和隆昌米行之后，胡雪岩还要让潘家祥尝一尝毁约的结果，做这一切的最终目的，还是为了做成这一单生意。为了切断潘家祥的退路，胡雪岩请自己担任直隶粮道的老友找到潘家祥，以每石十五两银子的高价向他购置两万石粮食，用以赈济灾民。这一价格比潘家祥向谭柏年预购的价格高出了两三倍，他立刻就答应了这个需求。

潘家祥将运货的船开到了上海，等待隆昌米行的大米送到。此时他对隆昌米行发生的变化还不知晓，只以为自己这次要发一笔横财。到了开船的日子，潘家祥发现一颗米都没有上船，这才慌了手脚，急忙找到谭柏年质问。而谭柏年无奈地告诉他，现在一切都不归他管了，米行来了新的老板。潘家祥一看，气定神闲的胡雪岩正站在不远处含笑向他点头。

联系到事情的前因后果，潘家祥很快就明白了来龙去脉。他知道自己毁约在先,对不起胡雪岩,而如今遭到这样的下场,也实在是罪有应得。此时要想掉头去找别的米行，很难找到这么充足的货源，而直隶粮道要求的日子已经快要到期，能否赚钱已经成了小事，得罪了官府以后就很难再做生意。潘家祥思前想后，擦去了额头的冷汗，不得不佩服胡雪岩。

原本被毁约的胡雪岩，以每石二十两银子的价格卖给潘家祥两万石米，这远远高出了他们开始时所议定的价格，也算是对潘家祥不守信的惩罚。而最重要的是，胡雪岩在突如其来的危机面前不低头，妙用计策，不仅挽回了损失，还挽回了自己的名誉。

能够在困难来临的时候不慌乱，保持清醒冷静面对，是处理好危机的关键。熟谙商业规则固然是促成生意的基本要素，但沉着应对才可以让人智慧倍增，因挫折而带来的刺激令胡雪岩能够不断寻找到更妙的策略，让他从中获利更多。

第十二章

胡雪岩的不足，后人要看到的事实

胡雪岩的一生之中所获得的成就令人赞叹，但他的人生也留有遗憾。一代商业骄子的成长过程中，顺遂几乎伴随了他半生，也正因如此，他的不足以及失败原因才更加值得我们去注意。千里之堤溃于蚁穴，让一个庞大的商业帝国倾覆的，绝不仅仅是某一时刻的风雨侵袭，更深层次的原因在长久地积累着，当胡雪岩在意气风发之时忽略那些原因，它们的总爆发令他无法承受。了解胡雪岩的缺憾，对后世也会更具警醒作用。

12.1 一代骄商，亦有遗憾

从一个山村的放牛娃成长为大清国最富有的红顶商人，胡雪岩的一生为很多人带来启示，他的经历充满了传奇性，因此被人津津乐道。但是这样一个商业奇才，却因为自己的疏忽而留下了祸根。在为清政府向外国银行贷款时，胡雪岩一时贪念，多报了利息。在他的竞争对手开始打压他时，这也成为胡雪岩最大的污点。所有商业上的过错都有机会弥补，而如果造成政治上的过错，他就永无翻身的机会。但是，当胡雪岩认识到这一点的时候，为时已晚。

胡雪岩所创立的商业大厦的倾覆不仅是他个人的悲剧，更是一个时代的悲剧。他的失败有其自身的原因，也是朝廷内部派系斗争的牺牲品。

李鸿章针对胡雪岩，指使盛宣怀等人对其打压，他真正要打压的其实是左宗棠。胡雪岩作为一个商人，并没有多少地方涉及李鸿章的利益，可他所支持的左宗棠令李鸿章受阻，自然也令李视他为眼中钉。

纵观胡雪岩的一生，似乎对每一件事情他都安排得非常好，就算是他走到末期，生意上一败涂地，家财散尽，也可以对自己的身后事做到很好的安排。但是他有无遗憾呢？

经历了风光无限，也经历了一败涂地，胡雪岩的一生之中起伏跌宕，有太多的故事。如果论及他的遗憾，很多人都会认为他会惋惜自己的万贯家财，那些得来不易的财宝，富可敌国的金库，都因为他的失败而烟消云散，岂不令人遗憾？也有人会认为胡雪岩聪明一世，其智商财商都卓尔不凡，不管做什么事情都能周到圆满，又热心于慈善，做了很多善事。可是他最后却居然被人陷害致死，足见天道之中难有公平，他肯定咽不下这口气。如果说有遗憾，一定就是这个了。

但事实上，胡雪岩的遗憾与自己的万贯家财和颓然失败都没有关系。当一个人失败的时候，总是喜欢向外寻找理由，认为是外因造成了自己的失败，否认自己才是失败的最终根源。而智者却总是会从自身寻找问题的症结，胡雪岩也认识到自己之所以会被人陷害，更大的原因在于自己本身。如果当初没有因为贪念而多报利息，就不会有今天的结局。纵使他犯多少的错，左宗棠和朝中的好友都可以为他排解。唯独欺瞒朝廷，赚清政府的钱这一条罪状是无可救赎的。因此，胡雪岩明白没有人可以害自己，最终害了自己的只有自己。所以他也不对任何人抱有怨恨，李鸿章、盛宣怀等人所做的事，都是因为胡雪岩给他们把柄和机会，否则他们也不能将胡雪岩掀翻。

对于自己最遗憾的事，胡雪岩曾经在深刻反思之后说：“我这一生之中最大的遗憾，就是没有好好地向范蠡学习，没有像他一样在最辉煌的时刻功成而退。”

胡雪岩作为一个商人，最为推崇的人便是范蠡，他是所有商人的典范。在胡雪岩还只是一个小学徒的时候，他便将范蠡作为自己的偶像一

样崇拜。经过了多年的磨炼之后，他与王有龄一起奠基阜康钱庄的基石，让事业开始起步。结识左宗棠之后，发展速度更是一日千里。但此时的胡雪岩却忘记了范蠡的经验教训，他的成功让他成为众人的焦点，荣耀让胡雪岩忘记了自己也同时处于斗争的中心。所有的人都在盯着他，寻找他的软肋。在最成功的时候，如果可以功成身退固然是最好的事，但很多人却舍不得这一份荣耀，更忘记了自己应该退到哪里。胡雪岩所犯的错误，正是忘记了自己的退路。

范蠡作为一个谋士是非常成功的。当他帮助越王勾践达到了目的，便立刻隐退开始经商。凭借着过人的聪慧，范蠡在经商上也获得了巨大的成功。他的财富曾经数次达到顶峰，但值得注意的是：每次当范蠡拥有了巨额的财富，他都会很快地将它捐献出去。这种事一共发生了三次，每一次都是在最辉煌的时候范蠡将万两黄金资助给国家，或者用于赈灾。他之所以这么做，是因为深知财富对他来说并不是最终的目的。

范蠡通过经商来实现自己的人生价值，而当他拥有了巨额财富，便成为别人注意的焦点。此时，他便明白财富给自己带来的不是幸福，而是危险。所以他才会迅速地将千金散尽，以求自身的平安。可以说，范蠡所散尽的不是财富，而是别人的妒忌和关注，散尽的是为自己引来的灾难。所以纵然达到顶峰，范蠡还是过着平凡却快乐的日子，依然可以善终。

而胡雪岩只是学习了范蠡在经商过程之中执着聚集财富的诀窍，忘记了他散财的诀窍。当他成为大清国的首富，固然可以做更多的事，帮助百姓，资助左宗棠，并从中获得别人的赞美与尊敬，穿上黄马褂成为红顶商人。但他也因此成为别人的眼中钉，成为别人攻击的目标。一个人要想获得成功，必须付出百倍的努力，任何的时候都不能疏忽，才有可能达到目的。而若要失败，则只需要一条原因就足够了。胡雪岩正是因为一次疏忽，而将自己推进了漩涡之中，成为权力斗争的牺牲品。

在经历辉煌和落寞之后，胡雪岩思及自己的一生，他原本以为自己可以成为范蠡一样的商人。但直到最后，他才知道自己和范蠡之间的区别还很大，他的智慧还远远不及范蠡。

12.2 到死都没明白

看上去无比顺遂的一生，建立的功业傲视群雄，而这一切却会在瞬间倒塌，实在令人匪夷所思。在大厦倾覆之前，其实已经有很多的预兆，只是人们没有注意到而已。如果能够及时反省、补救，在前进的过程之中保持清醒，将基业流传至百年也不是不可能。

胡雪岩在失败的时候，似乎很坦然地接受了这个结果，因为他认为这就是自己的命。但是在这种败局来临之前，生活已经从很多方面给予他警醒，处于顺境之中的胡雪岩并没有去注意。那些提醒他的人虽然都已经给他信号，而胡雪岩却至死都没有明白那其中的含义。

在胡雪岩还很小的时候，他的父亲就去世了。而在父亲去世之前，便对这个儿子寄予了厚望，希望他可以振兴胡家，更希望他可以一生安泰。所以，在临终时，胡雪岩的父亲曾经对他说："看来能够把家运振兴起来的人只有你了，你一定要安分守己，才能永享安泰。"这一番话寄予了父亲对胡雪岩的希望，也是他对胡雪岩的警告。而胡雪岩从中听出了父亲的期盼，却没有听出其他的深意。

胡雪岩的父亲是一个读书人，他一生都不愿意做官，过得非常平凡，但却又很满足。虽然有几个儿子都死在他之前，但那属于不可抗拒的天灾。终其一生，虽然不算富贵，但却算得上平安。因此，在临终时对儿子所说的寄语，便是他一生的总结。只有安分守己，才能让一个人过得太平，不至于遭受过大波折。而胡雪岩却忽视了这一点，他只想着努力向前，光耀门楣，让父亲的期望可以早日实现，却忘记了要安分守己，碰触了自己不该碰的利益。也正是因为这一点，才为他的不幸埋下了祸根。

来到杭州做伙计之后，胡雪岩由于勤奋机灵而深得老板的喜爱。在这位老板临终的时候，也曾经对胡雪岩说过一句话：做人一定要小心谨慎，不要像晋朝的石崇一样因为钱财太多而把自己害死。这句话似乎一语成谶，正说中了胡雪岩一生的遭遇：他虽然富可敌国，拥有了一般人不可企及的财富，但最终还是因为自己过多的财富惹来了别人的嫉恨，丧身在自己所拥有的财富上。而当初老板所讲的小心谨慎，却也同样被胡雪岩忽视，以至于当他回首时才后悔莫及。

在事业的初创阶段，胡雪岩与王有龄联手，两个人凭借各自的优势——王有龄打通官府关节，而胡雪岩发挥经营钱庄的经验，很快就积累了巨额的财富。虽然成功来得太容易让两人都十分兴奋，但王有龄也感觉到了其中所隐藏的危机。他曾经很实在地告诉胡雪岩：我的心里头实在有一些恐惧，有一些害怕，因为我们太顺利了。这种因为太顺利而生出的恐惧之心，正是王有龄的谨慎表现，他敏感地感受到了这其中所隐藏的危机，很慎重地告诫胡雪岩：福兮祸之所依，希望胡雪岩可以停顿下来自省一番。但胡雪岩对此却不屑一顾，反而认为王有龄不够沉着。

事实上，王有龄的提醒很值得重视，因为他的担心不无道理，当事情进展太顺利的时候，大家就要格外地小心。而胡雪岩却没有真正听明白王有龄话中的含义，他只顾着一路向前猛冲，根本就没有时间来停下来看看自己所做有什么不妥。

这三个人的提醒，都是在胡雪岩处在积累及刚开始起步的时候，对他可能埋下的危机作出提前的预警。但胡雪岩却没有明白他们的用意，一心只想着怎么扩大自己的势力,用自己的聪明才智来获取更多的财富。对于人们善意的提醒，胡雪岩视而不见，为将来犯下错误埋下了祸根。

通过利用各种官场、商场资源，胡雪岩快速地取得了成功，他的脚步越走越快。而他的母亲看到自己的儿子不仅经营钱庄、生丝行，还插手军火生意，对此感到非常不安。一方面是担心儿子太过辛苦，另一方面却也是担心胡雪岩插手军火生意会涂炭生灵，消减了自己的福分。她曾经以一个母亲的角度苦口婆心地对胡雪岩说：“儿啊，你不要老想着赚钱，你要想一想，赚这么多钱干什么？”

当所有的人都在关心你获得了多少财富时，只有少数的人在关心你一路走来是否觉得累。这种出自真诚关怀的提醒，也只有爱着你的人能够做到。而胡雪岩对于母亲的提醒却也同样没有听懂，他只是认为母亲希望他注意身体，不要太累，而没有按照她的提示，真正去想一想自己究竟是为了什么而赚钱。

胡雪岩许诺母亲自己的所作所为不会伤天害理，所以让她尽管放心。因为他觉得不管为了什么，多赚一些钱总是没有坏处的。胡雪岩固然做到了赚到的钱都能心安理得，但随着积累的财富越来越多，事业发展得越来越越顺，胡雪岩的胆子也越来越大。原本可以谨慎小心面对的事，因为有了更高的地位而不屑一顾；原本可以冷静理智的时候，也因为坐拥百万家财而被蒙蔽了智慧。当他结识了左宗棠，并在他的帮助之下一跃成为红顶商人，不管财富还是荣耀都达到了空前绝后的程度。此时的胡雪岩意气风发，不可一世。左宗棠见此情形，曾经对他说："就算不为功名，也要多读一些书。"令人惋惜的是，胡雪岩还是没能听懂这句话。

左宗棠和胡雪岩的关系既是同僚又是朋友，更是合作伙伴，两个人互相依赖互相赏识。基于这一点，左宗棠对待胡雪岩的心情就好像长辈对待晚辈，总是希望胡雪岩可以表现得更好一些。他对于胡雪岩的引导贯穿于他们整个交往过程之中，左宗棠用自己的言行不断督促胡雪岩，希望他能明白更多做人做事的道理，不要满足于当前的成就。他虽然知道胡雪岩无意于功名，也没有必要去追求功名，但对于少年即出门打拼的胡雪岩来说，人生经验再丰富也需要熟读经典，从中汲取有效的养分，用以矫正自己的品行，对自己时刻自省，只有这样才能让一个人走得更远飞得更高。而胡雪岩对于左宗棠的这一良苦用心却未曾发觉。

不管在任何时候，人都不能迷失了自己，不能忘记了自己所追求的最终目的。胡雪岩的整个成长过程中，他的聪明才智固然起到了很大的作用，同时也因为受到了不同人的提携眷顾，才令他有如此之成就。而令人遗憾的是，他并没有完全领会这些对他说过的话，导致忽视了很多避免失败的机缘。如今再回首检视自己这一生，也许胡雪岩自己也会为此而慨叹不已吧。

12.3 休养生息很重要

聪明的人难免都会有些自负，一个人的才华出众，就会很容易陷入自己的思维之中，不能听取别人的建议。胡雪岩在商场之中的智慧有目共睹，不管是财商还是智商，他都卓尔不凡，令人艳羡。可他也同样陷入了自我的禁锢之中，对别人的建议缺少认真思考，对自己也逐渐失去了自省。

在顺境之中，最需要的便是自省和自查，胡雪岩前半生非常顺遂，可是后半生却栽了一个让他永不翻身的大跟头。之所以出现这样的结局，正是因为他忘记了自省，忘记了停下匆忙的脚步让自己休养生息。

人的一生随着不同阶段将获得不同的发展机会，只有不断地调整自己，学会休养生息，才能让自己适应新的局面，保持清醒和理智。停下来休养，是为了更好地走出去，为走得更远积累力量。只有调整好自己内心的方向盘，才能掌控未来的走势。而胡雪岩正是在飞速前进的过程之中无法停下脚步来调整自己，让自己越走越快，休养都来不及，更别提思考和调整自己的方向了。

自幼便出门做学徒的胡雪岩学识并不多，虽然他的父母都是很有学识修养的人，但除了他们传授给他的一些做人准则，并没能给他多少学习的机会。从放牛娃变成一个学徒的时候，他才十三岁，正是需要努力学习知识的阶段。然而，虽然错失了这一阶段的学习，但胡雪岩还是一样觉得自己很聪明，甚至比很多读书人要聪明得多。

在他还是小学徒的时候，不管是火腿店还是钱庄，都不需要他读过多少书，最重要的是认真勤快。一个小学徒的脚力好，脑子灵光，远比他能背诵四书五经要来得管用。因此，胡雪岩一样获得了掌柜的赏识，并成为最被看好的伙计。

在他开始自立门户做小老板的时候，关键是要有好的人脉和丰富的钱庄经营经验，这两方面胡雪岩都已经具备。王有龄为他提供了很好的官场人脉，一开张便可以代理官银往来，获得了稳定而利润丰厚的业务。

同时，多年来在钱庄跑街的经验让胡雪岩阅人无数，非常熟悉钱庄的操作规范以及各类客人的需求。胡雪岩本身所具备的聪明才智在这一阶段完全可以应付钱庄老板的职责，而且他还做得非常好，超越了不少同行。

但是随着胡雪岩事业迅速发展，靠山从王有龄变成左宗棠，所经营的业务从单一的钱庄变成了生丝、军火、药材等多个领域，所获得的财富足以资助一支军队十多年，并获得朝廷赏识成为红顶商人时，胡雪岩光是凭借本身所具备的聪慧似乎已经不能应付这一身份了。

大清首富不应该仅仅是一个生意人，更应该是一个睿智的政客。胡雪岩所交往的范围不再是一些唯利是图的底层官员以及做小生意的老板，他接触的动辄便是国家大员，左宗棠、李鸿章等人成为他需要长期打交道的人，皇帝和慈禧太后的想法也是需要他经常揣测的。此时的胡雪岩动用自己全部的智慧，还不能很好地应付这些人，又怎么能有空闲去思考自己的未来，调整自己的脚步和方向，让自己获得休养生息呢?

胡雪岩身上所具备的一些特质，让他在每个阶段都得到了长进。但是在不同的阶段之中，应该发挥不同的特质来适应环境，达到更高远的目的。寻找并发挥这一特质，便需要对自己自省和调整。当他已经成为大清首富的时候，还维持着勤奋做事、圆融做人等特质，便显然不够。他本应该通过休养生息来让自己发掘更适应大清首富这一身份的特质。

左宗棠曾经劝胡雪岩多读书，正是希望他可以从书中学习一些做人做事的道理，为己所用。在与胡雪岩的接触之中，左宗棠感觉到了他这方面的缺失，纵然胡雪岩是一个天资聪慧的人，但没有活水注入他的大脑，难免就会被自己的思维所禁锢，将聪慧蒙蔽，从而铸成大错。古籍经典之中所蕴含的中国人的做人哲学，可以帮助胡雪岩冷静思考认识到自己的不足，但胡雪岩却偏偏忽视了这一点。

胡雪岩非常善于成全别人，也非常善于与人分享。他对左宗棠的资助，成全了左宗棠的人生追求。凡是左宗棠希望去做的事情，胡雪岩都会全力以赴地去支持，他付出的不比左宗棠少，而功名却全归于左宗棠名下。对这一点，胡雪岩似乎丝毫不介意，因为他也得到了自己想要的，他只是瞄准了财富而已。在胡雪岩成为巨富之后，他非常乐于与人为善，从长期施药施粥，到胡庆余堂成立之后连续送药三年，都是他愿意与人分享的表现。为富要仁，让人们看到了胡雪岩宽广的胸怀，也让他获得了不少的赞誉。成全与分享体现出了他的智慧，胡雪岩很懂这其中的道理。

但是，对于情、理、法的思考却又显示出胡雪岩的不足。他很难认清情、理、法这三者之间的关系，更难在其中寻求到平衡。在胡雪岩晚年所做的很多决定，这种不足都限制了他的思考，让他做事时开始显露拘谨。

虽然具备了无数的优点，但缺点仅需要一条便可以招来失败。如果胡雪岩在发现自己无法拿捏时，可以迅速地停下来，思考一番谨慎前行的策略，而不是一味地向前冲，或许他的悲剧就可以避免。

12.4 胡雪岩的缺失

在胡雪岩的一生之中，获得的荣耀与财富都非常惊人，他的成功之道在百年之后还被人们津津乐道。无数的商人都希望可以他身上汲取营养，也有很多人学习着他做人做事的方法，并十分推崇胡雪岩的一举一动。然而，胡雪岩就没有不足的地方吗？在他辉煌又跌宕起伏的一生之中，也存在着很多的缺失，而某些缺失更是致命的遗憾。

胡雪岩一生中第一个缺失便是他不能很好地认清自己，对于自己的能量没能做到清醒的认知，从而导致他对自己没有更为远大的期望。

从个人成功的角度，胡雪岩所获得的成功足以傲视所有人。一个放牛娃一步一步地走上大清首富红顶商人的地位，难道目光还不够远大吗？虽然读书不多，但胡雪岩却可以官封极品，富可敌国，这些都是他的远大理想，而他也都实现了。足以说明他是一个对自己有很清楚认识的人。但胡雪岩对自己的定位，却只是一个商人。他认为自己会赚钱，会做生意，他果然做到了商人的极致。然而当他成了红顶商人的时候，却没有认识到自己有如此之强的影响力，地位已经卓然到足以影响国家的程度。

在胡雪岩人生的后期，他根本不能适应自己的身份。对于自己所能产生的能量也没有一个清醒的认知，在大清国的朝廷之上他能发挥的作用如此之大，已经超出了胡雪岩对自己的预期。因此他也就没办法为自己树立更远大的目标，而仅仅满足于做一个商人。他的竞争对手已经将他视为劲敌，他们眼中的胡雪岩已经不只是一个商人了，所采用的对付他的策略也远超了商业竞争的范畴。

因为对自己缺乏期望，胡雪岩根本不会去想做更大的事，纵然他有能力去做更大的事。这一缺失让他的智慧未能提升到与身份地位相匹配的程度，也让他在受到攻击的时候没有还手之力。

胡雪岩的第二个缺失便是对于政治的理解过于浅薄，在他的眼里商界和政界并没有多大的区别。这一误区才是他所有错误判断的根源。

在与王有龄闲谈的时候，胡雪岩曾经对他说："从政和从商是一样的。"得出这一论点是因为胡雪岩多年来接触了不少的政客，他了解这些人内心的想法。他们的贪欲和商人极为相似，游戏的规则也有类似的地方。这种商政两界之间的类似更多的是人的本性的相似，而胡雪岩却认为这是政治和商业的相同。他的智慧可以帮他认识到这些相同点，却不能让他认识到它们的不同点。

胡雪岩的父亲是一个具备远见卓识的读书人，他一生都没有从政入仕，因为他知道政治是一个危险的东西。他告诫自己的子孙后代都不要做官，就是为了避免政治斗争危及自己的家人。这种绝对的回避让胡雪岩做了一个很好的商人，但也让他不能了解政治为什么那么可怕。他从父亲的告诫之中知道政治是一个高度危险的东西，但随着他的发展，纵使胡雪岩不做官，也难免要和政客打交道的时候，他不知道自己应该怎么参与这一游戏。

王有龄作为一名入仕之人，自然知道政治的凶险，也曾经告诫胡雪岩不能用商人的思维来忖度政客的想法。而胡雪岩的自负却让他充耳不闻。政治能力强如左宗棠一样，还会被李鸿章斗倒，更何况在政治面前只能算是初级学员的胡雪岩呢？在他以商业思维来应对政治斗争时，他的战斗力是极其微弱的。

直到人生的最后阶段，胡雪岩才认识到政治果然比商业危险。在商场之上，自己就算暂时失败，也不过是丧失一些利益，等下次机会来临的时候，还会有可能翻身。然而在政治上，只要倒地便再也没有扳回一城的机会，所要付出的代价不止是财富，更可能是生命。

对于注重家庭的中国人来说，家庭既可以成为事业成功的动力之源，也会成为拖垮一个人的根本原因。胡雪岩人生之中的第三大缺失，正是来自于他庞大的家庭。

对于一个努力拼搏事业的人来说，最重要的是家庭安稳，让他没有后顾之忧，完全投入地去做自己想做的事。胡雪岩在发迹之前，母亲和夫人都居住在乡下老家。等他成立了钱庄做了老板之后，认为自己有实力接她们过来享福了，便将母亲及夫人都接到杭州，并建造了大宅子供他们居住。

在胡雪岩夫人的眼里，做一对贫贱夫妻并不是什么可怕的事，反倒是丈夫的发迹让她非常不安。这种不安后来得到了验证，胡雪岩果然娶了一房又一房的姨太太。这是那个时代男人的权力，夫人无法阻止，只好默然承受。

在多房姨太太进门的时候，胡雪岩并不只是考虑美色，他在这其中还有更深远的想法。因为涉足的行业过多，很多又都是胡雪岩自己并不熟悉的，所以在收取姨太太的时候，他很乐意去娶一些熟悉这个行业生意的女人。譬如他在湖州所娶的姨太太，便对生丝生意很在行。胡雪岩虽然不主张女人参与生意，可她也一样为胡雪岩提供了不少的帮助。

然而这一切却在胡雪岩母亲的安排下乱了套，老人希望看到子孙满堂，而不在意生意是否做得好。所以坚持将胡雪岩的多房姨太太都接进了杭州城里的大宅子里，想要一家人和和美美住在一起。这个美好的愿望在一个女人众多的家庭之中很难实现，众女共侍一夫引起诸多争风吃醋事件，很多无来由的烦恼正从中而生。在外人眼里，胡雪岩享尽了齐人之福，而实际上他的家庭生活却乱成一团糟，根本无法让他清静，更别提在家里获得休息了。

在胡雪岩最后的日子里，他遣散了各房姨太太，只与自己的母亲、夫人搬离了胡家大宅，住进杭州郊区的一所小院。此时的他才重新获得了冷静思考的力量，得以很好地安排自己的后事。

一个人的成功需要多种条件的集合，但只需一方面的缺失便会促成失败。胡雪岩对自己的定位，以及对政治的幼稚理解，都让他的未来充满了危机，而家庭的纷乱又让他行走在危机之中时分散了精力，更促使危机的爆发。如果能够获得重新来一次的机会，也许他会努力清醒地去认识自己和周围的世界，就算不能取得红顶商人的成就，那也是平安喜乐的一生。

12.5 因果报应

成功的时候如同烈火烹油、鲜花着锦，失败的时候如山倾海啸、风卷残云，这样惨烈的对比令所有人都为胡雪岩的一生慨叹。然而仔细分析，所为与所得往往上下相继，这一切之间都不是独立的，它们有着不可分割的因果联系。

每个人的一生就如同一条曲线，横坐标是时间和年龄，而纵坐标则是一个人可能取得的成就。随着时间的推移和我们的成就高低，曲线会呈现出高低起伏。有些人可以一路平缓上扬，随着年纪的增长所获得的成就越来越多，在达到最顶点的时候结束自己的人生。但也少不了一些半路之上成就戛然而止的，以及年少有为却老来稀松的。

胡雪岩一生的曲线，所反映的正是他人生的跌宕起伏。十三岁的时候出门做事，成为一名学徒，这一阶段他兢兢业业获得了稳定的提升，

人生曲线在不断上扬。二十七岁的时候阜康钱庄成为他人生的新起点，凭借着过人的智慧和后天努力他也赢得了不少的财富。这一段时期，他的前进都是稳扎稳打，虽然缓慢但非常扎实。而在他四十岁结识左宗棠之后，胡雪岩的人生出现了大幅度上扬，急速前进令他的成就快速提升，开始大展宏图。直到五十五岁时，积累了庞大财富的胡雪岩筹建胡庆余堂，人生成就的曲线也达到了顶点。但随着顶点的到达，他也开始招致妒忌和猜疑，成为权力斗争漩涡中的牺牲品。就像当初事业腾飞一样，下滑也非常迅速，直至六十二岁时彻底落败，郁郁而终。

面对自己一生的成功与失败，胡雪岩也曾经反思过。他认为自己之所以会落到惨败的境地，最大的原因还是自己。在胡雪岩的意识里，从来就没有一个人可以害自己，也从来没有人可以帮自己。虽然当初王有龄和左宗棠都是他的靠山，但胡雪岩内心深处如果没有努力拼搏的勇气，就算再大的靠山也不能帮他成就一番功业。

同样的道理，虽然李鸿章、盛宣怀等人不断寻找胡雪岩的把柄要将他置于死地，以达到打击左宗棠的目的。但如果胡雪岩自己可以做到事事谨慎，就不会给对方机会，更别提打倒他了。因此，在晚年时，胡雪岩不怪任何人，他只怪自己，因为自己才是要对全部结果负起责任的人。他的飞黄腾达是因为自己，富可敌国也是因为自己，凄然落幕更是因为自己。

但同时，胡雪岩对于自己的结局又非常坦然地接受。他常常说的一句话便是：尽人事以听天命。在他的一生之中，没有错过任何的好机会。每次当机遇来临的时候他都会努力抓住，而机遇所能带来的结果他却无法掌控，这是“人事”与“天命”的差别。他只管付出努力，而最终会是一个什么样的结局，只能听天由命了。因此，对于自己所犯的错误，胡雪岩也没有捶胸顿足，因为他明白很多时候自己根本就过不了那些关口，不管自己怎么纠正错误，都会有不肯放过他的对手。而他已经“尽人事”，既然无可逃避，那就只能坦然地“听天命”了。

这种想法在一定程度上有宿命论的成分，但仔细分析，却又可以看出胡雪岩“只问耕耘，不问收获”的思想。因为人可以掌控的只有过程，不能掌控事情的结果，所以胡雪岩只管自己努力，掌控他可以做到的过程，而至于最终的结局是什么，他都听之任之。

在胡雪岩的遗言之中，还有一句发人深省的话：天道忌满，人道忌全。这是胡雪岩对自己一生遭遇深层次原因的总结。当一个水库之中的水蓄得太满，就是要溢出来的时候了，所以天道不可以太满，而人道也不能求全。如果可以做到这一点，胡雪岩觉得自己就可以避免悲剧的发生。

人心总是贪婪不足的，人们总是想追求更多，希望可以在任何方面都达到“满”的状态，却忘记了“满”会带来的结果。做商人就要做到全国首富，做官就要做到一品大员，胡雪岩也曾经这么想过，因此他对生活总是不满足。一个人失去了知足的限度，就会不断索求，因此也会不断铤而走险。当胡雪岩还只是一个伙计的时候，他满足于自己的工作，生活过得非常安泰；当他成为一个老板的时候，钱庄的经营红红火火，他自己也很满意。可是随着财富的积累，他越来越希望可以得到更多，希望自己可以达到极致。而真的到了极致的那一天，伴随而来的便是从最高峰急速跌落，堕入深渊。

这一生的得意与落魄，都印证着胡雪岩追求人生价值道路上的得与失，反映着他对人生或成功或失败的感悟。在百年之后，人们还热衷于研究他，正是因为胡雪岩的一生有太多启示让后人警醒。从他的身上，我们可以看到自己该如何想如何做，可以明白人事、天命与成败的因果关系，更能深刻地理解一个人价值的真正所在。如果知道自己的一生可以成为这么生动的一本教材，让后世的人活得更清醒理智，胡雪岩也一定会感到欣慰。